東大塾

現代アメリカ講義

トランプのアメリカを読む

矢口祐人 編

THE U.S.A. TODAY

UNDERSTANDING TRUMP'S AMERICA

YUJIN YAGUCHI

東京大学出版会

The U.S.A Today Understanding Trump's America
Yujin YAGUCHI, Editors
University of Tokyo Press, 2020
ISBN978-4-13-033076-3

まえがき

　本書は「アメリカとは何か」，とりわけ「トランプの時代のアメリカとは」という問いを，日米の大学で教える専門家が論じるものである．宗教，メディア，政治，人種，スポーツ，ジェンダー，大衆文化などの観点から学際的にアメリカを捉え，今日のアメリカの理解を深める試みだ．2018 年 4 月から 6 月まで，東京大学の本郷キャンパスで「グレーター東大塾」として社会人向けに開催された「21 世紀のアメリカ〜トランプのアメリカを読む」という講演会シリーズをベースにしている．

　各章はそれぞれの分野の一線で活躍する研究者が，わかりやすい言葉で現代のアメリカを論じている．読者の持つ疑問を少しでも先取りするために，章末には出席者とのあいだにあった質疑も含めた．講演会という性質上，時事的なことへの言及も多いが，実際にはすべての章が，時代には容易に左右されないアメリカの社会の深い構造を論じている．高校生から社会人にいたるまで，幅広い読者に手に取ってもらいたいと願っている．

$$**$$

　ドナルド・J・トランプ（1946–）は，もともとはニューヨーク市などで不動産業やホテルなどを経営するビジネスマンで，1980 年代からその派手な私生活や破天荒な発言で頻繁にタブロイド紙やテレビの娯楽番組などに登場していた．大統領選に出る前には「オマエはクビだ！」（You're Fired）というテレビのリアリティ番組のパーソナリティとしても有名だった．とはいえ，トランプが政治家になるとはほとんどの人は思っていなかったし，ましてやアメリカ合衆国の大統領になるなどとは本人ですら考えていなかっただろう．

　2016 年の大統領選挙を目指して，共和党の予備選に出馬をした際も，たいていの専門家は目立ちたがり屋の売名行為としかみなしていなかった．トランプには政治の経験や知識もないし，具体的な政策もない．世界を取り巻く国際関係情勢のこともわかっていない．選挙キャンペーンでは対立候補の思想や政

策のみならず，容姿や性格までをひたすら罵倒するだけで，世界の大国を率いる大統領にはまったくふさわしくない姿だった．しかし予想に反して，トランプは共和党の超保守層の支持を糾合することで予備選を制し，共和党の正式な候補となってしまった．

それでも，日米の専門家のほとんどは，トランプが選挙で民主党候補のヒラリー・クリントン上院議員・前国務長官に勝つとは考えなかった．バラク・オバマというアメリカ史上初の黒人大統領の後には，今度は初の女性大統領が誕生するだろうと思い込んでいた．トランプが勝つ可能性があると考える研究者はほとんどいなかった．専門家たちは，トランプが「大統領になっては困る」という思いを，「大統領になるわけがない」という希望にすり替えてしまっていたのである．

2016年11月8日の選挙の結果が明らかになったときの衝撃を，日米の大半の研究者はいまでも忘れられないだろう．選挙の鍵を握るとされていたペンシルバニア州，ミシガン州，ウィスコンシン州，オハイオ州で次々とトランプ勝利が伝えられると，我々は言葉を失った．どうしてこうなったのだろう，これから何が起こるのだろう．それは長年，研究対象にして「わかっている」と思っていたアメリカが理解できなくなった瞬間でもあった．日米では私を含め，多くの識者が大統領選の結果についてもっともらしいコメントを寄せていたが，自信を持って説明できた者は実際にはほとんどいなかった．

本書のもととなった講演会はそのような経験と反省をふまえ，トランプが大統領に就任して2年目に開催された．そしてこの書は第1期の任期最終年である4年目に刊行される．トランプ当選という衝撃からある程度の時を経たいま，各分野で活躍する研究者たちがあらためてトランプとその政権を生み出したアメリカ社会を考える試みである．

当初は何が起こったのか，という衝撃も強かったし，就任以降のトランプの言動と政策も極端で驚かされるものが多かった．しかし，本書の各章からも明らかなように，トランプの時代のアメリカは，アメリカの社会と歴史の広い文脈で捉えると，それほど例外的ではないこともわかってくる．多くの人びとはドナルド・トランプという強烈な個性に惑わされがちであるが，実はその政権の政策は決してアメリカにおける突然変異ではない．反知性主義，人種やジェンダーをめぐる問題，政治とメディアの関係，国内の格差と政治対立など，本書の各章で論じられるテーマから丁寧に考察を進めると，一見極端なトランプ

の言動と政治は決して前代未聞のものではなく，アメリカ社会に長く存在する
さまざまな流れから生まれてきたものであることがわかる．トランプ以前のア
メリカにも，トランプ以後のアメリカにも，トランプが体現する価値観の潮流
は存在する．一方，トランプ政権下で巻き起こった Me Too や Black Lives
Matter（「黒人の命は大切だ」）運動に代表されるような，トランプ的な価値
観に抗う市民の力もアメリカには長くある．本書はトランプの時代に焦点をあ
てながらも，アメリカの過去から未来の大きな流れを具体的な事例を通して照
射するものである．

　同時に本書はトランプのアメリカに見られることは，必ずしもアメリカに特
有なものではないことも示している．反知性主義，人種やジェンダー意識，メ
ディアの変容などの事象は当然ながらアメリカに固有のものではなく，日本を
含めた世界諸国に存在する．各国の政治的，文化的な環境のなかで，ときにア
メリカと似た結果を生み出すこともあるし，まったく別の状況をもたらすこと
もある．各章は今日のアメリカ社会をグローバルな視点から捉えることで，そ
の特殊性とともに，現代世界が共通して直面する多様な課題も示している．

　つまり本書は「トランプの時代のアメリカ」というレンズを通して，今日の
アメリカをより広い時空のなかで概観し，今後のアメリカと世界の姿を考える
ものでもある．言うまでもなく，アメリカは世界随一の政治・経済・軍事大国
である．メディア，学問，スポーツなどの分野でも，アメリカは世界を牽引し
ている．今後世界がどれほど変わっても，アメリカが極めて重要な国であるこ
とは変わらないだろう．本書はトランプを生み出したその大国アメリカを多角
的に，わかりやすく検討しようとする試みである．各章を通して，日本に暮ら
す私たちがアメリカという国をより身近に，あるいはより現実的に，さもなけ
ればより突き放して受け止めてもらえれば幸いである．そのことはまた，日本
の今日を深く考えることにもつながるだろう．

2020 年 6 月

矢口祐人

装幀——水戸部 功＋北村陽香

東大塾

現代アメリカ講義　トランプのアメリカを読む

目次

現代アメリカ講義
トランプのアメリカを読む

宗教史からみたトランプのアメリカ
反知性主義・陰謀論・ポスト真実

森本あんり
国際基督教大学人文科学学科教授

森本あんり（もりもと あんり）
1956 年生まれ. 国際基督教大学, 東京神学大学大学院,
プリンストン神学大学を修了（Ph. D.）. プリンストン
神学大学院とバークレー連合神学大学院で客員教授.
2012 年より 2020 年まで国際基督教大学学務副学長. 専
門は哲学・宗教学.
著書に,『異端の時代』（岩波新書）,『反知性主義』（新
潮社）,『アメリカ的理念の身体』（創文社）,『キリスト
教でたどるアメリカ』（KADOKAWA）, *Jonathan Ed-
wards and the Catholic Vision of Salvation*（Penn State
University Press）, 共編著に,『人間に固有なものとは
何か』（創文社）, *After Jonathan Edwards*（Oxford Uni-
versity Press）, *Building New Pathways to Peace*（Uni-
versity of Washington Press）など.

はじめに

　今日は特に宗教史から見たトランプのアメリカということで講義をします．日本ではなかなかそういう視点から見ることが少ないですが，トランプ大統領の登場という世界的なショックを受けて，その背景をアメリカに固有の宗教史から理解することは重要だろうと思います．わたしは他の先生方と違いまして，アメリカの現代政治とか経済や外交の専門家ではございませんので，本講では何冊かの良い本をご紹介したいと思います．良い本と言いますのは，古典です．わたしが理解する古典というのは，書いた本人も予測していなかったような将来が先読みされているものです．現在の姿を見て，そこに持続的で本質的なものと，やがてなくなってしまうものとがある．その二つを見分ける洞察力をもっていた，と思われる本のことです．

　もちろんそれは，物事の巡り合わせでたまたまそうなった，というだけのこともあります．わたしが執筆した『反知性主義——アメリカが生んだ「熱病」の正体』（新潮選書，2015 年）は，実はその部類です．出版社のキャッチコピーには，「トランプの登場を予見した」などと書いてありますが，全然そんなことはありません．正直に申し上げますが，あの選挙ではわたしもたぶんヒラリーが辛勝するだろうな，と思っていた口で，まさかああいう結果が出るとは思っておりませんでした．おかげであの本はさらに売り上げが伸びましたので，それはそれでありがたいことです．

　しかし，今日触れようと思っている人びとは違います．もう少し本質的な時代の洞察力をもっていた人びとです．アレクシ・ド・トクヴィル，リチャード・ホフスタッター，より新しいところでは，アナトール・リーヴェンという国際政治学者，そして最後にアルバート・ハーシュマンという経済学者ですが，そういう人びとの本のことをお話したいと思います．

1　トクヴィルの驚き

(1) 現代の不平等

　まずトクヴィルです．彼の本が面白いのは，当時ではなく現代のアメリカをそのまま写し取ったかのようになっている，というところです．はじ

めに申しましたように，おそらく本人もそうなることを予測して書いたわけではないでしょう．そこが面白い．アレクシ・ド・トクヴィルは，フランスの社会思想家・法律家・政治家です．1830年代にアメリカの監獄や矯正施設を見にきたのですが，彼が書いた『アメリカのデモクラシー』の中からひとこと引用してみましょう．「文明国の民衆が粗野なのは，無知で貧しいことだけに由来するのではない．無知で貧しい彼らが，知識と財産のある人たちと日々に接するからだ.」つまり，お金持ちでインテリで，身なりもすごく立派な人たちと毎日隣同士で暮らしていると，どうしても劣等感でいっぱいになって卑屈になってしまう，ということです．文明国というのは，この場合ヨーロッパのことです．もちろん，当時のアメリカは文明国ではありません．続けてトクヴィルはこうも書いています．「インディアンは無知で貧乏だが，誰もが平等でかつ自由である」．

　わたしはこの対比を読んで，まさに今アメリカで起きていること，あとで『ヒルビリー・エレジー』（光文社，2017年）の話をしますが，そのリアリティを写し取っている，と思いました．現代の人びとは，物理的に隣同士で住んでいるわけではない．だが今は，テレビにせよインターネットにせよ，あたかも隣の家に住んでいるかのように，すべてを手に取るように見ることができるわけです．セレブたちがどういう暮らしをし，何を食べ，どんな服を着て，どんな言葉を喋っているか，そのことがよくわかる．それが貧困層にいる人びとの心をどれほど卑屈にしているか，劣等感で苛まれるように仕向けているか，ということを感じます．

　これもトクヴィルが書いているのですが，アメリカで平等なのは財産だけではない．知識についても平等が進んでいる．もちろん人間の知性は等しくありません．ある人は知性が豊かであり，ある人はそうではないのだが，アメリカではその「知性を育てる手段」が平等である，というのです．これは当時の状況ですが，それを鏡にして現代を見ると，どうでしょうか．かつては，平等な機会があって，誰でも社会の階段を駆け上ることができた．少なくともそういうチャンスがあった．それが現代では，収入格差がそのまま教育格差に翻訳されてしまいます．これは，いわゆる「ピケティ問題」です．かつてのアメリカには，「成功と安楽を閑暇とともに代々受け継ぎ，知的業績を尊敬するような階級」が存在しなかった．これは非常

に大事な指摘です．現代には，代々受け継がれるような知的階級がある，つまり知性が世代間で固定されて「階級化」してしまっている，というのがピケティの指摘ですが，この当時のアメリカではそれがない．そのことがアメリカの民主主義と活力の源なのだ，というのがトクヴィルの理解です．

(2)「アメリカン・ドリーム」の行方

　現代では，この感覚が希薄になりつつあります．「アメリカン・ドリーム」と言われ続けてきたことが，壊れはじめている．2014年の統計では，一般の人に聞くと，自分の子どもが自分より良い生涯を送るだろうと想像できる人が3割しかいません．つまり，アメリカン・ドリームなんて本当にただのドリームにすぎない，という醒めた気分です．みんながそのことに気づいてしまっている．もちろん，一般通念からすれば，将来世代に希望を託せるのは，アメリカのような国ではなく途上国の人びとの特権です．それぞれの統計を見ますと，アジアやアフリカで発展途上にある国々では，自分の子どもたちの方が自分よりいい暮らしを送るだろう，と答える人が多いですが，すでに発展を遂げたヨーロッパや北米では，悲観的な見方が目立ちます．

　ところが面白いのは，その同じ2014年の統計で，もう一つアメリカ人の思考法に特徴的な点が表れていることです．「人生の成功は，自分ではどうにもならない力で決まってしまう」と考える人が，他国に比べて際だって少ない．逆に，「成功はひとえに各人の努力にかかっている」と考える人が非常に多い．つまり，頭の中にはまだアメリカン・ドリーム的な思考パターンが残っているのです．どんな逆境にあっても，自分の意志の力で何とかできる，努力すれば成功できる．そう考えるのは，実にアメリカ的です．あとで触れますように，アメリカは，そもそもの成り立ちからして，明確な意志の発動で創られた国です．ここは他の近代国家の成立過程と大きく異なっている点ですが，それが今の人びとの「意志力崇拝」につながっています（表）．

　トクヴィルは，各人が平等なスタート地点から出発して，それぞれが努力した分だけ報われる，という信念こそがアメリカ的な民主主義の活力の

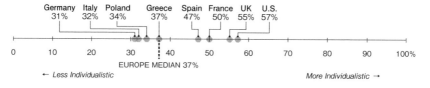

Percent who disagree that success in life is pretty much determined by forces outside our control

Germany 31% Italy 32% Poland 34% Greece 37% Spain 47% France 50% UK 55% U.S. 57%

0　10　20　30　40　50　60　70　80　90　100%

EUROPE MEDIAN 37%

← *Less Individualistic*　　　　　　　　　　*More Individualistic* →

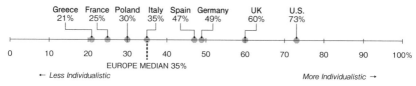

Percent who say it is very important ("10" on a 0–10 scale) to work hard to get ahead in life

Greece 21% France 25% Poland 30% Italy 35% Spain 47% Germany 49% UK 60% U.S. 73%

0　10　20　30　40　50　60　70　80　90　100%

EUROPE MEDIAN 35%

← *Less Individualistic*　　　　　　　　　　*More Individualistic* →

表　努力と成功の相関

源だと考えていました．そこから現在を見通してみると，一方でそういう信念の枠組み自体は残っているが，他方でその実質ないし帰結には疑問をもっている，という構図が浮かび上がります．その信念の枠組みと現実とのギャップが生み出した結果を，われわれは今目の当たりにしているわけです．すなわち，「自分はこんなに努力しているのだから，本来ならそれが報われて成功してもいいはずだ」という思いであり，努力しても暮らしがよくならないのは，そもそもの前提である「平等なスタートライン」が侵されているからだ，という思いです．いわゆる「エスタブリッシュメント」への反感です．今日見られる社会的な怨嗟の高まりは，このあたりに端を発しているのではないでしょうか．特権階級は，競争ではじめから「ずる」をしている．その犠牲者が自分だ，という基本感情です．

2　ヒルビリーの哀歌

(1) 貧困の階級化

　この基本感情をよく表現しているのが，次に紹介する J. D. ヴァンスの『ヒルビリー・エレジー——アメリカの繁栄から取り残された白人たち』（光文社，2017 年）です．これは「古典」とまでは言えませんが，はじめに申しましたように，著者自身も見通していなかった将来をよく説明してくれる本です．原著は 2016 年に出ていますが，トランプ政権が誕生する

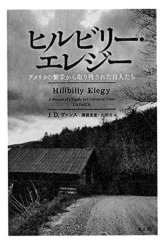

と，その背景を如実に描写した予言的な本として，一躍注目を浴びるようになりました．

「ヒルビリー」というのはアパラチア山脈地方，つまり経済的にあまり発展していない地域の人びとのことを半ば侮蔑的に呼ぶ言葉です．冒頭で触れたことに戻りますが，彼らは毎日テレビやインターネットで，オバマ大統領やその家族の暮らしぶりを見ています．オバマ大統領は本当に洗練された発音の美しい英語を話しますね．アメリカにいらっしゃったことのある方々は，いろいろな地方のお国訛りをご存知かと思います．きれいな英語を喋るということは，アメリカ人にとってもけっして当然のことではありません．何と言っても，オバマ大統領は完璧すぎる学歴をもっています．ハーバード大学とコロンビア大学，アイビーリーグを一つでなく二つも卒業しています．そんな超エリートの姿を毎日見て，その言葉を毎日聞いている．そしてミシェル夫人は，子どもたちにオーガニック食材で安全なおいしい料理を作っている．それに引きかえ自分はどうか．小さな町には高校すらない．大学なんて，家族の中でも親戚の中でも誰も行ったことがない．身の回りには，早すぎる結婚，失業，貧困，ドラッグ，アルコール，セックス，家庭崩壊，考えつく限りの不幸が氾濫している．料理なんかしません．子どもも大人も，朝も夜も，ジャンクフードです．「貧困」といっても，日本の普通の暮らしからは考えられないようなレベルです．

著者はオハイオ州に生まれ，兵役に就いた後オハイオ州立大学に学び，イェール大学ロースクールを了えて，現在はシリコンバレーで投資会社を経営しています．つまり本人は成功物語の主人公です．しかし，彼が出てきた社会，その家族的背景にあるケンタッキーの暮らしぶりを見ますと，まさに崩壊していると言うしかありません．親は，彼が幼いときに離婚しています．ある日，お母さんが彼に「ちょっとあなたのおしっこを頂戴」と頼みます．自分は薬物をやっているが，職場で尿検査があるから，クリ

ーンな尿をもってゆかねばならないのです．それを悪びれもせず，自分の息子に頼む．何てひどい母親だ，と彼は怒ります．もちろん彼はあげません．なぜなら，自分の尿もクリーンではないからです．麻薬を使うことが，世代を越えて普通になってしまっているのです．トクヴィルの言った世代間の固定化と階級化がマイナス方向で起きている，ということです．

　もしそういう生活がいやなら，人生を変えたらいいじゃないか，と誰しも思います．少しでも勉強して，まじめに努力して，いい仕事に就いて，いい収入を得たらいいじゃないか，と思います．そうすれば，子どもももう少しきちんと育てられるでしょう．でも，それができないのです．なぜできないのか．それは，トクヴィルもときどき使う言葉ですが，「習慣」がないからです．

(2)「文化資本」の欠如

　みなさん，ご自分の家庭を思い出してみてください．いい学校に行っていい成績を取れたのはなぜか．それは，ご自分でも努力したでしょうが，もともとそういう環境にいたからです．家に帰れば，ちゃんと勉強机があって，本が並んでいて，静かに勉強をする環境ができている．だから勉強することに，特段の困難や難しさがないのです．もちろん，そこにもいろいろな程度や例外はあるでしょう．しかし，ヒルビリーの人たちにとっては，そもそも「勉強に向かおう」と自然に思わせるような環境がないのです．これは，環境が形成する心の態度の問題です．

　ピエール・ブルデューという社会学者は，これを「文化資本」と呼びました．それは「資本」の一種です．他にも，たとえば学歴や美的センスなどがそうです．これらはみな資本として各人に蓄積され，最終的には金や不動産のように他の資本と交換することが可能になります．日本人の多くは，家庭環境の中で自然とそれらを身につけて大きくなっています．だから勉強することが自然なのです．しかし，そういう習慣が形成されていなければ，そこへ這い上がって行くのは並大抵のことではない，ということはおわかりいただけると思います．エートス［習慣を通して形成された人間の後天的・持続的性格］という言葉を使っていただいても結構ですが，そうするとやや倫理的な響きが強くなりますので，ここでは「習慣」（habitus）と言った方がいいかと思います．ブルデュー自身の言葉を引用しておくと，習慣とは「主体に内面化された客観性」あるいは「状況において獲得された持続的な性向」のことです．つまり，単に心の中の話ではなく，それが身体的かつ社会的な現実となったもの，主観的なものと客観的なものとの中間にあってその両者を結びつけるものです．これは存在論の領域にあるもので，ただ心の中でそういう気持ちをもてばよい，という話ではありません．

ヒルビリーの人たちには，この習慣ないし文化資本がないのです．そうすると，社会の階段を駆け上がる力もない．つまり，負けたままの状態になります．負けたままでいるのはもちろん自分が悪いのだけれど，それは認めたくない．では彼らはどう考えるか．原因は自分以外のどこかにある，と考えるのです．政府が悪い．オバマ大統領の政策が悪い．だから中国に仕事を奪われ，炭鉱が閉鎖に追い込まれるのだ，ということになります．石炭産業が斜陽なのは時代や産業構造のせいで，オバマ大統領が悪いわけではないのですが，そんな事実には耳を傾けません．

これが「ポスト真実」の世界です．彼らは，わずかな町の仕事に就いて，低賃金で働く．そういうところでは，働く意義もあまりよく見えてこないので，怠ける．遅刻する．欠勤する．叱られる．直らない．クビになる．酒を飲む．そして怒鳴り込む．喧嘩を起こす．こういう循環になってしまうのです．クリスマスには，無理をして借金してまで子どもに何かを買い与えます．しかし子どもはそんなもので喜びません．後に残るのはさらなる借金だけ．本当に悲しい話の連鎖です．

(3) 陰謀論の興隆

昨今では，「ポスト真実」や「陰謀論」という言葉が日常語になってしまった感があります．日本ではあまり話題になりませんでしたが，オバマ大統領の「指輪事件」というのもあります．彼は「隠れムスリム」だ，という噂が流れた事件です．今でも，オバマ大統領はイスラム教徒だと信じているアメリカ人はたくさんいます．

もちろん，事実は違います．オバマ氏のお父さんはケニア出身でムスリム系ですが，本人はハワイ生まれで，インドネシアで育ちました．インド

ネシアはイスラム国ですので，彼はイスラム教のことをよく知っています．お母さんはカンザス州の出身でキリスト教徒の家庭です．オバマ氏本人は，幼児洗礼ではなく成人してから洗礼を受けています．シカゴでコミュニティ活動をしていた頃，教会が社会活動の拠点になっていることを知って，キング牧師のような実践活動を目指して教会に行くようになり，そこでキリスト教徒になりました．彼はそのことを何度も何度も発言しているのですが，ネットでは，オバマ大統領がイスラム教徒であると言う人が絶えない．

　「指輪事件」というのは，彼がしている指輪に模様が刻まれているのですが，その模様がアラビア語の信仰告白になっている，という噂です．これはまったくのデマですが，世論調査で一般の人に聞くと，何と 29% が彼はイスラム教徒だと答えます．この数字は，共和党員に聞くと 43% に上がり，さらにトランプ支持者に聞くと 54% になる．つまり過半数がそう信じているのです．ここには，教育程度の差もかかわってきます．同じ統計で，オバマ大統領がプロテスタントだと知っているのは，大学卒業者では 63% ですが，大学を卒業していない人に聞くとこれが 28% に下がってしまいます．

　メディアの世界では，フェイクニュースに対抗するために「ファクトチェック」をしよう，という呼びかけもなされています．しかしわたしは，その効果はあまり期待できないだろう，と思います．こういう人たちには，どんな反証を示しても無駄だからです．彼らは，自分の信仰システムの中に生きていますから，反証として示される事実の方こそフェイクだ，ということになってしまうからです．人は，信ずべきことを信じるのではありません．信じたいことを信じるのです．だからそこに別の証拠をもってきても，その信仰システムの中に位置づけることができなければ，一顧だにされません．

3　反知性主義の伝統

(1) 反知性主義のアメリカ的前提

　さて，「反知性主義」という言葉ですが，これはいつの頃からか知らぬ間に使われるようになった言葉ではなく，明確な出自をもった言葉です．

その産みの親とは，リチャード・ホフスタッター［アメリカ政治史　1916年〜1970年］です．彼が1963年に書いた『アメリカの反知性主義』（みすず書房，2003年）ですが，この本も古典であり，半世紀を経った今でも有意義ですので，一度お読みいただければと思います．ちなみに，「反知性主義」というこの漢字5文字は，切り方に気をつけてください．それは，「反知性・主義」つまり知性に反対する主義，ではないのです．この言葉は，日本ではもっぱら相手に知性が欠けていることを非難する言葉になってしまいました．そういう使い方を間違いだと言うつもりはありませんが，この言葉が生まれた本来的な伝統の中では，もう少し違う意味が含まれておりました．それを明確にするためには，「反・知性主義」と切り分けていただくとよいと思います．つまりそれは，「知性主義」に対する反発です．このオリジナルな意味では，「知性主義」が前提にないところでは，「反・知性主義」は生まれません．

　アメリカでその前提となった「知性主義」は，明らかにピューリタニズムの伝統によるものです．そのことを象徴的に表しているのが，ハーバード大学の創立です．ニューイングランドに大量移住が始まったのが1630年で，36年にはハーバード大学が設立されています．ちょっと想像してみていただきたい．大西洋をはるばる航海してきて，ようやくアメリカ大陸に着きます．上陸してもそこにホテルがあるわけではなく，自分たちで家を建て，道や畑を整え，集会所などの社会施設をすべて一から作ってゆかなければなりません．そのくらいまではわれわれでも理解できます．しかし，みなさんだったら入植して6年後に大学を作るでしょうか？　もし学校を作るなら，まずは小学校だろうと思います．でもこの時代に小学校はありません．初等学校教育が始まるのは，この半世紀後です．

　昨今の日本では「高大接続」ということがよく言われますが，こういう歴史を見ておりますと，大学は初等中等教育とはまったく別の成り立ちをもっていることがよくわかります．一言だけ脱線しておきますが，大学を高校の延長のように考えることは，大学教育の意義を否定するにも等しいように思います．大学での学びは高校までの学びとは根本からして質的に違うのだ，ということを示さない限り，大学での勉強は面白くなりません．その意味では，高大は不連続の方がよいとわたしは思っています．

　さて，ニューイングランドに渡ったピューリタンは，大学卒業者の割合が極端に高く，当時の水準としては識字率も例外的に高かったことが知られています．なぜかと言えば，ピューリタニズムは典礼よりも聖書の理解を重視する運動として始まったからです．ピューリタンの牧師は，この時代でも基本的に大学卒業者でした．町の中心には必ず教会があり，その教会の牧師が町の中でいちばん知的で偉い人，という構造になっています．ちなみに，ハーバードが設立されたのも牧師養成が目的です．現職の牧師たちが死んでいなくなったら，新しい牧師を補充するのにわざわざ大西洋の向こうのイギリスの大学へ送らなくてはならない．それは大変だということで，植民地で自前の調達を図ることにしたのです．植民地時代には，ハーバードに続いてイェールとプリンストンが創立されますが，いずれも牧師養成を主目的として始められた大学です．

　牧師だけではありません．その牧師たちの説教を聞く一般の人びとも，高い知的水準にありました．植民地ごとの違いもありますが，この頃は政治でも投票権をもっているのは教会の正規会員である男性だけです．そういう形で，政治と宗教が形式的にも内容的にも密接に連携していた時代ですが，それはすなわち知性と権力が固定的に結びついていた時代でもありました．

(2) 反発の原動力としての宗教

　しかし，どんな社会もやがて変化してゆきます．第一世代が去り，子どもや孫の世代になりますと，いつまでもそういう知的な密度を維持してゆくことは難しくなります．それに対する反発も内外から生まれてきます．その反発をもっともよく体現したのが，巡回伝道者といわれる人びとです．

　彼らは，大学教育を受けた正規の牧師ではありません．多くが無教育で，自分の信仰的な確信だけを拠り所に，町々を回って聖書の話をします．どこの馬の骨ともわからない人が，突然町にやってきて，広場に人びとを集めては説教するわけですから，伝統的なインテリ牧師の方は面白いはずがありません．そういう「自称」伝道師たちに詰め寄り，「あなたはいったいどういう資格で説教しているのだ」と問い質します．そこで彼らが答えに持ち出すのが，「学者パリサイ人の類い」を批判したイエスの言葉です．

「学者」は当時の知的エリート，「パリサイ人」は当時の宗教的エリートです．つまり，キリスト教はまさにあなたがたのような人を批判して始まったのだ，というわけです．これが反知性主義の拠り所となりました．

　誰でも，目の前にある大きな権力構造に立ち向かうためには，自分の中に確固とした信念が必要です．それを彼らに提供したのがキリスト教の信仰です．たとえ自分が無学で無資格でも，たとえ相手にどんな地上の権威があっても，神の前には誰もが平等だ，というラディカルな確信です．ただし，あとでご紹介しますが，こういう伝道師の中にはとんでもない詐欺師も含まれています．そこがアメリカ史の面白いところです．

　もう一度確認しておきましょう．反知性主義は，ハーバードやイェールやプリンストンという知的教育機関や，そこに集まる知性そのものに対する反発ではありません．それが "Harvardism, Yalism, Princetonism" すなわち「ハーバード主義・イェール主義・プリンストン主義」になったときに興るのが反知性主義です．知性と権力が固定的に再生産されるようになる，つまり階級が固定化したとき，それを批判するのが反知性主義です．だからゼロからの「たたき上げ」を好む．それが「アメリカン・ドリーム」につながるのです．

　なぜトランプ氏があれほど人気を保っているのか．その理由の一つは，彼が「たたき上げ」だからです．厳密に言うと，彼は父親の不動産業を受け継いでいるのですが，それをあそこまで大きくしたのは，確かに彼の才覚でしょう．自分の才覚で成り上がり，自分が稼いだ金を使って自分の言いたいことを言う．そのどこが悪いのか．それに比べて，ヒラリーは既存の大企業から金をもらっているから彼らの言いなりだ．いったいどちらが正しいのか，ということです．

　こういう反知性主義の伝統は，すでに第3代大統領のジェファソンの時代からありました．ジェファソンは，「西部の連中は正直で，東部の連中は退廃している」と言っています．この時代にすでに，東部の「エスタブリッシュメント」に対する反発や反感があったのです．第7代大統領のジャクソンの時代になりますと，さらに明確になります．ワシントンの官僚と貴族的なインテリを嫌うポピュリズムの台頭です．

4　キリスト教の土着化と内在化

(1) キリスト教のアメリカ化

　このように説明してまいりますと，アメリカとヨーロッパやイギリスとの対比が問題になってくるかと思います．アメリカという国は，中世なき近代，貴族制なき民主制です．王制を経験したことがないのです．あるいは，カトリック時代なきプロテスタントの国です．ヨーロッパにある大学，たとえばオックスフォード大学やケンブリッジ大学などは，はじめカトリック社会の中にできましたので，近代に入っても教授内容はほとんど変わっていない，という状況が続くわけです．だが，ハーバードは初めからプロテスタントの大学として創られた大学です．つまりレガシーがない．大学でも国でも同じですが，レガシーがないところで新しいものを作るというのは，思い通りに作れる，ということです．たとえば，会社に勤務されているみなさんが「新しい社風を作る」と言っても，これまでのしがらみがあって，簡単にはできないでしょう．しかし，「今日から新しく会社を作る」というのだったら，創設者の思う通りに作れるでしょう．それがアメリカです．アメリカという国は，近代啓蒙主義の時代に，作ろうと思って作られた国です．そんな国は多くありません．日本だってイギリスだってフランスだって，みんな成り成りてできた国で，過去のしがらみを引きずりながら，少しずつ変えてゆくわけです．アメリカは，そういう面倒のなかった特殊な成り立ちをしています．

　そのアメリカにとって，キリスト教は出発点からシステムに組み込まれておりました．キリスト教は，歴史的にはヨーロッパでも外来宗教ですが，アメリカでははじめから同居と共存が前提になっている．だからアメリカのキリスト教は，出発点からアメリカ化しています．神学的にはこういう変化を「土着化」ないし「文脈化」といいます．それに付随して「内在化」も起きます．宗教には，本来どこか必ず超越的なところがあります．たとえばアメリカに関していえば，アメリカという国家や社会にべったりではなく，これを超越的な視点から批判する力もあるわけです．慰める力でもあるけれど，裁く力でもある．だがアメリカのキリスト教は，あまりにもアメリカと仲良くなりすぎている，それがこの「内在化」という言葉

の意味です．それは日本の仏教でも同じです．アジア諸国に行きますと，ずいぶん形の違う仏教に出会います．宗教は，ある土地に根を下ろせば下ろすほど，そういうふうに土着化してゆくわけです．

　では，アメリカではどんな土着化が起きたのか．それが「富と成功の福音」です．この世における成功，つまり物質的な，目に見える成功を是とする姿勢です．トランプ大統領が成功したのは，本人の努力もあるが，それだけではない「運」というものもある．それは，神が彼を成功させたのだ，ということです．神が祝福を与えたのだ，ということになるのです．アメリカのピューリタニズムの起点には，聖書に出てくる神の約束の言葉があります．「あなたは，もしわたしに従うならば，祝福を与える．だが，もしわたしに背いたら，罰を与える」，という言葉です．良い子はご褒美をもらう，悪い子は罰を受ける．アメリカのキリスト教は，この言葉を土台にして育ってきました．

　ただ，しばらくするとこの論理は逆回転をはじめます．「良い子ならご褒美をもらう」だったのが，「ご褒美をもらっている子は良い子だ」となるのです．トランプは成功している．それなら彼は良い子であるに違いない．もちろん，人間の目で見ると彼は問題だらけです．キリスト教的に言っても，とても褒められた人ではないでしょう．でもそれは人間の見方であり，神は違うところを見ている．彼にはどこか何か良いところがあるに違いない．なぜなら，神が彼を祝福しているからだ．これが福音派の論理です．だから白人福音派の何と 80% が彼に投票したのです．

（2）権力への疑念

　そもそもピューリタンはどうしてアメリカに渡ったのかというと，イギリスの国教会体制に反発して，それとは違う社会を作りたかったからです．そしてアメリカの独立は，イギリスの政治権力の否定です．だから 19 世紀のユニテリアン活動家セオドア・パーカーは，「アメリカの全歴史が母国への反逆であり，その信条は母教会への不信仰だ」と書いています．宗教的にも政治的にもまさにその通りで，反逆はアメリカ人の心底に宿っている性格なのだと思います．アメリカ人にとって，反逆は神聖なことなのです．

　「三権分立」という政治の基本構造も，実はこの同じ精神の発露で作られたものです．三権分立というと，日本の教科書ではモンテスキューの名前が出てきます．当時の指導者たちもたしかにモンテスキューを読んでいましたが，アメリカ国民の基礎感情としては，三権分立が必要なのは大きな権力が嫌いだからです．連邦権力というのはとんでもなく大きな権力です．だからそれに対するチェック＆バランスを，立法行政司法それぞれの権力がお互いを監視する，という方法で内部的に組み込んでおくのです．進化論も健康保険制度も，結局はみな連邦政府という大きな権力が主導することに対する反発です．アメリカ的な感覚で言いますと，あれは政府対家庭の問題です．家庭の中で自分たちの子どもに何を教え，何を信じさせるか，といういちばんプライベートなところに，連邦政府が土足で踏み込んで来て，「進化論を学びなさい」と上から命令する．それに対する反発が反進化論の出発点です．だからこれは，反知性主義にも連なる問題の一つの表れです．同性婚の話も銃規制の話も，基本的にはこれと同じ構図です．連邦というのは，アメリカ人にとっては終始疑念をもって監視するべき相手なのです．

　宗教社会学的に申しますと，これは「チャーチ」というエスタブリッシュメントに対する「セクト」の位置づけになります．セクトというのは，主流派を批判し，そこからはみ出してきて，新しい社会を作ろうとする勢力のことです．そういうセクトの魂がアメリカには常に生きている，と考えてください．

5　「コンマン」の伝統と陰謀論

(1) 熱狂する政治と宗教

　先ほど巡回伝道師の話をしました．牧師さんには話の面白い人とつまらない人がいますが，テレビ伝道師の話は必ず面白いでしょう．ベンジャミン・フランクリンも書いていますが，町の教会の牧師と巡回伝道師を比べると，後者の方が絶対に面白い．教会の牧師は，毎回違う話をしなければなりませんが，巡回説教者はあちこちに行って，どこでも自分の十八番の話をします．それを10回20回と繰り返してゆくと，見事に洗練されてゆきます．だからこなれた噺家の落語のように面白いのです．

この手法は，政治にもビジネスにも生かされています．アメリカは巡回セールス発祥の国ですが，巡回セールスはもちろん巡回伝道から始まったものです．店で待っているのでなく，掃除機なら掃除機をもって客のところへ行く．売るものが神さまの話から掃除機に変わっただけです．政治も同じです．民主党や共和党の党大会の熱気をみなさんもご存知でしょう．大統領候補の指名受諾演説なんて，本当に大きなスタジアムを借り切って，赤白青の風船を飛ばして，ものすごい盛り上がりです．

あの熱気はどこから来るのでしょうか．いくら日本の政治が熱くなっても，自民党の党大会はアメリカのようにはなりません．実は，あれは宗教の伝道とまったく同じです．手段も同じ，目的も同じ，スタイルまで同じです．「ぜひクリントンに投票してください」と来た人の心を摑んで決心させる．つまり大衆動員です．あの党大会の熱気は，大規模伝道集会の熱気と同じ性質のものです．ですから，アメリカに行かれるときは，テレビで伝道師の番組をよく見てみてください．

(2) 語りのマジック

植民地時代にイギリスからやってきて，名説教師として知られるようになったジョージ・ホイットフィールドという人がいます．ほとんど伝説と言うべき話が残っています．あるとき，説教を始めて開口一番，「メソポタミア」と言うのです．メソポタミアというのは地名です．ご存知の通り，チグリス川とユーフラテス川の三角州にあたる地域のことです．たぶん聖書の中のどこかにその地名が出てくるので，その話かな，と思って聞いていると，もう一度「メソポタミア」と言うのです．聴衆が何のことだろうと聞いていると，何回も何回も，ただ「メソポタミア」と繰り返す．そのうち，だんだん一回ごとに聴衆の興奮が高まっていって，40回繰り返したところで，ついに聴衆は阿鼻叫喚の渦になってしまい，説教はそれ以上続けられなくなります．そこで終わるのです．ところが，それを聞いた人びとはみな，「今日はすばらしい説教だった」と言って帰っていった，ということです．

別の話は，ある港町での集会のことです．港町というところが大事で，これはつまり，ヨーロッパから大量の移民が流入してきたという背景があ

るわけです．1万人くらい集まりますが，実はみな外国から着いたばかりで，英語は何もわからない人たちです．どこかの内陸部にいる遠い親戚を頼って移住してきたが，とりあえず行くあてもない．だから港町でうろうろしている，不安な大衆です．その人びとが，集会のことを聞いて出かけることになる．ある婦人はそこで，「人生でこれほど啓発された説教を聞いたことがない」と感嘆したということですが，その人はドイツから来たばかりで英語は一切わからなかったそうです．でも，その雰囲気に呑まれて，すばらしいと感じて帰るのです．

　みなさんには，とても信じられないでしょう．どうしてこんな話をするかというと，これは昔だけでなく，現代でも起きていることだからです．1984年でしたか，レーガン大統領のスピーチを聞いたある大学生が感嘆して立ち上がり，「大統領，あなたの話はすばらしい」と言ったまま絶句する場面が報道されて人びとを驚かせました．もちろんレーガンさんですから，そんなに飛び抜けた内容の話をしたわけではありません．トランプ大統領の集会でも同じです．さっきのドイツ語しかわからないご婦人とそっくりです．若者たちがトランプ氏の演説を聴いて「こんなにすばらしい演説は生まれて初めてだ」と感極まっているのです．では，実際にそのときトランプ氏が何を話したか．いつもと同じ，簡単なことを何度か繰り返しただけです．「国境に壁を作る．払うのは誰だ．メキシコだ！」それだけです．植民地時代の「メソポタミア」とまったく同じです．

(3)「パラノイア」と「コンマン」の伝統

　1963年に『アメリカの反知性主義』を書いたホフスタッターは，その翌年に「アメリカ政治のパラノイド傾向」という論文を発表します．そこに出てくる言葉が「パラノイア」（妄想）です．アメリカ人は常に「何かに脅かされている」という基本感情をもって暮らしている，ということです．昔でしたら，「古株」つまり早い時代にヨーロッパから移住してきた白人たちは，古き良き白人プロテスタント社会が脅かされている，と感じます．今でしたら，保守的な小さな田舎町，つまり共和党の伝統的な支持層が築き上げてきたキリスト教文明を，何か外からの悪しき力が脅かしている，と感じるのです．

19世紀初めには,「ネイティズム」の興隆が見られます. カトリック移民がたくさん流入してくると,「アメリカはもともと清らかなプロテスタントの国だったのに, 邪悪なカトリックの連中が来て乗っ取ろうとしている」という陰謀論が始まります. そのうちにKKKができて,「黒人が白人社会を乗っ取ろうとしている」などという怖い話になる. 20世紀にはマッカーシズムの時代に国際共産主義への恐怖があり, 現在では巨大国際企業や国際金融資本などが陰謀論の主な震源地になります.

　昨今では日本でも「コンマン」という言葉が聞かれるようになりました. テリー・ウィリアムズは,「現大統領こそ稀代のコンマンだ」と言っておりますが, これは非常にアメリカ的で面白い表現です.「コン」は「コンフィデンス」つまり信頼です. 騙す人は, まず相手の信頼を獲得しなければなりません. 相手に信じてもらわないと, 詐欺はできないのです. だから, 騙すというのは実は宗教の伝道と同じです. 信じさせれば勝ちです. それで巡回伝道者の時代にコンマンの伝統が生まれるのです.

　マーク・トウェインの小説に出てくるコンマンは, その典型です. 自分のことをさも信仰熱心な伝道者のように言いふらしますが, 実は全部嘘で, ただ金儲けをしたいだけ, という人が少なからずおりました. もちろん, 神の言葉を伝える仕事には, 本来は資格など存在しない, という信念が反知性主義の大事な出発点でもありましたので, そういう無資格者を受け入れる素地もあるわけです.

　ただし, コンマンにはいくつかの守るべき明確な「仁義」があります. いちばん大事なのは, 騙す相手は強い者でなければならない, という決まりです. 弱い者を騙して金をふんだくる, などというのはコンマンではありません. コンマンが騙すのは, 権力者です. どんな権力でもいい. 町の政治的な権力者でも, 裏の世界の権力者でもいい. みなさんは, 年代的に「スティング」という映画をご存知の方が多いのではないでしょうか. コ

ンマン映画の傑作ですが，あの中でポール・ニューマンがやっつける相手はギャングの親玉です．とにかく，力をもっている人間をやっつける．これがコンマンの大原則です．

　それから，コンマンは実力を使ってはいけない．腕ずくで金を奪ったりしてはいけないのです．スマートな知恵比べです．どんな知恵を使って相手を騙すか，その騙し方がアートつまり芸術なのです．騙された後もスマートでなければなりません．騙された人は，自分が騙されたことすら気づかない．たとえ後になって自分が騙されたことに気づいても，むしろそれに感心し感謝されるくらいの騙し方でないと，コンマンとは呼べません．コンマンというのは，コン・アーティストとも呼ばれるくらい優れたファインアートなのです．

(4) 社会の流動性とやり直しの可能性

　他方，「騙す」のではなく「騙る」ことも，思いのほか重要です．「誰か別人になりすます」ということは，「人生をやり直す」ということだからです．これもアメリカならではの話でしょう．広大な土地があり，一つの州と別の州では警察のシステムも違う．だから，失敗したら別の土地で別の人生を生き直すことができる．ゼロからやり直せる．トクヴィルの時代から，アメリカは再出発が可能な国なのです．騙る人を「インポスター」と言いますが，誰かになりすまして悪事を働くことがいい，というわけではありません．別人になってやり直す可能性が常に残っている，それがアメリカ社会の民主性やバイタリティの源である，ということです．ところが，近年はこれもあまりよく見えなくなってきています．つまり，やり直すことが簡単ではなくなってきているのです．

　『ヒルビリー・エレジー』に，「チキンマン」の話が出てきます．これは，ケンタッキーの田舎で普通にやっていたことを，オハイオの小じゃれた郊外の町に引っ越した人がやったらどうなるか，という話です．家の裏庭に鶏を飼っておいて，産んだ卵を食べる．歳をとって産卵をしなくなったら，その鶏をつぶして食べる．ケンタッキーの暮らしでは，これはごく普通のことです．ところが，オハイオに移住してきて，それをやった男がいる．郵便配達の仕事をしていたのですが，途端に「あいつは何というひどい人

間なのだ」ということで,「チキンマン」というあだ名をつけられて疎まれてしまいます. といって,他の人もお店で買った鶏肉を食べているのですから,彼だけがひどい人間なのではないのだけれど,自分の裏庭で鶏の首をキュッと締めるなどというのは,あまりに野蛮な行為で,オハイオ郊外の社会慣習では許されないわけです.

この小話がなぜ重要かというと,アメリカ社会の流動性が低下していることが背景にあるからです. 著者のヴァンスはオハイオ生まれですが,彼の家は祖父の時代にアパラチアから移ってきています. ちょうどその頃,アメリカは大移住を経験しています. つまり,困窮した地方の田舎から抜け出して都市部へ移るためのカネとコネのある人は,そのときにすでに移ってしまっている. 冒頭でこの著者が描き出したようなどうしようもなくひどい生活は,そこから抜け出すことができた人が抜け出してしまった後の,いわば限界集落での話なのです. 移動できる人はすでに動き終わって,その後に残ってしまった人たちの暮らしです. そういう人びとには,もはやモビリティ(社会の流動性)はありません. つまり,「インポスター」にもなれない. 別人を騙る自由すらない,という時代になってしまった,ということです.

では,そういう人たちは何を頼りに生きるのか. 信仰です. といっても,キリスト教とかユダヤ教とか名前がついた既成の宗教のことではありません. それも含まれているかもしれませんが,むしろもっと名状しがたいもの,自分の身の回りの世界を自分が信じたいように説明してくれる原理です. それを壊すようなものは斥けられます. そこに自分たちの生きる理由がかかっているからです.

トランプ氏が政権に就いてしばらく経過しましたが,共和党内だけを見ると,支持率はあまり落ちていません. 地方の選挙で共和党が負けたりしていますが,それでもトランプ支持のコアはあまり変わっていない. なぜかといえば,彼を支持した人は,今もその信仰システムの中に居続けたいからです. 他の人に何と言われようと,トランプの提示する世界に生き続けたいからです.

騙される人には,ある特徴があります. それは,「騙されたい」と思っている,ということです. たとえば,地道に稼ぐことに飽きて,何か「い

い話」でボロ儲けしたい．あるいは，自分が大切に思っている人に，大事な場面で頼りにされたい．騙そうと思っている人は，そういう騙される要素をもっている人を見つけさえすればよいのです．適当なターゲットを見つけることは，騙しの基本テクニックです．そういう願望をもっている人たちだから，それに飛びついた後は，それ以外の世界に移りたいとは思わないわけです．

　もう一つ，コンマンの大事なテクニックに，相手の関心を逸らす，ということがあります．これは手品師も同じですが，彼らは左手をひらひらと人びとの目の前に晒して注目をそこへ集め，「何ももっていませんね」と言っている間に，右手で細工をするわけです．先ほどのテリー・ウィリアムズが言うには，トランプ大統領は何か一つ批判されると，メディアの関心がその批判に集中する前に，さっと別の話を持ち出して別のところへと注目を集め直す．そういうことが非常に巧みです．だから彼は「稀代のコンマン」なのですが，この意味では，彼だけでなくアメリカ社会全体が騙す騙されるというやりとりに慣れている，とも言えます．

6　トランプ大統領のアメリカの行方

(1) アメリカはなぜ国際秩序に背を向けるのか

　アメリカ人の素朴な生活感覚からすると，小さな町に暮らしている人にとっては，自分の身の回りのちょっとした権力まで否定するつもりはないでしょう．保安官がいて，喧嘩の仲裁くらいはやってもらってもいい．だが，州政府となるとやや大きくて，行ったこともないどこかの遠い町にある．連邦政府なら，もっと大きくて遠い．ワシントン D. C. なんて，もちろん行ったこともない．そんなところにいる役人が自分の私生活に干渉してくるなんて真っ平ご免だ，と思うでしょう．さて，それをもう少し広げてみてください．連邦の外に何があるでしょうか．国際社会です．だからアメリカ人は，国際秩序や国際協力という話には常に疑念を抱きます．地球温暖化なんて，中国のでっち上げだ，と陰謀論が始まります．

　その典型が，フィリス・シュラフリー（写真）という人です．彼女は2016年，トランプ大統領の支持演説をして間もなく，92歳で亡くなりました．どんな人かというと，経歴上はかなり保守的な政治にかかわってい

（写真）

ますが，ご本人の触れ込みとしては，ひたすら弁護士の夫を立てながら，6人の子どもを育て上げた，いかにも伝統的で家庭的な「普通の主婦」です．その彼女を一躍有名にしたのが，男女平等を求めた憲法修正条項（ERA）の批准を阻止する「反フェミニズム」運動でした．シュラフリーは，一貫して中絶反対，同性婚反対，英語とスペイン語の二ヵ国語教育反対で，つまり典型的な白人男性中心主義の理念を女性の側からサポートした人です．

　当時はレーガン政権でしたが，彼女はその後もキリスト教右派（Christian Right）で反リベラルの旗手であり続けます．たとえばビル・クリントンは多言語で多人種で多文化を重んじる知的エリートですが，シュラフリーは彼が代表するそういうものがみな嫌いなのです．1998年のある大会では，こんな演説をしています．「みなさん，ビル・クリントンに気をつけなさい．彼は非常に危ない人間です．彼が狙っているのは，若い女性ばかりではない．アメリカを国際秩序に売り渡すのが本当の目的です．だから上院はすべての国際条約を破棄すべきです.」これがシュラフリーの主張です．

　その主張の根底にあるのは，「アメリカは神に祝福された特別な国だ，独立宣言と憲法は神の賜物で，すばらしい奇跡だ．国際条約は，そのすば

らしいキリスト教国のアメリカを，不信仰な国々と同じ軛につなごうとするものだ」という理解です．多国間協定には必ず負担が伴いますが，当然のことながら，大きな国ほど大きな負担を背負います．その結果，アメリカは莫大な負担金を払わされることになる．ではその見返りに得るものは何か．アメリカにとって何の益にもならない義務ばかりである．たとえばCO_2排出規制では，アメリカはとても大きな負荷をかけられることになります．だからあれは全部，アメリカの弱体化を狙った国際主義者たちの陰謀だ，というのです．

　結局これは，先ほどお話した大きな権力に対する疑念の延長線上にある感情です．国際権力は，連邦よりもさらに大きな権力です．だからアメリカは，パリ協定から離脱し，TPP から離脱するのです．ジョージ・W・ブッシュ大統領のときの副大統領だったディック・チェイニーも，腹の底から国連が嫌いだったと言われています．同様にブッシュ政権で国防長官であったラムズフェルドも外交官嫌いで知られています．ああいう人たちの身体感覚が，未だにアメリカの権力機構の中に生きていると言っていいでしょう．

(2) ハートランドの没落と揺り戻し

　アナトール・リーヴェンという研究者が書いた *America Right or Wrong*（2004 年）という本は，こうしたアメリカ政治の揺れをよく説明してくれます．著者は，もともとヨーロッパの紛争問題が専門のイギリス人ですが，おそらくわたしが最初に申し上げた意味で，この本は「古典」の一つになると思います．2012 年に第二版が出て人びとの注目を浴びましたが，それは9.11 以降の現代アメリカがすでに 90 年代から準備されつつあった，ということをはっきりと教えてくれるからです．わたしはこれを2004 年の初版で読みましたが，初版の方がさらに不気味なほど予言的で黙示的です．「ハートランド」というのは，ごく大雑把に言って，アメリカ中西部のことです．単に地理的な中心であるというよりは，昔ながらの保守的なアメリカらしさを維持している価値的な中心です．トランプ大統領を勝利に導いた，ラストベルト地帯の話もあります．その現状が言い当てられていて，怖いくらいです．

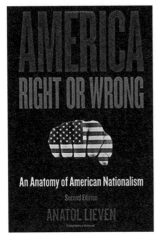

その指摘の一つに，さっきの「チキンマン」現象の歴史的背景が見えています．あれはケンタッキーからオハイオに移った人たちの話ですが，1880年代の干ばつでは，カンザスやネブラスカなどの人びとが北部の工業地帯へと大量移住しましたし，1930年代の干ばつでは，大平原地域の人びとが同じように都市部を目指して出て行きました．ちょうどこの当時のオクラホマ農民の苦境を描いたのが，スタインベックの小説『怒りの葡萄』です．先ほども申しましたように，『ヒルビリー・エレジー』の著者自身はオハイオ生まれですが，その祖父の世代がケンタッキーから移ってきています．その頃起きていたのはどんなことか．真面目に自分の畑を耕して食べていたごく普通の善良な白人農業従事者たちが，干ばつで食えなくなる．せっかく汗水たらして耕してきた農地を二束三文で売って，都市部へ移って工場の賃金労働者となる．その家庭の悲しみが，祖父たちの記憶に染みついているのです．後に残った人たちは，出て行くだけの資金も準備できなかった人たちです．彼らは，農業を続けるためにやむなく銀行から借金をして苦しめられる．だから金融資本に対する憎しみが深まり，ますます自暴自棄になる．こうなると，負のサイクルに入り，疲弊が連鎖してゆきます．リーヴェンの本を読みますと，それが『ヒルビリー・エレジー』まで全部つながっているのがよく見えてまいります．

　リーヴェンは，先ほどシュラフリーの講演で触れたような「アメリカ例外主義」の出発点もここにある，と論じています．歴史的にアメリカを動かしているのは，「正」と「反」，あるいは「アメリカ的信条」（American Creed）とそれに対する「アンチテーゼ」とのシーソーゲームです．この「正」の方，つまり「アメリカ的信条」の核心部分には，宗教的な言語が多用されています．「神に選ばれた国民」，「自由と民主主義のメシアニズム」，「新しいイスラエル」などです．アメリカは，その出発点からして「腐敗したヨーロッパ」からの脱出，すなわち旧約聖書「出エジプト記」

（Exodus）の再現という自己理解が強い．旧世界を脱して新しい世界を創る，という自負心が，アメリカ的な価値への信仰を形成しているのです．

ところが，その古き良き愛すべきアメリカを体現するはずの白人キリスト教徒は，南北戦争以降，文化的にはリベラリズムに負け続けてきました．マッカーシズムは，そういう当時のエスタブリッシュメントを「隠れ共産主義者」として次々と血祭りにあげてゆきます．長く再起不能だった保守的キリスト教が，極端な愛国主義とともに復讐のカムバックを遂げたわけです．そして，ここで手を組んだ南部の白人と北部や中西部の保守層とが，今日の共和党の強固な支持基盤を構成しているのです．

ただし，誤解のないように申し上げておきますが，この「アメリカ的信条」は，必ずしもキリスト教そのものではありません．ユダヤ・キリスト教伝統の流れを汲んではいますが，もう少し一般的で普遍的な内容です．たとえばそれは，キング牧師の演説に出てくるような，国家の基本理念のことです．「いつの日か，この国が立ち上がり，この国の基本信条（creed）の真の意味を生き抜くようになる．」ここに謳われているのが「アメリカ的信条」で，その内容は自由，人権，平等，といった世俗的な概念です．これがあるからこそ，狭量なナショナリズムや不寛容な民族主義が一時的に席巻することはあっても，アメリカ史には必ず逆の力が働いて均衡が戻ってくる．ですから，今少しアンチテーゼの方が強まっている時代かもしれませんが，それがずっと続くことはないだろう，というのが彼の理解の主軸になります．

(3) 失望の効用

もう時間がなくなってしまいましたので，最後のアルバート・ハーシュマン『失望と参画の現象学』（法政大学出版局，1988年）には短く触れるだけにいたします．ハーシュマンは，ハーバード大学などで教えた後，最後はプリンストンの高等研究所にいました．大括りとしては経済学者なのでしょうが，この本は失望という現象を経済学的に捉えていて，実に面白い．人間はときに失望するが，それが経済的な益を生む，という話です．

トランプ大統領が勝利した理由の一つに，オバマ大統領の8年間があります．オバマ氏が当選した2008年の熱気をみなさん覚えていらっしゃ

るでしょう．〈Yes, we can!〉のコールが全米に鳴り響きました．何世紀
も続いた差別と偏見の歴史があるアメリカに，黒人の大統領が誕生したの
ですから，無理もなかったことです．そんなことが起きるとは，ほんの少
し前まで誰も信じていなかったでしょう．トランプ大統領の登場より大き
な歴史的衝撃だったと思います．それが実現できたのなら，あとはどんな
ことだってできるのではないか．あの頃は，そういうとてつもなく大きな
期待が高まりました．核廃絶だってできるかもしれない．それで彼はノー
ベル平和賞をもらいます．では，その結果はどうだったか．失望です．期
待が大きかっただけに，失望も大きかった．結局オバマ大統領は何もでき
なかった．核の廃絶など夢のまた夢だった．そういう失望感が，トランプ
政権の誕生に繋がっています．

　失望というのは，実は非常に興味深い現象です．ハーシュマンが言うに
は，失望するのは人間だけです．動物は，失望という事態を経験しません．
なぜなら，動物はそもそも自分が間違った期待をしていた，という認識を
もたないからです．ハーシュマンの説明は極端に簡素なので，ここは異論
の出るところかもしれませんが，彼が依拠しているのは，「過つは人の常」
（errare humanum est）という18世紀以来の格言です．これは「許すは神
の常」という言葉と対になっているのですが，その「過つ」「間違える」
ということを，残念なことではなく，人間に固有の能力として捉えるので
す．動物は，少なくとも「自分が間違えた」という認識をもたない．しか
し，人間はときにそう思うのです．間違った期待をする．だから失望する
のです．

　ハーシュマンは，この「失望」のコストと，それにもかかわらず人間が
繰り返し思い描く「希望」のベネフィットを天秤にかけて考えます．そし
て，公的世界への政治参加がもたらす希望と失望を，私的な利益や幸福の
追求との交替現象として論じ直します．失望するためには，あらかじめ希
望がなければならない．政治参加にせよ，幸福追求にせよ，失望する能力
があるということは，繰り返し希望をもつ能力がある，ということでもあ
ります．アメリカの絶えざるダイナミズムの一つの源がここにある，とい
うのがハーシュマンのわたしなりの解釈です．

Q 今のアメリカでも，キリスト教はそれなりに信仰されているのでしょうか？ 日本を考えると，日本人は一番宗教心がないと言われていますが，そのあたり現実的にどのくらいなのかということと，それから，宗教と貧困にある程度相関があるのでしょうか？

A 国際比較から申しますと，アメリカは飛び抜けて宗教的な国です．統計などではよく出てきますが，どの国でも，一般に年収が高ければ宗教心は低いのが普通です．しかしアメリカだけは，他の先進国と比べても宗教心が異常に高い．逆に，年収が低い国では宗教心は高い．現世の幸福に縁遠い人の方が，宗教心が高くなるからです．だからアメリカは例外的です．

　実態を調べるのはなかなか難しいのですが，よく使われるのは，「あなたは過去 7 日間のうちに教会に行きましたか」という質問です．「教会」は，もちろんシナゴーグや寺院やモスクなどを含む，礼拝のための「宗教施設」のことです．この率は長いこと 40% 程度で，戦前から何十年にもわたってほとんど変わりませんでしたが，ここ 10 年くらいで落ちています．「行かなかった」と答える人が増えている．どういうことかというと，もとから行かなかったけれども，そう聞かれたら「はい行きました」と答えるのが社会的な規範だった，ということもあるでしょう．それが先ほど触れたアメリカ人の habitus なのです．宗教の名前は何でもいいが，とにかく何らかの宗教心をもっていて，それを週に 1 回程度は実践している．そうでなかったら少し恥ずかしい，という前提があっての答えです．だからずっと変化もなかったのです．その基本的な前提がここ 10 年ほどで崩れつつある，ということですが，それでも他国との比較からすれば圧倒的に高い数字です．

　ではみんな本当に宗教を信じているのか．数の上からはそう言ってもいいけれども，「宗教」として信じているかどうかはまた別です．それは，社会システムの一部なのです．実際にどこかに行ってかかわるためには，キリスト教とかユダヤ教とかの具体的な行き先が必要ですから，キリスト教の教会に行っているなら，あなたはキリスト教徒ですね，ということになります．しかし，ではその人が信じているのはキリスト教か，というこ

とになると，もう少しぼんやりしています．少なくとも，キリスト教の
「教義」を信じているわけではないでしょう．神が三位一体であるかどう
か，そんなことはアメリカ人にとってはどうでもいいことなのです．

　たとえば，ボーイフレンドがカトリックだったら，もとは違っていても
カトリックになるのです．新しい町に引っ越しますと，それまでメソジス
トなら，まずはメソジストの教会に行ってみるでしょう．建物はきれいだ
けど，駐車場が狭い．次の週は，隣のバプテスト教会に行ってみる．説教
は面白いが，聖歌隊が気に入らない．次にユニテリアン教会に行ってみる
と，ショッピングモールに一番近くて便利だ．じゃここがいい，というふ
うに決めるのです．信仰の内容ではありません．社会的機能なのです．そ
ういうことは知っておいてもよいと思います．

　さて，収入と宗教とがどのくらい結びついているか，というのが二つ目
のご質問ですね．キリスト教の諸教派は，昔は社会階層の位置づけがかな
りはっきりしておりました．簡単に言うと，いちばん経済的に豊かな人が
行くのは聖公会か長老派です．真ん中あたりがメソジストで，その下がバ
プテスト．これは今のように無数の自由教派が出現する前の時代のことで
す．現在は教派そのものが無数にありますから，階層ごとの区分がぼやけ
ましたが，位置づけとしてはそういうことです．カトリックはアメリカ史
のはじめは最低でしたが，今は大きいので上も下もあります．

Q　福音主義について教えてください．

A　教科書的なところで申し上げると，もともと福音主義（evangelicalism）
というのはプロテスタントの聖書に忠実な主流派のことを意味していたの
ですが，アメリカではかなり限定的な意味に使われるようになりました．
20世紀後半の使用感では，「メインライン」（主流派）でないプロテスタン
トの人びとを「福音派」と呼んでいたのです．特に「福音派」と「ファン
ダメンタリスト」との重なり合いが論じられたりしてきました．どちらも，
新しい時代への柔軟な適応より，聖書的な原理に忠実であり続けることを
重視する点で似ているからです．もっとも，「ファンダメンタリスト」の
方は少し軽蔑的なニュアンスがあるので，自分のことを話すときには「エ
ヴァンジェリカル」という言葉を使います．ひと頃は，政治的な発言の多

い少ないでこの二つを切り分けていましたが，最近はその区別も通用しな
くなりました．

　福音派サークルの中では，歴史的にも教義的にもさまざまな系譜が語ら
れますが，そのアメリカ的な出発点は，20世紀はじめの「反近代主義」
にあります．当時「ファンダメンタル」というのはけっして悪い意味では
ありませんでした．その頃は，共産主義よりもっと悪いのが「モダニズ
ム」すなわち近代主義だったのです．聖書を批判的に研究する批評学や，
創造論を否定する進化論がその代表的なものです．キリスト教と対立する
ようなこれらの近代思想がヨーロッパから流入してくる．それに対して，
聖書的な理解の「基本」すなわちファンダメンタルズを明確に掲げて守る，
というのがその出発点です．その「基本」には，処女降誕や聖書無謬説な
どの5点が掲げられていますが，いずれも近代主義が否定したり疑問視
したりしたことに対する反発です．

　アメリカではこの勢力が「反ヨーロッパ」思想として広まり，それが時
を経て現在の福音派の土台になっている，と考えればよいと思います．な
お，福音主義（エヴァンジェリカル）という言葉は，現在ではさまざまな
教派や宗派を包み込む毛布のような言葉になっています．聖書を現代に合
わせるよりも，現代を聖書に合わせることを求める人びと，という意味で
使われるので，ときには「福音主義的なカトリック」などという表現もあ
ります．これは，福音主義がプロテスタントを意味していたので，本来な
ら矛盾した用語法です．けれども，今は「非リベラル」という意味で使わ
れているのです．この場合は，聖書解釈などの信仰内容について保守的で
ある，という意味にもなり，妊娠中絶や同性愛者の権利などといった高度
に政治的なアジェンダについて保守的である，という意味にもなります．
「宗教保守」という言葉も，この同じ文脈で使われます．

トランプを当選させたアメリカ政治

背景・現状・今後

久保文明

東京大学大学院法学政治学研究科教授

久保文明（くぼ　ふみあき）

1979 年 3 月東京大学法学部卒業，1989 年 12 月博士（法学）

東京大学助手，筑波大学講師・助教授，慶應義塾大学助教授・教授を経て，2003 年より現職．この間，コーネル大学客員研究員，ジョンズホプキンズ大学客員研究員，ジョージタウン大学客員研究員およびメリーランド大学カレッジパーク校客員研究員も務める．その後，パリ政治学院招聘教授，ウッドローウィルソン国際学術研究センター研究員，アメリカ学会会長を歴任．現在，日米文化教育交流会議（カルコン）日本側副委員長，日米教育委員会（フルブライト委員会）委員を務める．

著書に『ニューディールとアメリカ民主政』（東大出版会，1988），『現代アメリカ政治と公共利益』（東大出版会，1997），『現代アメリカ政治の変容』（共編著，勁草書房，1999），『G.W. ブッシュ政権とアメリカの保守勢力―共和党の分析』（編著，日本国際問題研究所，2003），『米国民主党―2008 年政権奪回への課題』（編著，日本国際問題研究所，2005），『アメリカ外交の諸潮流―リベラルから保守まで』（編著，日本国際問題研究所，2007），『アメリカ政治・第 3 版』（共著，有斐閣，2017），『アメリカ政治史』（有斐閣・2018），『アメリカ大統領の権限とその限界』（共編著，日本評論社，2018年）など．

はじめに

第3講ではトランプを当選させたアメリカ政治の分析とその背景・現状および今後についてお話できればと思います．まず，なぜトランプのようなかなり変わった人が大統領に当選したのかという背景についてお話し，トランプ政権の現状，それから最後は外交ということで，特に日米関係であるとか，それから北朝鮮問題等に触れることができればと思っています．

1　アメリカ政治・経済の現状

図1は選挙の時のアメリカ経済の状況です．当時の失業率は4.6%で，金融危機の後，一時10%に達しましたが，だいぶ改善していたのです．ちなみに現在は4%を切って3.9%になっています．これは今後の話になるかもしれませんが，トランプ大統領の支持率を押し上げる要因として，結構重要だと思われます．日本も現在の失業率は3%を切って，かなりいい状態ですが，アメリカの場合，株価も上がっていい状態なので，これは今後のことを考える上で重要なファクターだと思います．

大統領選挙投票日の段階で失業率が4.6%というのも，アメリカの基準ではかなりいい数字で，ほぼ完全雇用状態と言われています．現在の3.9%は，アメリカの基準では完全雇用状態です．それから株価の上昇ぶりですが（図2），金融危機の時に一度落ち，大統領選挙の投票日の時には相当上昇していますが，その後も，上がってきています．緩やかですが，景気拡大も長期にわたって続いています（図3）．

しかし，アメリカ国民がこういうアメリカ社会の状況をどう見ていたのかということを見ますと，ちょっと違った側面が見えてきます．アメリカの新聞社や世論調査など，多くの会社が今アメリカはいい方向に向かっていると思いますか，悪い方向に向かっていると思いますか，という世論調査を継続的に行っています．図4は，Real Clear Politicsという世論調査会社のデータです．投票日の2016年11月8日，太字の方が悪い方向に向かっている，という人の数字なのです．約62%の人が，アメリカは悪い方向に向かっていると答えているのです．経済の数字は，軒並みいいわけです．ほとんどの経済誌では，アメリカ経済こそが，世界経済の牽引で

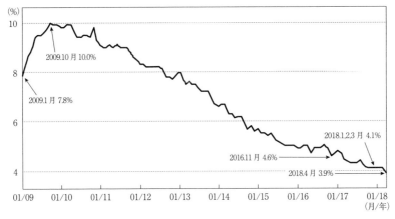

出典：United States Department of Labor Bureau of Labor Statistics

図1　アメリカ失業率　2009.1～

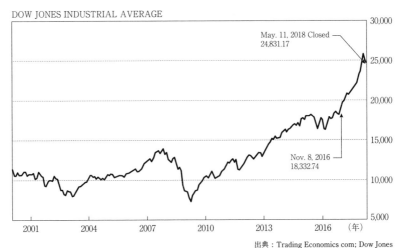

出典：Trading Economics com; Dow Jones

図2　NY ダウ平均株価推移

あると書いていたわけですが，肝心のアメリカ国民がいい方向に向かって
いると思っていなかった．

　もちろんこの質問に答える際に，回答者が経済だけでなく教育とか治安
とか，全てをひっくるめている可能性はあります．いずれにせよ，これは
オバマ政権にとっては結構きつい数字です．つまり，共和党が散々ひっく
り返していった経済をこれほど良くしたのに，アメリカ国民はまだアメリ
カは悪い方向に向かっていると思っていたということです．ちなみに現在

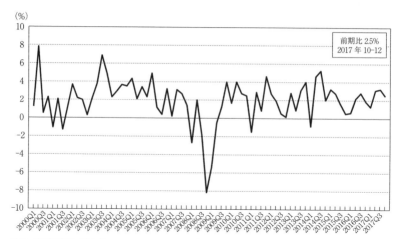

出典：米国商務省　BEA（Bureau of Economic Analysis），GDP, Percent change from preceding period（Seasonally adjusted annual rates），GDP percent change based on chained 2009 dollars

図3　アメリカ経済成長率　2000-2017.12

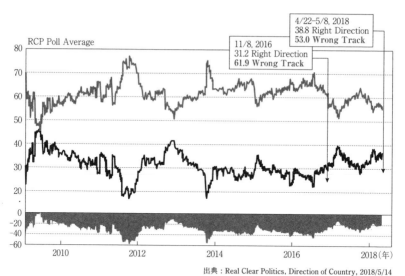

出典：Real Clear Politics, Direction of Country, 2018/5/14

図4　「悪い方向に向く」アメリカ

　では，少し数字は改善していますが，でも，半分少々の人が今でもアメリカは悪い方向に向かっていると考えており，結構悲観的に思っているのです．

　実質家計所得の中央値をみると（図5），1999年の水準を下回っていま

Median Income

- 民主党政権期
- 共和党政権期

$62,000
$60,000 $59,345
$57,790
$58,000 $57,827
$56,000
$55,376
$54,000 $53,367
$52,000
$50,000 $50,725
$48,000
$46,000

1989 1990 1991 1992 1993 1994 1995 1996 1997 1998 1999 2000 2001 2002 2003 2004 2005 2006 2007 2008 2009 2010 2011 2012 2013 2013 2014 2015 2016 Jan-17 Feb-17 Mar-17 Apr-17 May-17

出典：Medium, "The Case for Optimism: Rejecting Trump's Poisonous Pessimism" by Simon Rosenberg, June 2, 2017

図5　実質家計所得の中央値

す．中央値というのは一番稼いでいる家計と一番稼いでない家計です．全て並べて真ん中をとると，2016年11月の段階で，わずかですがまだ99年の数字を下回っている．つまり真ん中よりも下の人は，確実に99年の生活水準を下回る水準の生活をしていたということです．その後ようやく，99年の水準を超え始めました．この点は，2020年のことを考えるのにも結構大事かなと思います．このような背景があり，経済の数字はいいけれど，アメリカ国民はそれほどいいとは思ってなかった．むしろ悲観的に見ていたのです．

2　内政と外交

(1)　2016年の大統領選挙の特徴――異例づくめの選挙

2016年の大統領選挙を少し長期的な視点から見ると，面白い特徴が3点あったと言えます．まず，第1点目は，二大政党が政治経験も軍歴も皆無の人物を大統領候補に指名することは，第二次世界大戦後，初めてであったということです（1940年に共和党はウィルキーという人を指名したことがありました）．たまたま偶然という面もありますが，あえて言いますと，特に共和党の中では，現職の政治家，キャリアとしてずっと政治を職業にしている人への不信感が相当強かったのです．それに対する不満というか，

その反映という部分があったかと思います.

　第2点目に，共和党が孤立主義的傾向を持った候補を指名したことです．共和党は基本的には冷戦を戦う，あるいはアメリカが若干持ち出しになっても国際的な秩序を維持する役割，積極的な外交を展開することを支持する候補者，つまり国際主義的な人を従来は候補者にして来たわけです．民主党は1972年の大統領選挙でジョージ・マクガヴァンを指名し，「アメリカ・カム・ホーム」という選挙公約で戦いました．つまり，アメリカは世界から撤退しようというスローガンです．民主党は72年くらいからそういう傾向を持ち始めたのですが，共和党は基本的に，ちょっと誇張して言うと，アメリカは世界で警察官の役割を担い続けるというタイプの人を支持してきたのですが，トランプ氏は違いました．候補者の時には，NATOはもう時代遅れだとか，日本や韓国などを守ってあげる余裕はもうアメリカにはないという話をして，孤立主義的な印象を与えてきました.

　第3点目が，二大政党の大統領候補どちらもが保護主義的であるのも，第二次世界大戦後では非常に異例なことです．2016年の大統領選挙は，民主党のヒラリー・クリントンと共和党のドナルド・トランプ，どちらの公認候補も環太平洋パートナーシップ協定（TPP）に反対でした．二大政党の候補者が2人とも保護主義的な態度をとって，大統領選挙を戦うというのは第二次世界大戦後は初めてのことだろうと思います．特に共和党は明らかに初めてですし，民主党ですら例えば92年のビル・クリントン候補は北米自由貿易協定（NAFTA）を実現するということを基本路線として戦っていたわけです．以上のような意味で，2016年の大統領選挙は，今後のアメリカの行く末を考える上では示唆的かもしれないと思います.

(2)　2016年の選挙結果の背景

　日本の多くの論者，特に日本の格差問題を強調したい方は，トランプ現象を語る時に格差の話でまとめたがるのですが，アメリカの理解としては，それは若干不十分だろうと思います．それはなんと言っても不法移民の問題が重要だからです．アメリカは人口が3億人を超えている国です．その中ではっきりした数は不明ですが，不法移民が約1100万人から1200万人いると言われています．多くは中南米から来たヒスパニック系の人で

す．1億2千万人の日本の人口に当てはめると，不法移民が370万から400万人程度いることになり，だいたい横浜市の人口と同じくらいないしそれ以上になるかと思います．もし日本に400万人の不法移民がいたとすると，それなりに政治問題になるかもしれません．アメリカのエリートやエスタブリッシュメントの人は，不法移民がいても，彼らがやる仕事とアメリカ国民がやる仕事とは性格が違うので，職が奪われることはないのだと言い張る傾向がありますが，このような上から目線の議論に反発する人もいます．

　私が視察でアメリカのニューハンプシャー州で行われたトランプ大統領の集会に参加した際，集会に来ている人の中に，自分の父親が失業して，それは不法移民が原因だと思っている人に出会ったので，話を聞いたことがあります．やはりこれだけの数の不法移民がいると，自分が失業した時に，これは不法移民のせいだ，あるいは自分の賃金がなかなか上がらない，あるいは下がった時に，これは安い賃金で喜んで働く不法移民がいるからだと思ってしまう人がいるのは多分避け難いことだろうと思います．

　それを煽る政治家も登場するわけですが，そういう人を支持する素地はこういうところから生まれてくることになります．概して共和党の方が，不法移民には厳しい態度をとってきましたが，トランプの不法移民についての発言は，タカ派の共和党よりさらに厳しかったと思います．不法移民には麻薬中毒者や犯罪者や強姦魔が多いと断言し，不法移民についてあからさまに否定的に語りました．

　それから，メキシコとの間に壁を作ること．その費用をメキシコ政府に払わせることを自分の公約の目玉にしました．共和党の討論会は最初17人候補がいたのですが，その討論会でも彼はずっとそれを述べていました．最後までトランプに食いついたのが，テキサス州選出のテッド・クルーズ上院議員で，彼も同じような公約で，自分も大統領に当選したら，メキシコとの国境に壁を作ると訴えていました．ただし，自分はメキシコ政府ではなくトランプに払わせると言いました．真面目な公約なのかどうかわかりませんが，会場でおおいに受けていたことは確かです．クルーズ議員以上に不法移民問題をきついかたちで訴えたのがトランプ氏でした．

　多くのジャーナリストはこのような差別的なことを言う人は大統領候補

の資格はない，と否定的にコメントしたのですが，興味深いことに，そういうことを言えば言うほど，共和党の中でのトランプ候補の支持率は上がっていったのです．そして最終的に共和党の中で指名を獲得することになります．

---

(3)　白人労働者の苦境の例　その1

サイオト郡（Scioto County）というのは，オハイオ州の一番南に位置し，ケンタッキー州と接したところです．人口は7万6000人で，94% が白人です．日本的に表現しますと，過疎地域となります．高卒の人が結構多いのも特徴です．この郡では，高卒白人男性の約4分の1が職を持っていません．大卒であれば，職がない人は10人に1人で，だいぶ状況はよくなっていますが，大卒を含めて16歳から64歳の働き盛りの男性で雇用されているのは半分ちょっとの54% くらいでこれはかなり厳しい数字です．2016年3月に行われた共和党の予備選挙で，オハイオ州全体では，トランプ氏は苦戦しました．地元の知事でジョン・ケーシックという人がいて，地元では人気があり，この人も大統領選挙に共和党から立候補していました．オハイオ州の共和党予備選挙に勝ったのは，ケーシック知事で，彼の得票率が47% でトランプ氏は35.9% でした．ただし，サイオト郡ではトランプは51% 獲得していました．オハイオ州全体では負けたけど，サイオト郡では勝利しているのです．その近隣でも同じような票が出ています．当時まだ共和党では5人の候補が残っていて，5人候補がいた中で，一人だけ50% 超えていますので，同郡ではダントツの強さを発揮した，ということが言えると思います．

肝心の本選挙の11月8日は，オハイオ州やサイオト郡はどのような投票結果になったのかと言いますと，サイオト郡では，トランプ氏はクリントン氏を66.8 対29.7 で圧倒しています．オハイオ州全体でもトランプ氏はクリントン氏を圧倒しているのです．本来は世論調査会社の調査では接戦だと言われたのですが，全然接戦ではなかったという例の一つです．世論調査が全部外れたわけではなくて，オハイオ州やペンシルバニア州などのいくつかの州において，白人ブルーカラーの人が大量に投票所に行ったところで大きく外れていたのです．ほかのところはだいたい調査どおりで

した.

　このサイオト郡でのトランプ氏の 66.8% という数字が, それまでの共和党候補の数字とどう違うかというと, このサイオト郡ではどんなに共和党が頑張っても 50% をちょっと超えるのがやっとでした. この郡で 2000 年の大統領選挙以降, 共和党候補が最大に得票したのは, 2008 年のマケイン候補で 52.2% というのが上限だったわけです. ところがトランプ氏はそれをはるかに突破して 66.8% という数字を出しました.

　アメリカの選挙は日本の選挙みたいに風で動きません. どんなに民主党共和党それぞれの候補者陣営が頑張っても, あまり数字は動いてくれないというのが, 基本的な在り方です. その中で, トランプが立候補したら共和党の得票率が 66.8% に跳ね上がる. これは本当に現場の選挙の専門家からすると驚き以外のなにものでもないということになります. しかもこれはサイオト郡だけで起きたのではなくて, この辺りの郡一帯で起きているのです. オハイオ州の北部では, 民主党と共和党はもっと競っていて, 北部は民主党が伝統的に強く, 共和党がどんなに頑張っても 37% ぐらいしかとれない.「37% の壁」みたいなものがあったところで, 今回共和党が 50% を超えている. そういう意味で, トランプ氏にはこれまでの共和党候補と違って, オハイオの有権者を強烈に惹きつける要素があったということになるかと思います.

(4)　白人労働者の苦境の例　その2

　オハイオ州のサイオト郡についてもう少し深く考えていきたいと思います. この地域は, 昔から貧しかったというところではなくて, かつては鉄鋼関係, 鉄道関係など比較的収入が多い職場が多数ありました. 鉄鋼工場に長年務めて工場の現場監督になると, いまの日本の年収でいえば 1500 万円くらいになりました. かなりいい収入であったのです. ところが, 1977 年に最初の鉄鋼工場の閉鎖があり, さらに 1980 年代に続々と鉄鋼工場が閉鎖していきました. 最近は中国の市場を無視した増産のゆえに, 鉄鋼市場がさらに悪くなっているという状況です. その結果, 失業率や貧困率が非常に高くなっているのです. かつては, 時給 35 ドルのいい仕事があったけど, 今はウォルマートなどのディスカウントストアでの仕事のよ

うなものしかなく，時給11ドルのパートの仕事があればまだいいほうという感じになってしまい，コミュニティ全体が変わってきてしまっています．

高学歴の人や技量のある人は大都市に移住してしまいます．言葉を変えますと，かつては高卒でも，結婚して一戸建てを買い，子どもを2人から3人，ハーバード大学などのような私立大学の学費の高いところは別にして，州立大学に送るくらいの生活はできたわけですが，今は自分がパートの仕事を獲得するだけで精一杯という状況です．

かつ，薬物中毒というのが，現在のアメリカでは深刻な状況なのです．先進国では平均寿命が延びるのが常識だと思いますが，しかし，アメリカでは2015年から2016年と2年連続短くなっています（その後2017年も短縮したことが判明）．その原因は結構はっきりしていて，45〜54歳，つまり40代から50代半ばの高卒白人の薬物過剰摂取による死亡率が高く，その層の白人の死亡率が非常に高いがゆえに，白人の平均寿命が短くなり，それがアメリカ国民全体の平均寿命を押し下げていることになります．世界人口の5％しか占めないアメリカ人が，世界の鎮痛剤の80％を消費している，という統計もあります．

(5) 麻薬・オピオイド中毒

広い意味の麻薬中毒であるオピオイド中毒というのが今日のアメリカでは大問題になっていて，オピオイド対策などにトランプ政権が乗り出すくらい，深刻な問題です．『朝日新聞』の報道では，オピオイドを含む薬物過剰摂取による死者数は2017年に約7万人であるとされています（2018年12月13日）．経済学者のアンガス・ディートン・プリンストン大学教授は，自殺，肝臓病，アルコール中毒などを原因とする死に方を「絶望死」と呼んでいるのですが，それが増えているのです．この「絶望死」が増えたところと，2012年と2016年の共和党の得票を調べたところ，相関関係が存在していたのです．すなわち，2012年と比較して共和党が得票を増やしたところ，つまりトランプ氏が得票を大幅に伸ばした郡は，「絶望死」が多いところでした．はっきりとした因果関係まではわからないですが，相関関係があるのは確実なようです．

　トランプが当選した背景には，こういうアメリカ社会の，かなり日本では見えてこない現実があるということです．もちろん黒人社会でもスラムでは薬物中毒は深刻で，アメリカでもメディアにおいては，薬物中毒は黒人社会の問題だと描かれていたのですが，2016年のトランプ当選の後に，アメリカのメディアも実は白人社会で，このような大変なことが起こっていると発見した部分があるのです．原因は様々あると考えられますが，ただ，ある時から，オピオイドが非常に痛みを止めるのに効く薬で，処方箋が簡単に取れるようになったということもあります．日本はそこは厳しいのであまり処方箋が出ないのですが，アメリカでは簡単に出るのです．そこに結構政治的な要因が加わります．それで儲けている業者・業界もあるので，現在それを厳しくしようとしているけど，政治的抵抗もあってなかなかできないということもあるようです．一度効くということがわかってしまうと，やっぱりそれに依存している患者も多いので，それを切り捨てることもなかなかできない，ということにもなるのだろうと思います．

　日本ではなかなか手に入らないので，アメリカから日本に赴任する人が大量にアメリカでこのオピオイド系の鎮痛剤を買ってきますが，日本ではそれは麻薬扱いだったりするので，問題になったりすることもあるようです．

(6)　労働参加率の低下

　同時に，雇用の問題もあるようです．労働参加率の低下が大きな問題となっているのです．労働参加率というのは実際に働いている人と今は仕事がないが求職活動をしている人の合計です．日本も下がってはいますが，アメリカの下がり方がかなり顕著なのです．アメリカの中でみると，学歴によって顕著な差があり，高卒ないしそれ以下の人の労働参加率の低下がかなり顕著だということになります（高校卒業以下で1964年には96%を越えていたが，2014年には84%を切るに至っている）．

　象のカーブと言われるものも示唆的です．どういう図であるかというと（図6），1988年から20年間の世界の全ての人の所得の変化を見てみるという試みです．一番貧しい人から一番裕福な人までを1988年の所得で100等分するわけです．20年後にどれくらいそれぞれの所得層の人が所

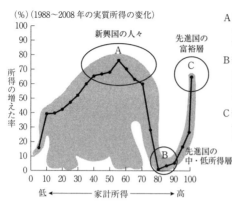

(%)（1988～2008 年の実質所得の変化）

所得の増えた率

新興国の人々

A

先進国の富裕層

C

B

先進国の中・低所得層

低 ←── 家計所得 ──→ 高

0 10 20 30 40 50 60 70 80 90 100

A 部分（一番所得上昇率が大きい）
中国，インドなど新興国の中流階級
最高で 8 割の所得増加

B 部分（20 年間でほとんど所得増加なし）
10 人に 7 人が先進国の中流以下の人々
（グローバル化で新興国の労働者（A 部分）
との国境を越えた競争にさらされた．）

C 部分（二番目に所得上昇率が大きい）
世界の超富裕層
6 割の所得増加

通称「象グラフ」：地球上の人々を所得の多い順に右から，低い順に左から並べる．
100 分割して 1988～2008 年のそれぞれの実質所得の上昇率をグラフに落とし線で結んだもの．

グラフ作成者：Branko Milanovic,"Global Income Inequality by the Numbers: in History and Now" The World Bank,
November 2012

出典：『ルポ　トランプ王国―もう一つのアメリカを行く』金成隆一著，岩波新書，p. 245-246.
引用グラフ出典：世界四季報

図 6　グローバル化の勝者と敗者

得を増やしたかを見てみます．中国を含めて中後進国の人々はかなりプラスになりますが，先進国の変化は異なっています．先進国で豊かな人はますます豊かになっていますが，先進国の下層の人の所得は上昇なしかむしろ低下していて，彼らにとってはこの 20 年間，グローバル化はほとんどメリットがなかったということになります．これはアメリカだけの現象ではなく，日本も当てはまると思いますし，ヨーロッパの，イギリス，フランス，ドイツなど，豊かな暮らしを享受していたところでも当てはまっているのではないかと思います．

　学者の説明として流布しているのは，グローバリゼーションは先進国にとってもプラスだということなのですが，そして確かに全体としてはプラスですが，先進国の中では，勝者と敗者の差が歴然としています．後進国については大体みんなプラスの影響になっています．そういう側面が今回のトランプ現象の背景にはあるのではないか考えられます．

(7)　まとめ

　全体として，2016 年のトランプ当選の背景には，変化を求める大きなうねりみたいなものがアメリカにあったということが言えます．変化と言

っても，気分転換くらいの軽い変化から，絶望的な自分の人生を根本的に
だれか変えてくれと，いう悲痛な叫びに至るまで，違いがあると思います．
先ほど紹介しましたが，約62%の人がアメリカは悪い方向に向かってい
ると考えていました．なんとかしてくれ，いい方向に転換してくれ，とい
う願望があったことは確かです．それから，アメリカでは2期8年1つ
の政党が政権を担当すると，3期連続というのはなかなか難しいという傾
向もあります．第二次世界大戦後，これが起きたのは，2回しかありませ
ん．直近では1988年に，レーガン大統領が2期8年を務めた後に，ブッ
シュ大統領となり，共和党が3期連続で政権を担いました．その前にな
ると，1948年で，これはトルーマン大統領が，ローズベルト大統領が4
回当選した後に，民主党政権を5期連続で維持したときに遡ります．こ
れはだいぶ古いので，しかも当時はまだフランクリン・ローズベルトには
2期までというのは適応されていませんでしたし，あまり参考になりませ
ん．2期8年やると，どんな政権でもスキャンダルが噴出し，あるいは，
有権者の間で飽きのようなものが生まれてくるのです．そうすると，変化
というスローガンを使う候補者が新鮮に見えてくるという力学が働きます．
そういう意味では，共和党が今回ちょっと有利だったということはあるの
です．ただし，これは気分転換くらいの変化だと思います．

　今回の選挙で特筆すべき点は白人のブルーカラー層に鬱積した不満が相
当強くて，これをトランプ候補がうまくすくい上げたということだと思い
ます．先ほど触れましたが，オピオイド中毒の人，そこまでいかなくても
仕事がなくて，明日明後日の生活のめどすら立たない人たちからすれば，
絶望的な状況なわけです．そういう人からすると，民主党のヒラリー・ク
リントン候補はずっと政治の世界にいる，普通の政治家です．そういう人
がオバマ大統領の後に取って代わっても，自分の絶望的な生活はどうせた
いして変わらないだろう．そして彼らは特に不法移民や自由貿易に強い不
満を抱いていた．もし何か大きな変化が起こるとすれば，トランプではな
いかとその人たちが思う余地があったという面はあるかと思います．

　トランプ候補の政策の方から見てみますと，これまでの共和党の大統領
候補と公約の面でかなり違う部分が少なくとも3つあります．①強烈な
反不法移民の立場，②反自由貿易（保護貿易主義），③反国際主義（孤立主

義＝アメリカファースト）の3つです．①は今までの共和党候補より厳しく，またどぎつくしました．それから，②，③は従来の共和党候補は，自由貿易を支持し，よき国際主義の立場をとってきましたが，アメリカファーストのスローガンを使って，トランプ氏は全く逆の政策を掲げました．しかし，注目すべきなのは，それが結構共和党を勝たせるのに機能した面もあるのです．ペンシルバニア州やオハイオ州で勝利することができたのは，とくに白人のブルーカラー層を引き寄せる上で，反不法移民，反自由貿易の2つが強烈なカードとして有効に機能したように思われます．

3 トランプ政権を考える

(1) トランプ大統領の問題点

　トランプは，大統領としては相当心配な部分が多いと思います．自分で書いた本を含めて，大学卒業後1冊も本を読んでないと，よく指摘されています．また，専門家の説明をあまり聞かないのです．大統領の心配な点は，3つのⅠにまとめることができると思いますが，それは直感（intuition），衝動（impulse），無知（ignorance）に基づく決定をするということです．言い換えると直感はヤマ勘，衝動は気分とも言えますが，いずれにしろこれまでの大統領と相当違う決定のスタイルを持っていることは確かです．世界で一番大変な仕事はトランプ大統領の側近を務めることかもしれません．無知の部分で深刻なのは，個々の政策についての知識の不足よりも，自分が何を知らないかを知らないことです．

　これらと異なる問題ですが，これまで大統領が比較的守ってきたことをトランプ大統領は無視しています．例えば5点ぐらいあります．①納税申告書の開示の拒否（フォード大統領以降守られてきた），②利益相反に関する規定の無視（ニクソン大統領以降守られてきた），③営利目的の事業の経営（ジョンソン大統以降避けられてきた），④政権の上級職に家族を任命（ジョンソン大統領以降避けられてきた），⑤利益誘導により家族に利益をもたらす（グラント大統領以降避けられてきた）など．普通の大統領はこういうことが1つあるだけで大変なことになるのですが，トランプ大統領の場合これが多数ありすぎて，メディアもいちいち報道できないという部分もあるような気がします．

どれくらいの発言が嘘なのか，データにとっているサイトもあります（www.politifact.com）．それによると，トランプの場合，「正確」，「ほぼ正確」，「半分くらい正確」，を合計しても30％前後と結構少ないのです．バラク・オバマやヒラリー・クリントンの場合には真っ赤なウソとか，不正確な発言がないわけではないですが，トランプの70％前後と比べると大きく違い，20％台で相当少ないのです．

---

(2) アメリカの大統領権限

アメリカの大統領というのは，一般的には非常に強力であると思われていますが，そうでもないところもあります．日本は議院内閣制の国ですが，どうしてもそういうレンズで他の国の政治も見がちです．でも，実はアメリカの政治で大事なのは，大統領の権限が実はかなり制約されていることだと思います．同じ大統領制で比較しても，韓国，ロシア，フランスなどの国の大統領は非常に強力ですが，アメリカの大統領はだいぶ性格が違っていると考えていいと思います．中南米の国もほとんど大統領制の国ですが，そういった国と比べても，アメリカの大統領は，大きな制約の下に置かれています．

そういった制約のもっとも重要な点は議会との関係です．アメリカ大統領は法案を出すことはできないし，予算案も提出できません．議会が，上下両院が合意して通した法案に対して，これは署名しないという拒否権はあります．それは確かに大きな権限なのですが，それすら，議会が3分の2の多数でもう一度可決すると無効にされてしまいます．

大統領の力が弱いより根本的な原因は，政党の構造にあるのではないかなと思います．日本ですと，例えば，小泉首相による郵政解散がありましたが，あの時に，小泉首相が自民党総裁としてやったことは，自分の郵政改革の公約を支持する候補者のみを公認する，ということでした．現職の自民党議員であっても，郵政改革の公約を支持しない人は公認しない．もし自民党の外から立候補するのであれば，刺客と言われましたが，自民党の候補者を擁立するということでして，反対する議員を落としにかかった．自民党の性格はあまり中央集権でないように見えるかもしれませんが，候補者の公認という点では，最終的には党の総裁が権限を持っていて，権力

は集中しています．だいたいヨーロッパの政党も，そういう構造になっていると考えていいかと思います．特に比例制度，比例名簿を作る国では，まさに，比例名簿の上位に名前があるかどうかで当選の可能性が変わってくるわけで，政党の中央が強い権限を持っていることを示しています．

　韓国の大統領は，与党の党首でもあって，議会選挙の時に，党首として候補者を公認する権限があります．アメリカの大統領にそれがあれば，相当強力な権限になったと思われますが，アメリカの大統領は，政党の中でほとんどそういう影響力はありません．少し専門的な話になってしまいますが，アメリカの二大政党については，各州の政党法によって，政党の公認候補は，予備選挙を行って，党員の投票によって決めなければいけないということが，かなり厳格に決められています．ですから大統領が出てきて，この議員は自分に反抗するからダメだと言って，取り替えさせる余地というのは実はほとんどないのです．公認候補は基本的に，予備選挙で全てが決まるのです．予備選挙というのは，地元の党員が投票します．アメリカの18歳以上の国民のだいたい80%が有権者登録，すなわち投票権を得るための手続きをしていて，有権者登録をした人は，おおよそ3分の1ずつ，民主党，共和党，無所属に分かれています．なので，広い意味の党員の数というのが夥しい数になります．つまりアメリカ人の18歳以上のアメリカ国民のうちの8割が有権者登録をしていて，その8割の人たちがおおよそ3分の1ずつ民主党，共和党，無所属に分かれるということですから，日本と党員の数が違います．日本は政党の党員になっている方は多分あまりいません．アメリカではこのように党員の数も非常に多いので，予備選挙制度というのは真剣勝負の本格的な選挙です．それに勝たないと，上院議員，下院議員の公認候補になれません．そこのプロセスで大統領はほとんど影響力を行使できないのです．

　むしろ，こういう制度ですと，地域によっては，共和党でもトランプ大統領に反対したほうが勝てる場合があるわけです．そうすると，予備選挙で勝つと，その人が共和党の公認候補の公的な地位を得てしまいます．法律によって予備選挙が行われることが決まっています．その人がさらに本選挙に勝利すると，その地域から選出された共和党議員ということになります．大統領は非常に強いように見えますが，このような事情もあり議会

はあまり言うことを聞いてくれないのです.

　中間選挙が 2018 年の 11 月にありますが, その結果が反映される 2019 年 1 月からは共和党は少数派に転落する可能性もあります. そうすると, 共和党の政策, あるいはトランプ大統領の政策はもっと通らなくなります. そういう意味でアメリカの大統領, 特に立法府, アメリカの議会との関係では, 極めて限定された影響力しか持っていないということになります (注記: 下院では民主党が多数党になり, トランプ政権の前に立ちはだかっている).

　トランプ大統領はイスラム系の国からの移民を制限しようとしたわけですが, 連邦の地方裁判所によって差し止めとなりました. ようやく最後に連邦最高裁判所が合憲判決を出したに過ぎません. そういったところでも思ったことができていません. ですから, アメリカの三権分立は大統領にとって厳しい制約条件でして, 議会も言うことをきかないし, 裁判所もなかなか言うことをきいてくれないということになります. このあたり, 日本人はなかなかアメリカ型の三権分立がピンと来ないかもしれません. 日本の制度も三権分立ということになっているのですが, 議院内閣制というのは, 元々は衆議院で過半数をとった党派に行政権を全部委ねるという権力融合型です. アメリカの制度の方が徹底した三権分立なのです. 他方で行政府の中で大統領は確かに強力です. 憲法の規定でも, 行政権というのは大統領に所属すると書いてある. 日本は内閣に属すると書いてあって, 内閣の集団指導なのですが, アメリカは大統領が一人で決めています. 有名な話ですが, リンカーン大統領の時に閣僚は全員反対して, 反対が 7, 大統領だけ賛成で, 賛成 1, よって賛成に決定, という事例が残っています. アメリカの制度ではそれは可能ですが, 日本では不可能なのです.

　以上と逆に, 行政府の長として非常に強力なのは人事権で, 日本でいう局長以上は大統領が全部自ら任命できます. 前の政権で任命された人は基本的に辞めて, 大統領が自分の政党支持者から約 4000 人を選ぶことになります. これは非常に強力な武器です. まとめますと, 行政府を統括するという点では, 大統領は確かに非常に強力でありますが, 議会あるいは裁判所との関係では, 実は非常に弱いということになります.

　トランプ大統領が今どういう状況かというと, 経済がかなり好調ですし,

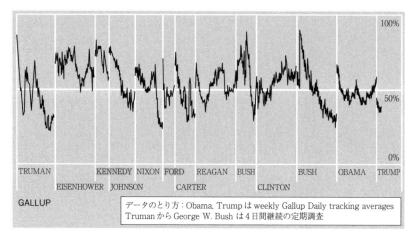

出典：GALLUP, Presidential Job Approval Center
http://news.gallup.com/interactives/185273/presidential-job-approval-center.aspx

図7　Presidential job approval

そしてひょっとすると北朝鮮の指導者との直接首脳会談のことなどもきい
ているかもしれませんが，支持率もちょっと上がってきています．世論調
査によっては，40％くらいのもあれば，実は46～47％のもあります．日
本の安倍首相よりは高いレベルにいるということになります．世論調査の
専門家はひょっとしたら，2016年の選挙の時と同じことが今も起きてい
るかもしれないと分析しています．つまり知的エリートの世界では，トラ
ンプ支持というのは，とても表に出して言いにくい．だからほんとは支持
者だけど，世論調査でもそれを言わない可能性もある．そうすると数％
上乗せした方がいいかもしれないということになります．こちらの資料
（図7）はこれまでの大統領の支持率の変動パターンと比べたのですが，
オバマ大統領は，非常に高い支持率から始まっています．だいたい70％
でした．そのあと，結構ストンと落ちてきて，この時期，つまり就任1
年少々の時期で比べると，実はトランプ大統領の支持率と同じくらいです．
それから先ほど言った大統領の強力な武器である人事権なのですが，実は
トランプ大統領の場合，人事がうまく進んでいないのです．上院の承認が
必要な人数654人を限定して，それまでの政権と比べてみますと，上院
の承認まで通した数というのは，これまでの大統領よりかなり少ないので
す．この段階でポストがなかなか全部埋まらないというのはどの政権でも

```
成 果
    TPP 離脱
    ゴーサッチ，最高裁判所判事に承認される．
    シリア空爆
    パリ協定離脱
    エルサレムをイスラエル首都と認定（テルアビブから．1995 年法）
    トランプ減税（法人税引き下げ中心）
    強硬な通商政策（鉄・アルミに対する関税，中国に対する関税等）

挫 折
    メキシコ国境との壁
    オバマケアの撤廃と改革
```

図8　トランプ政権の成果と挫折

よくあることですが，トランプ政権の人事の場合にはあまりに進んでないということになります．それにもかかわらずどんどん辞めていく人がいますので，政権は穴だらけということになる．成果はないわけではなくて，こちらの資料（図8）をご覧ください．これは日本やアメリカの国民にとっていいかどうかが基準ではなく，トランプ大統領がやると言ってできたこととできなかったこと，公約がどの程度達成されたかということが基準になっていますが，かなりいろいろなことをやってしまっていることは確かです．北朝鮮との首脳会談などもそのうち加わるかもしれません．

(3) ロシアゲート疑惑

　トランプ政権について特異なのは，ロシアゲートと言われていますが，トランプ大統領に対する捜査が同時に進んでいることです．特別検察官による捜査が進んでいて，いつ捜査の結果が公表されるかはまだわかりませんが，結構深刻なことになるかもしれません（注記：捜査は終了．弾劾を勧告しないが，無罪と断定したわけでもなく，解釈は分かれている）．もう1つ出てきているのは，ポルノ女優と関係があって口止め料を払っていて，それだけでは倫理的には問題であっても，セクハラとかの問題に直ちにはならないのですが，そのお金がどこから出ているかが問題となっています．すなわち，選挙費用から口止め料を払ったのではないか，という疑惑も出てきています．

　2018年秋の中間選挙が１つ注目されるのは，先ほど申しましたように，現在は上下両院とも，与党共和党が多数ですが，逆転の可能性もあります．議席数については後で触れますが，下院の方が逆転の可能性がありそうです．そうすると，弾劾という可能性がないわけではないということになりますので，その辺が通常の中間選挙より注目される理由だろうと思います．弾劾というのは，実はかなり複雑な制度ですが，最終的に大統領を解任するのはそれほど，容易でないと思われます．弾劾制度は，どのように機能するかというと，下院が多数決で弾劾決議というのをまず可決する必要があります．本会議の前に司法委員会で投票があると思われますが，ともかく，本会議で弾劾決議を多数決で可決する必要がある．これで，弾劾が成立したということになります．そうすると，上院が弾劾裁判所として機能します．連邦最高裁の長官がやって来て，裁判官を務め，100人の上院議員が陪審員の役割を務めます．出席議員の３分の２以上が有罪と投票したら大統領は解任されます．下院の代表が検事の役割をし，大統領の弁護士が弁護士の役割を担います．ただ，下院での弾劾決議可決はありえても，上院で３分の２以上の有罪票というのは簡単ではありません．中間選挙の結果民主党が多数党になったとしても，本件で100分の67以上を獲得する可能性はほぼ皆無と思われますので，そういう意味で，簡単でないと思われます．ただ，下院で可決されるだけでアメリカの政治が数ヶ月停滞することは間違いないと思われます．

4　トランプ大統領の外交政策

　日本に対する政策は，選挙期間中トランプがかなり後ろ向きなことを言っていたので，トランプ政権で日米関係がどうなるのだろうと日本政府が心配したのには，それなりの理由があったと考えていいかと思います．トランプ大統領は2016年の選挙戦において，アメリカファーストという言葉をよく使っていました．アメリカファーストという言葉には，２つの柱があります．１つが安全保障における孤立主義です．NATOは時代遅れだと言ってみたり，あるいは日本と韓国は核武装してもいいから自分で守れ，といった部分が，トランプの孤立主義，すなわちアメリカファースト的外交政策の好例です．

　第2が北米自由貿易協定（NAFTA）からの離脱や，環太平洋パートーナーシップ協定（TPP）からの離脱など，通商における経済ナショナリズムです．ただし，実はトランプ氏は候補者の時に第3のスローガンを使っていました．それが，「力による平和」というものです．これは，レーガン大統領が使っていたスローガンを持って来たものです．それは，伝統的な共和党の「力の外交」を意味しています．1番目のアメリカファースト的外交政策と3番目の原則は真っ向から対立するものです．トランプの外交原則が全くわからないと専門家が言う理由がここにあります．ある時は，アメリカファーストを使い，ある時は力による平和を使うからです．

　大統領になってからは，2番目の経済ナショナリズムはそのまま，押し進めていると思います．今実施されている中国に対する制裁関税とかは，かなりの程度この部分をむき出しにしたものだと言えます．

　日本政府は，基本的にはヒラリー・クリントン氏が当選するだろうと思っていたわけですが，万が一の場合を考え，一応トランプ陣営とのコンタクトはとっていたようです．11月8日にトランプ氏当選というニュースを聞いたときに日本政府の立場からして，何が心配だったかというと，尖閣諸島の問題であったのではないかと思われます．トランプ大統領は選挙戦中，『ワシントンポスト』の記者とのインタビューで，尖閣諸島についてはどうお考えですか，と聞かれた時に，答えたくない，と逃げてしまいました．それから，日本について触れた際には，日本はアメリカに守らせておいてアメリカには自動車を売りつける，しかしアメリカの自動車は買わない，しかも日本はアメリカを守る義務を負っていないことについてずっと批判してきました．さらに，米軍が日本に駐留している経費をもっと負担しろとも要求しました．記者が70％は払っていますと言ったら（注記：実際には75〜80％程度負担している），なぜ100％払わないのか，と切り返してきました．このあたりも，ずっと日本政府にとって心配になる点です．TPP離脱の公約も懸念材料でした．あるいは尖閣諸島より遠いところですが，南シナ海の問題は現在アジアでは大きな問題になっていて，ここにはフィリピン，ベトナム，マレーシアなど，多くの国が領有を主張している島があるわけですが，その一部を中国が力ずくで自分の島にしている，あるいは岩しかないところを埋め立てて島にして，さらに基地を作

ってその領海を主張しているという現象があります.

オバマ政権期の 2015 年から,アメリカは,中国が領海だと主張しているところに軍艦を派遣して,その中国の主張は国際法的には無効であることを示すことを目的とした示威行動をしてきています.問題は,トランプ政権がそれを引き継ぐのかどうかでした.尖閣については,オバマ大統領が 2014 年に来日した時,アメリカの大統領としては初めて,尖閣諸島には日米安全保障条約が適用されると明言しました.問題は,それをトランプ大統領が引き継ぐのかどうかということです.引き継がないのではないかという心配も相当あったと思われます.先ほど言ったように,この問題に対するインタビューでは,答えを出してくれていませんでした.もし,これからできるアメリカの政権が尖閣諸島に日米安全保障条約の第 5 条を適用しないということがはっきりしてくると,日本政府の心配としては中国による領海侵犯の活動が大規模かつ大胆になり,日米の間にくさびを打とうとしてくることになりますので,尖閣での紛争の発生の可能性がより高くなるであろう,ということであったと思われます.

5 日米関係

日米関係で重要なのは,日米安全保障条約です.しかしこの条約はわかりにくい構造になっています.アメリカが日本を守る義務は明確に書いてあります(第 5 条).日本国内の米軍基地が攻撃された場合は日本がそれを守る義務も明記されているのですが,これはほとんど意味がない.つまり,日本の中の米軍基地だけを攻撃するというのはあまり考えられなくて,その場合には日本とアメリカを一緒に攻撃するというのと同じということになります.それではアメリカ本土が攻撃された時に日本に何か義務があるかというと,日米安全保障条約には全く書いてないわけです.日本にそういう条約上の義務はないのです.そうすると,なぜアメリカは,一方的な持ち出しで,すなわち日本にはアメリカを防衛する義務はないのに,アメリカは日本を守るという約束をしたのか,ということになる.世界史上で一番わかりやすい同盟というのは,A と B が同盟を結ぶ時には,例えば A が攻撃された時には B が守る,B が攻撃された時には A が守ることを相互に約束するという形をとります.これはわかりやすい同盟の形です.

これは多分世界史上でも一番普通のパターンで数も多い同盟だと思うのですが，日米安全保障条約はそうなっていないのです．アメリカは日本を守る義務があるが，日本はアメリカを守る義務はないので，これはおかしいと思う人は結構いるわけです．ただ，外交とか安全保障を専門にしている方はご存知かと思いますが，日米安全保障条約の第6条において，実はアメリカは，それに代わる重要な権利を獲得しています．それは何かというと，日本の米軍基地を日本防衛以外にも使えるという権利です．米軍は朝鮮半島に米軍を送り出すことが可能であり，台湾防衛とか南シナ海とかに出動可能なのです．それがあるので，アメリカとしては全体としてバランスが取れていると考えている面があります．ただ，このような構造の同盟には弱点があります．それは非常にわかりにくいということです．特に政治の素人の人にはなかなかわかりにくいのです．はっきり言って，トランプ大統領も第5条と第6条のことは知らないと思います．ですから，アメリカだけが義務を負っておかしいということを言うわけです．しかも自分が負っている義務の方がより目につきます．アメリカからすると，日本を守ってあげる義務というのが目につくのです．日本からすると，基地がたくさん日本にあるわけですので，基地を抱え込む義務，それは沖縄に集約的に現れているわけですが，それに目がいくのです．そして全体像はなかなか見えてこない．本当は政治家が全体像を説いて国民を啓蒙する必要があるのですが，わかってない政治家は，むしろ逆にこれを批判して煽ってしまうことになります．日米間の同盟には，普通の同盟条約にない困難な部分がある，ということになります．

　しかしトランプは大統領就任後日本に対する態度を一部変えました．なぜ変わったのかというと，当初は安全保障関係の部下の助言を尊重していたからのようです．とくにマティス国防長官のことを非常に信頼していて，彼の助言には従いました．主要な安全保障閣僚やスタッフで唯一首にならずに残っているのはマティス国防長官です（注：その後解任）．現在の安全保障の担当補佐官はすでに3人目になっています（注記：その後解任）．国務長官は2人目ですし，気に入らないとすぐに首にしてしまいます．もう1つは，トランプ氏当選直後から直接会談などでいい関係を作り上げた安倍首相に対する個人的な信頼感があるために，態度を変えたのかもし

れません.

　2017年2月に, トランプ政権になってから初の公式の日米首脳会談がフロリダで行われた際, トランプ大統領は前言を撤回し, 日米の同盟関係を全面的に支持すると表明しました. 記者会見ではぎこちなく, 書かれたものを読んでいました. 多分側近からこれを読んだらいいですよ, と言われて, 仕方なく読んだ面もあったのだと思います. もう一度言ってください, と言ったら言えない可能性もあります. 記者会見では, 米軍を受け入れてくれて感謝するということも言っています. この首脳会談で, 日米関係の安全保障に関する部分については, 100% でないにしても, 日本政府としては一安心ということになったのだろうと思います.

Q&A　講義後の質疑応答

Q　中間選挙についての質問ですが, 中間選挙というのは現職の再選率が高いと言われている中でも共和党引退議員が多いというところからもかなり共和党は苦戦するというように思うのですが, 先生はどのように考えておられますか?

A　中間選挙, 特に下院に関しては, 一般的な法則として, 与党はだいたい議席を減らしてきたのですね. 今回, よほど北朝鮮で大成功をおさめたとしても, ——ノーベル平和賞はどうなのかわかりませんが, 金正恩さんがノーベル平和賞ということはないと思いますが——, 共和党が大勝ちするというのは難しいかなと思います. これは投票率の違いと言いますか, 大統領選挙は最近は60% を超えることもありますが, 中間選挙での投票率は35-40% くらいで, だいたい関心が低いのです. 不満を持っている, 政権に幻滅感を持っている人が積極的に投票所に行くパターンが多いので, 与党が負ける可能性が高くなります. トランプ・ファンはトランプ大統領の再選のためであれば, 投票所に絶対行くと思うのですが, 今回の選挙はトランプ大統領自身が候補者ではありません. 多くの場合, 政治に関心のない有権者からすると, 名前が知られない人が候補者です. そういう上院議員, 下院議員のために投票所に行くかということになると, あまり行か

ないかもしれないという気がします．熱心なトランプ支持者であっても，トランプ大統領のために中間選挙に行くかというと，もともと政治的関心が高い方ではない人たちなので，行かない可能性がある，ということです．基本的には，下院の方で，共和党にとって，少し苦しい展開ではないかと思われます．ただ，そうなったとしても，これは共和党やトランプ政権が，異例に厳しい判断を受けたということにはならなくて，アメリカ政治の普通のパターンであるとも言えます．

　異例なのは上院で，民主党が6年前に勝ち過ぎてしまったがゆえに，すなわち本来，民主党は勝ってはいけない，というと語弊がありますが，民主党がなかなか勝てないところでも6年前に民主党は勝ってしまい，つまり共和党が強いところで勝ったんですが，そういう議員が多数改選を迎えます．改選数35のうち25,6人が民主党上院議員という状況です．なので，民主党は上院で議席を減らす可能性もある．その辺が今回の特殊な事情かなと思います．

Q　トランプ大統領は相手が困っていると助けるのではなく駆け引きのチャンスだというのが，節々に見られると思うのですが，自分がディールを楽しむために，楽しむというのも変なのですが，やっているように見えて，本当に農業のロビーが効いているのかとか，そういうアメリカの農業のロビー活動がトランプに影響するのか，アメリカ全体のところで，トランプは今後どう評価されていくのか，ということについてお考えを聞かせていただければと．

A　TPPとの関連で言いますと，農業州選出の上院議員がいる場で，農業問題についてなんとかしてほしいといった形でTPP問題について発言があったみたいですが，その時に，トランプ大統領は，TPPに戻る可能性もあると言ったのですが，そのあと，ホワイトハウスの中で，TPP復帰について，タスクフォースは設けられたとか，真剣に検討が行われるという証拠は全然ないようですので，リップサービスだったのではないかなと思います．どのくらい，ロビーイングがトランプ大統領に効いているのかですが，どうでしょうね，結構思い込みが強い大統領ですので，間違っているかどうかについては，あまりそもそも考えないタイプです．80年代にもつようになった自分の考えでこり固まっています．貿易赤字は問題で

あり，日米貿易赤字は不公平だという考えが強いようです．1987年に，ニューヨークタイムズほか主要紙に，一面を買って，彼はその旨の広告を出したこともある．その頃からの考えです．メキシコとの壁というのは，最近新しく思いついた新商品だと思いますが，割と古い考えにずっとしがみついている部分もあるかと思います．そういう部分にいくらロビーイングをかけてもあまり効かないわけです．NAFTAの再交渉あるいは離脱問題に関しては，ホワイトハウスに対するロビーイングというのはあまり表に出てこないので，目につかない部分もあるのですが，アメリカの商工会議所，アメリカの自動車関係など，経済界の有力団体，あるいはテキサス州選出議員とかが，NAFTAの現状維持で強力なロビー活動はしているようです．50州でテキサス州が一番外国との貿易量が多いところです．それがNAFTAのせいでメキシコとの貿易が縮小し不利益を受けることを心配しています．そういったところはホワイトハウスに，NAFTAはなんとか維持してほしいというロビーイングはかけているわけですが，全然効かない．大統領が固い信念を持っている部分については，いくらロビーイングをかけても，もっとやれという部分については効くかもしれませんが，やるなという部分では効かない．TPPについても同じで，TPPに残留した方がいいというロビーイングもあったはずですが，効かなかった．そういう意味では，いろいろなことを慎重に考えて，yesかnoか，するかしないかということを判断するタイプの大統領ではないのです．大統領本人の信念が固い場合，ロビーイングがあまり効かないという感じはします．

Q トランプ大統領の国家安全保障戦略はあるのでしょうか？

A 2017年12月に国家安全保障戦略は出ていて，これに基づき18年1月には国防戦略も出ました．文書としては，こんなに早く出す政権は結構珍しいかなと思います．すでに辞任したマクマスター国家安全保障担当補佐官がまとめたみたいで，例えば，雇用が大事だとか，国境管理が大事だとか，トランプ節が入っているわけです．大統領のメンツを立てて，そういうのを入れながら全体としての力点は，テロとの対決から，むしろ，中国・ロシアとの対決の方に，アメリカの国防政策の重点をかなり移すということが書かれており，ロシアと中国に同時に厳しいアメリカ政府の公式

文書は久し振りなのではないかなと思います．国家安全保障戦略の文章というのは，80年代の後半に議会の法律ができて，これからの政権はこのような文章を作れということになってから始まりましたので，50年代，60年代にはそれに相当する文章はないのですが，50年代，60年代には，アメリカ政府はソ連と中国の両方に厳しかった．この時期，アメリカ政府はソ連と中国を一体となったブロックとして認識していました．ニクソン大統領が出てきてから，中国への態度が軟化し，だんだんそれは，ソ連を封じ込めるために中国を活用する方向に変わっていくのです．そういう意味では，ニクソン大統領以降，ある程度中国に好意的になった．冷戦が崩壊してソ連が崩壊する．そのあと，ロシアに対して，アメリカは期待を寄せ，支援もした．中国はまだあまりその頃は危険な存在と思われてなかった．つまり，一定期間，両国に比較的優しい時期も存在しました．しかしここにきて，プーチン大統領のロシアについて，アメリカは相当警戒するようになっています．クリミアを力でとったことも原因です．中国についても警戒心を強めています．そういう意味で，中国についてこういう厳しい文章をアメリカ政府が公にするのは50年代，60年代を別にすると久し振りですし，ソ連がロシアになってから，これほど厳しい文章はなかったと思います．核心部分は，中国，ロシアに対する見方だろうと思います．前政権や，あるいは同じ共和党でもブッシュ（子）大統領の時の世界観と相当違うことは確かです．中東テロよりはかなり，中国，ロシアに対して，とりわけ中国の方に相当な警戒心が向いていることは確かであろうと思います．そういう意味では，トランプ政権を超えて残る部分もあるのかもしれない．つまり，このあと出てくる政権も，このような中国観を継承するかもしれません．現在，アメリカ全体で中国に対する見方が大きく変わりつつあります．かつては経済的発展を温かく見守る，期待するということだったのが，期待しても結局ダメだったのではないか，経済は発展したけど，行動は良くなっていないとの声が頻繁にアメリカで聞かれます．例えば，習近平国家主席が，国家主席の任期の2期10年を撤廃したのも決定的なネガティブな印象を与えている．ただ，この国家安全保障戦略ではっきりしないのは，本当にアメリカは中国とロシアと等距離を維持し，両国をとことん封じ込めるのか，あるいはしばしばアメリカのリアリストが支

持する発想ですが，2つの大国を同時に敵に回すのはアメリカの国力の限界もあって大変なので，むしろ1国は取り込む，という考え方をとるのか，です．後者の論理に従うと，本質的にはロシアについては，衰退しつつある大国と見ている人がアメリカでは多い．今でこそ強力な核兵器を持っているけど，経済的な基盤が弱い．経済的な基盤を伴って，これからますます強力になっていくのは何と言っても中国である．そうすると，ロジカルには，ロシアを少し取り込んでもよいのではないかということになる．そういう議論をする人もいれば，どちらも潜在的には敵なのだ，どちらにも妥協してはいけない，と警戒心を持っている人もいる．そういう違いがある．そういったところについては，今後の展開を見ていく必要があります．

Q　トランプ大統領は，支持してくれた白人ブルーカラー層の所得を任期中にどれだけ伸ばしいくのでしょうか？．

A　多分一番本質的な問題かもしれないです．1つは，講義の中で不法移民の話をしましたが，グローバリストのエリートたちは白人労働者たちに対して，不法移民がいるからといって，みなさんの仕事に直接影響はないでしょう，競合しませんよと言う．不法移民のせいで雇用がなくなったこととっていうのは正しくなく，オートメーション化，すなわち機械化が進んで人手がいらなくなっただけですと言うこともあります．同じ炭鉱でも機械で掘れるという部分もありますし，そういう形で説明してしまうことも可能だと思います．しばしば肉体労働者の人々が有権者として，そして人間として感じるのは，そういうふうに説明して，不法移民もグローバル化も白人労働者たちの現在の困難と関係ないんだ，努力しない人たちがいけないのだ，すなわちみなさん自身の努力不足が問題なのだと決めつけてくる政治家に対する憤りみたいなものではないかと思います．それを加速してしまうのは，例えば，トランプ候補支持者を嘆かわしい人々といったヒラリー・クリントンさんの発言です．オバマ大統領も同じようなことを言ったことがあります．あるいは，炭鉱とか火力発電所とかは廃業に追い込まなければいけないんだということをヒラリー・クリントンさんはいってしまって，ウエストバージニア州では涙を流して謝罪しました．

　上から目線という点では，政治家だけでなく，エリートの学者やジャーナリストも同じかもしれません．日本でもグローバリゼーションというのが必然であると決めつける議論，あるいはTPPというのは，日本は比較的プラスの効果は1%と小さいですが，一応プラスはプラスということで，潜在的被害者のことを考慮せずただ支持を叫ぶ議論が存在します．マレーシアやベトナムなどではTPPの効果は，先進国よりはるかに大きい．日本もアメリカもともかくプラスだからいいじゃないかという声は大きいようです．しかし，さきほどの議論にあるように，先進国の中でものすごくそれで潤う人と，ほとんどプラスの効果を受けない人とはっきり分かれるし，例えば，日本でも，農業従事者の平均年齢は66〜67歳とかでものすごく高いのです．そういう人に対して，職業再訓練を受けてやり直しましょうと言っても反発を買うだけですよね．それはアメリカでも同じで，50歳とか60歳になっていて肝臓病とかも抱え，体の自由がきかない人に対して，やり直しをすればいいではないか，というようにお説教をする．そういう光景はかなり日常的です．その手の話は結構溢れている．そういう意味ではおそらく政治家の役割というのは，そういう人たちに上から目線で君たちはもっと頑張らなくてはダメですよっていうお説教するだけではダメで，もう少し建設的な，共感を持った形で，具体的な対策とセットにして話ができることが必要だということになります．実際的に何ができるかというと，それはそんなにいい方法はないのですが，特に共和党からは，出てくる政策は減税であり，再分配をやろうとしないのです．白人労働者票をさらに獲得する際，ここに共和党の限界があります．トランプ大統領は良くも悪くもちゃんぽんで，主義主張にそれほど固いものがないので，例えば，インフラ投資という政策を支持しています．これは結構民主党の考えと近いところがあって，これはうまくやればトランプ支持層にとってプラスになる可能性はある．ただ，オハイオの僻地で何に投資するのか，難しい部分がありますが，そういう具体的な目に見える形の支援，と同時に多分，政治というのは心を通わせることも大切なので，そういうかなり絶望的な状況にある人に，どういう形で語りかけていくかということで，もう少し，トランプ大統領を阻止したいという人が共和党の中にもいますし，民主党の中にもいますが，そういう人たちが語り方をもっと考え

る必要があるのかなと思いますし，トランプ現象の一番大きな教訓はその辺なんじゃないかなと思います．どういう形でグローバリゼーションからこぼれ落ちる人，それは日本にもいるわけですが，ただそれは全然あなた方に悪影響を与えませんとか，職業訓練すればいいではないかという議論をしていると足をすくわれるという気持ちもする．それが1つの教訓かなという気がします．

Q 1期目の大統領選挙で，トランプ大統領を支えていた事務方の人に対する先生の評価をお聞かせいただいてもいいでしょうか．

A 選挙体制ですか，そうですねえ，ヤマ勘でやっていた面もあるのですが，時々面白いなと思ったのは，トランプ候補が使っていた言葉ですね．例えば，ニクソンの「法と秩序」を使っていました．それは白人のブルーカラーの人たちが当時好んで使っていた言葉です．それから，「忘れられた男女」という言葉を使っていて，これはフランクリン・ローズベルトの言葉をそのまま使っているんだろうと思います．フランクリン・ローズベルトは今の民主党の基盤を1930年代にニューディール政策で作った人ですが，白人の労働者階級にターゲットを絞って，そこで労働者階級の民主党支持を拡大した，それに成功した人です．ただ，フランクリン・ローズベルトは単に，forgotten men と言ったんですね．時代が時代だったので．トランプ大統領は forgotten men and women と使っているので，驚くべきことに彼は意外にポリティカル・コレクトネスに従っていたということになる．これは冗談ですが．そういうところをトランプ候補に入れ知恵した人はいたみたいですね．それから，選挙戦のやり方で，選挙のプロからすると，今回相当定石外れのことが起きていて，トランプ大統領陣営は本選挙で結局あまりお金を集めることができなかった．普通，アメリカでの選挙の勝ち方というのは，大量にお金を集めて，大々的にテレビCMを打って勝つというものです．だけど，トランプ大統領は資金が少ないので，テレビCMもあまり打ってない．そういう意味では勝てるはずのない人が勝った，ということになります．ではどうやって勝ったかというと，今のご質問に対する直接の答えになると思いますが，トランプ陣営というかむしろ，共和党全国委員会（Republican National Committee）がラインス・

プリーバスという委員長のもとで，有効な助言をしていました．トランプ候補に，ここで遊説したらいいのではないかとアドバイスをしていたのですが，その場所が，オハイオとかペンシルバニアとかの僻地でした．日本では小沢一郎氏がビールの箱に立ってあまり人が住んでないところで，つまり山の奥の方で演説してたというのはありますが，ちょっとそれに似た感じで，普段政治家が入っていかないような僻地に入っていって遊説していました．メイン州とか，ニューハンプシャー，ミシガン，ウィスコンシンなどで，まめに演説している．それは結局あたりだったみたいです．そういったところで実際に集会をやってみると，こんなに人がいたのかと驚くくらい予想しなかったような大勢の人が集まってきて，みんなトランプ支持になった．それは普段は投票所に行かないような人たちが多数住んでいるところでした．他方で，ミシガン，ウィスコンシンの2つの州では，ヒラリー・クリントン陣営は絶対に勝てると思って，ほとんど遊説に行っていなかった．投票日直前になってから実は接戦だということがわかって，ミシガンなどには駆けつけましたが，手遅れでした．そういう意味では，共和党全国委員会のアドバイスが結構効いたのかなと感じます．基本は，直感による素人選挙だったのですが……．

第3講

格差社会アメリカ

「多人種都市」ロスアンジェルスの歴史から

土屋和代
東京大学大学院総合文化研究科准教授

土屋和代（つちや　かずよ）
東京大学大学院総合文化研究科地域文化研究専攻准教授
専攻はアメリカ史，人種・エスニシティ研究
著書に *Reinventing Citizenship: Black Los Angeles, Korean Kawasaki, and Community Participation*（Minneapolis: University of Minnesota Press, 2014），共著に『環太平洋地域の移動と人種——統治から管理へ，遭遇から連帯へ』（京都大学学術出版会，2020年），『歴史のなかの人びと——出会い・喚起・共感』（彩流社，2020年）など，論文に「生存権・保証所得・ブラックフェミニズム——アメリカの福祉権運動と〈一九六八〉」『思想』1129号（2018年5月）他.

はじめに——格差社会アメリカを読む

　今日，欧米諸国を中心にポピュリズムと呼ばれる運動が席巻し，各国の政治のあり方に大きな影響を与えています．既成政党やエリート層を批判し，日頃から疎外感を感じている国民に直接訴える，移民や外国人を「よそ者」としてみなし，排斥感情を煽る指導者が喝采を浴びています（水島2016）．アメリカにもポピュリズムの嵐が吹き荒れています．2016年のアメリカ大統領選挙で，イスラム教徒や移民，そして女性を蔑視する発言を繰り返してきた不動産王ドナルド・トランプが，「アメリカ第一主義」を掲げ大方の予想を裏切る形で勝利したことは世界中の多くの人びとに強い衝撃を与えました．

　ポピュリズム台頭の背景には中間層の没落と社会の二極化，格差の拡大があると言われてきました．社会学者のサスキア・サッセンは，著書『グローバル資本主義と〈放逐〉の論理——不可視化されゆく人々と空間』（明石書店，2017年）のなかで，資本のグローバル化と，それを支える技術市場，金融の革新，政府の政策によって世界各地で極端な不平等が生み出されていると指摘しています．一見各国特有の現象のように見えるのですが，実際は固有の政治体制を横断するようなより巨大な力によって格差が生じている，と述べています（サッセン2017）．アメリカでも過去30年の間に富の偏在が進んできました．2010年の値を見ると，上位層の5分の1の世帯所得が全国民の所得の47%を占めているという状態です．「豊かな社会」であったはずのアメリカが凋落し，明日の生活に不安や焦燥感を抱く人びとの間で，人種主義，排外主義が広まりつつあるのです（土屋2018）．

　カリフォルニア州というと，シリコンバレーの存在や，ハリウッド映画が映し出す煌びやかなイメージによって，豊かな州という印象を持たれる方が多いと思います．しかし食費や光熱費の家計に占める割合が高く，結果貧困層の割合がアメリカでもっとも高い州の一つでもあります．なかでもロスアンジェルスは，「格差社会アメリカ」の縮図のような街です．貧困層の占める割合はアメリカ全体では15.1%であるのに対し，17.8%で

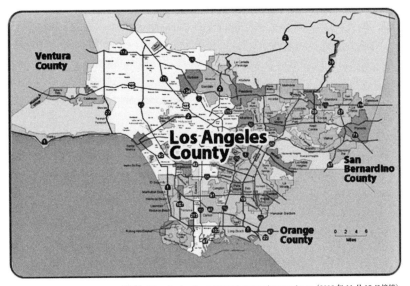

（出典）https://wdacs.lacounty.gov/category/press-release（2018 年 11 月 15 日接続）.

図 1　ロスアンジェルス郡，ヴェンチュラ郡，サン・バーナーディノ郡，オレンジ郡

す（2012–16 年の平均値）. 2016 年の家庭所得が「24,999 ドル以下の家庭」
は全家庭の 22.3% を占めています. 一方,「15 万ドル以上」の家庭が
13.9% を占めており, かなり極端な収入分布となっています.

　さらにロスアンジェルスの場合, 経済的な格差と「人種集団」間の格差
が重なるかたちで, 社会をきしませています. たとえば, 貧困層の割合は
17.8% ですが, 黒人のなかでは 23.9% で, ラティーノのなかでは 22.6%
です. 一方, ラティーノを含まない白人（ロスアンジェルスでは「アング
ロ」と呼びますが）の場合は 10.6% に過ぎず, 明らかな差があり, このこ
とが問題をより一層難しくしています.

　そもそも「ロスアンジェルス」とはどこをさすのでしょうか（図 1）.

　一口にロスアンジェルスと言っても, 市, 郡, そしてロスアンジェルス
地域全体をさす場合があります.「ロスアンジェルス地域」という場合,
ヴェンチュラ郡やオレンジ郡も含むことになります. このことがどういっ
た意味を持ってくるのかは表 1 をご覧いただくとよくわかります. トラ
ンプ支持者の割合に注目すると, ロスアンジェルス郡と LA 北西に位置し
ているヴェンチュラ郡, 南東に位置するオレンジ郡とでは大きく異なって

	LA市	LA郡	LA地域内	
			Ventura郡	Orange郡
2016年大統領選挙時のトランプ支持者の割合（％）	16	22	38	42
一家庭あたりの平均所得 （2012-16年平均，2016年のドル計算）	51,538	57,952	78,593	78,145
貧困層の割合（％）	21.5	16.3	9.8	11.1
集団ごとの割合（％）				
ラティーノ	48.6	48.5	42.5	34.3
アングロ	28.5	26.5	45.8	41.1
アジア系	11.6	15.1	7.6	20.4
黒人	9.0	9.1	2.3	2.1

（出典）トランプ支持者の割合は『ロスアンジェルス・タイムズ』紙調査，他の数字はアメリカ・センサス局統計による．http://www.latimes.com/projects/la-pol-ca-california-neighborhood-election-results/（2018年11月15日接続）．

表1　トランプ支持者の割合，一家庭あたりの平均所得，貧困層の割合，集団ごとの割合（ロスアンジェルス市，郡，地域）

　います．平均所得にも大差があります．ロスアンジェルス市には貧しい人びとが多く，貧困層の割合は21.5％に達しています．「人種集団」ごとの割合も，かなりの差があります．ロスアンジェルス市とロスアンジェルス郡ではそれほど大きな違いはありませんが，ヴェンチュラ郡になるとアングロの割合が高くなり，オレンジ郡はアジア系の割合が20.4％に達しています．一口に「ロスアンジェルス」と言っても，どの地理空間に注目するかによって，「見え方」が異なってくるのです．

　「トランプ時代のアメリカ」を考える際，どのような人びとがトランプを支持したのか，という点に関心が集まるのは当然です．法学者のジョアン・ウィリアムズは「トランピスト」を「ホワイト・ワーキングクラス」と呼ばれる人びとだと位置づけます．ウィリアムズの『アメリカを動かす「ホワイト・ワーキングクラス」という人々——世界に吹き荒れるポピュリズムを支える"真・中間層"の実体』（集英社，2017年）はまさにこの「真・中間層」の世界観を論じています．エリートたちが貧困層や人種的「マイノリティ」集団にばかり目を向けて，「ホワイト・ワーキングクラス」を伝統に固執する，怒りに満ちた田舎者として扱っており，そのことに対する「ホワイト・ワーキングクラス」の憤りが今日の二極化した政治を生み出していると筆者は指摘するのです（ウィリアムズ 2017）．

　しかしトランプを支持しなかった人びとにも目を向ける必要があるでし

ょう．もちろん，トランプを支持しなかった人びとも「格差社会アメリカ」で生活圏を脅かされている——先ほどのサスキア・サッセンの言葉を借りると「放逐」されている——人びとです．本日の講義では市中心部に暮らす黒人やラティーノ住民の視点からロスアンジェルスの歴史を見ていきます．

　ロスアンジェルス地域の場合，トランプを支持している層の人びととはどこに住んでいるのでしょうか．たとえば，ヴェンチュラ郡シミ・ヴァレー市は，後ほど触れる 1992 年 4 月に起きた「ロスアンジェルス蜂起」の裁判地となった場所ですが，白人人口の割合が高い地域です．そこではトランプ支持者が非支持者を上回っています．またはオレンジ郡サン・ホアン・カピストラーノ市もトランプ支持者が非支持者を上回っており，白人の保守的なコミュニティとして名高い地域です．歴史家マイク・デイヴィスが『要塞都市 LA』（青土社，2001 年）のなかで，白人富裕層が形成した典型的なコミュニティとして紹介しています（デイヴィス 2001）．こうした人びとの大半はもともと都市部に住んでおり，戦後郊外化が進んだ時代に，都市を捨て，郊外に自分たちのコミュニティを形成しました．「白人の郊外脱出」と呼ばれるゆえんです．ではなぜ彼ら／彼女らはロスアンジェルス市を離れたのでしょうか．こうした人びとの「郊外脱出」にはどのような人種，階級の力学が働いているのでしょうか．

1 「多人種都市」LA の歴史

　ここでまず，ロスアンジェルスの街自体がどのように形成されていったのか（この場合主としてロスアンジェルス市をさしますが），その歴史的な過程を辿るとともに，経済的な格差が生み出される過程や人種化のプロセスに注目していきたいと思います．

(1)「断片化された都市」の形成

　ロスアンジェルスはもともとスペイン領地でしたが，1848 年にアメリカの都市となりました．20 世紀初頭まではアメリカ中西部出身のアングロと呼ばれるアングロサクソン系の農民が人口の大半を占めていました．アングロ中心の街が，20 世紀になると，中南米，アジア，様々な地域か

らの移民が移り住み，アメリカの南部から移住する黒人の住み処となるなかで「越境者」たちの街，世界でももっとも多人種化が進んだ大都市の一つへと変貌していくことになります．

「断片化された都市」とは歴史家ロバート・フォージェルソンが著書のなかで用いた言葉です．この本は50年以上前に書かれましたが，ロスアンジェルスの歴史を語る上で今日もなお繰り返し引用される文献です．フォージェルソンは，ロスアンジェルスは良くも悪くも現代アメリカの大都市の象徴であると述べています（Fogelson 1967）．

先ほど，ロスアンジェルスはもともとスペイン領地だったと述べましたが，1769年にスペインの入植者によって「発見」され，1822年にメキシコが独立した際にメキシコの一部になりました．1846年から48年に起こった米墨戦争の結果，アメリカの都市の一部に組み込まれていきます．1840年代に，「マニフェスト・ディステニー（明白な運命）」という掛け声の下，領土拡張機運が高まり，テキサスを併合し，オレゴンを領有するという動きが起こりました．その次にアメリカ政府が目指したのがカリフォルニアとニューメキシコの獲得でした．アメリカ政府は，メキシコ政府が合衆国市民に負う未払い債務を合衆国政府が肩代わりすることを条件にテキサス領の拡大を要求して，カリフォルニアとニューメキシコを買収しようとします．メキシコ政府がそれを拒絶したために，アメリカ政府が軍をリオグランデ川という国境の川まですすめ，そこで戦争が起きました．アメリカ側が戦争を起こしたのです．

1848年にグアダルーペ・イダルゴ条約が結ばれると，戦争に敗北したメキシコ側はカリフォルニアを含む広大な土地をアメリカに割譲しました．その「対価」としてアメリカはメキシコに1500万ドルを支払い，同時にメキシコの対米債務325万ドルを帳消しにしました．こうして1848年以降は，ロスアンジェルスはアメリカの都市になりました．

ロスアンジェルスのダウンタウンは，海岸から車でフリーウェイを数十分走ったところにあるのですが，本来南カリフォルニアの中心として先に注目されていたのはサンディエゴという，メキシコ国境に近い街でした．サンディエゴの方が港に近く，南カリフォルニアの中心として，アジアとの交易の拠点として，開発が適しているように思われていたのです．とこ

ろが，サンフランシスコの開発に携わっていたセントラル・パシフィック社が，サンフランシスコと競合する都市が南カリフォルニアに形成されることを恐れて，かえって港から少し離れているロスアンジェルスを南カリフォルニアの拠点にしようと試みました．ロスアンジェルスはもともと地味な農業地帯であり，自然環境においても産業面においても特に際立ったものがありませんでした．それゆえに民間企業が主導権を握り，電気や交通整備，不動産開発を進めていくことになります（町村 1999）．

　開発を主導した著名な人物の一人にヘンリー・ハンティントンがいます．ハンティントンはサザンパシフィック社の鉄道にもかかわっていますし，1901 年にパシフィック・エレクトリック・レイルウェイ・カンパニーという鉄道会社を作った南カリフォルニア最大の土地所有者です．また，『ロスアンジェルス・タイムズ』紙を所有していたハリソン・グレイ・オーティス，オーティスの死後経営を引き継いだハリー・チャンドラーら大富豪が中心となって開発を進めました．

　もともとロスアンジェルスは鉄道が市の全域に行き渡っており，サザンパシフィック鉄道サンセット線（1883 年）やサンタフェ鉄道（1886 年）が主要な交通網となっていました．鉄道会社が中心となり，不動産の開発を進め，次々と新しい街を誕生させていきます．1887 年だけでも 60 以上の新しい街が鉄道沿線に沿って作られました．もう一つ，大きな問題であったのが水源の確保です．ロスアンジェルスでは雨がほとんど降りません．そのため水をどうやって確保するのかが大問題となるわけですが，ロスアンジェルス川など近郊の河川だけでは間に合わなくなり，1930 年代後半になっていくと，水路を建設し，コロラド川から巨大なパイプで水を運んでくることになります．

(2) 不動産開発と産業の発展

　19 世紀中はアメリカの中西部から移り住んでくる白人の入植者が人口の大半を占めていました．彼らに向けて，一年中温暖で過ごしやすい気候や，スペイン風の建物の魅力，広々とした郊外住宅地を売り言葉にして，「陸のパラダイス」としてのイメージを作り上げていくことになります．これが中西部の白人の大移住をもたらしました．19 世紀末から 20 世紀に

かけての世紀転換期に急激な人口の増加が起こり，1890年から1930年にかけて，ロスアンジェルス市の人口は，5万人から120万人へ大変な規模で増加したのです．それゆえに町村敬志はロスアンジェルスを「猛烈な勢いでメガシティへの道を突っ走った」都市であると述べています．

　次に産業経済上の特徴について一言述べたいと思います．ロスアンジェルスを支えていた産業の一つは，石油産業です．1930年代半ば以降，ロスアンジェルス周辺で石油の発掘が進み，石油関連施設が作られていきます．これがまさに「自動車の街ロスアンジェルス」を支えていくことになります．

　第二に映画産業です．1896年には初の作業場が出来ました．ロスアンジェルスが何よりも魅力だったのは，穏やかで雨が降らず，寒くはないし，暑すぎないという安定した気候です．それから地理的な要因もあります．海，内陸に入れば山，砂漠，森，様々な建築物があって，映画を撮影する上で適していたのです．映画産業の担い手となったユダヤ系移民がニューヨークからロスアンジェルスに移り住むなかで発達しました．1915年頃からハリウッドに集中して，ハリウッドが映画の都になります．映画産業が栄えれば栄えるほど，ロスアンジェルスという街の魅力を世界に向けて発信することになり，ますますロスアンジェルスへの移住者を増やすことになりました．

　第三に航空機産業です．環太平洋地域で発生した国際紛争，第二次世界大戦や朝鮮戦争，ベトナム戦争が地域の経済発展を促すことになって，航空機や造船業，ゴム，化学製品といった一連の産業が栄えていくことになります（町村1999）．

　ロスアンジェルスという街の構造を理解する上で自動車の普及が与えた影響も考えなければなりません．1920年代以降，鉄道の老朽化が進んだ際に，鉄道を公有化する案も出てくるのですが，結局廃線となりました．結果，車が普及するのです．南カリフォルニアではすでに1925年の段階で，非常に高い自動車保有率を達成しており（おおよそ1.6人に1台，これはアメリカ全体で見ると1950年代にならないと到達しなかった値です），自動車が普及するとダウンタウンの求心力が弱まり，小売業に占めるダウンタウンの割合が急激に落ちていきました．1920年の時点では90%程集中し

ていたのに，50年には17％まで落ち込みました．ロスアンジェルスでは，ダウンタウンが都市中心部としての機能を果たしておらず，むしろ要として機能しているのは，ウィルシャー大通りなどの幹線道路であり，通り沿いに散らばっています．近年，再開発により富裕層向けの住宅が建設され，商業施設もリニューアルされダウンタウンは活気を取り戻しつつありますが．

　以上をまとめますと，ロスアンジェルスという街は，民間主導の開発が進み，自動車の普及により街が脱中心化し，周辺地域が発達していく．「中心」が「周辺」を規定するわけではなく，「周辺」があってぼんやりと「中心」と言えるのか言えないのかわからないようなところがある．このように街が発展していくことになります．そしてこの都市構造が「断片化された社会」を後押しすることになります．

2　ブラック・ロスアンジェルスの形成

　では，次にどのように黒人居住区が形成されたのかを見ていきたいと思います．

　まずロスアンジェルスは南部から移住した黒人にとって「天使の街」として映った，という点を指摘したいと思います．南北戦争後，黒人は「自由」になったとはいえ，ジム・クロウ制度と呼ばれる人種隔離制度が築かれていきました．投票権のみならず，公民としての基本的な権利，たとえば集会を営む権利などが黒人であるがゆえに剝奪されました．そういったジム・クロウ制度から「解放」されるということが，ロスアンジェルスの魅力としてあったのです．カリフォルニアは南部のように奴隷制が根付き，奴隷制が解体された後も黒人を二級市民として扱う人種隔離制度が敷かれた社会とは異なります．もともとメキシコ領地だったため，メキシコ系の人口が多く，中国系や日系移民の人たちのコミュニティを形成しつつありました．黒人は「多人種社会LA」を構成する有色人種の一集団に過ぎないわけです．主として黒人と白人から成る社会とは異なり，ラティーノやアジア系の人びとを含めて「多人種社会」であることが黒人の移住者にとっては魅力だったわけです．

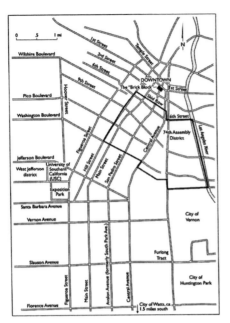

（出典）Flamming（2005）.

図2　セントラル・アヴェニューとその周辺地域

（1）「黄金時代」

　黒人住民の数は1850年にはわずか12人程度だったのが，1925年には15,000人を超え，市の人口の3％を占めるようになります．この時期，ロスアンジェルスの黒人の熟練・半熟練労働者の平均賃金はもっとも高く，住宅所有率も他の都市に比べて高い数字でした．1910年の値を比較すると，ロスアンジェルスの場合，黒人の36.1％が所有しているのに対して，ニューヨークでは2.4％，ニューオーリンズで11％であり，ロスアンジェルスにおいては，非常に多くの黒人住民が住宅を所有していることがわかります．

　黒人居住区において経済，文化の中心となったのがセントラル・アヴェニューです（図2）．ロスアンジェルスの黒人居住区のことを「サウス・セントラル」と呼びますが，セントラル・アヴェニューが南に向かって拡大していったことからその名称が生まれたのです．このセントラル・アヴェニュー沿いには歯科医のジョン・サマービルが建てたホテルや教会があり，ロスアンジェルスの音楽や文学，アートの発信地となりました．この時代は「黄金時代」と呼ばれました（Flamming 2005; Tsuchiya 2014）.

　ロスアンジェルスを訪問した黒人の歴史家，哲学者のW・E・B・デュボイスは，1913年に次のように述べています．「ロスアンジェルスは素晴らしい．アメリカのどこにおいてもこれほど素晴らしく美しい家に住んでいる黒人はいないし，これほど有能で知的水準の高い人たちはいない．」しかし，デュボイスは同じ記事のなかで，次のようにも書いていました．「ユリやバラが一見そう見えて実は違うように，ロスアンジェルスは天国ではない．」ロスアンジェルスは，「天使の街」と呼ばれますが，実際は

「天使の街」ではないのだと．そこには人種による境界線がはっきりと引かれていると語っていたのです．

---

(2) 人種の境界

　ではどのように境界線が引かれていたのでしょうか．まず労働市場における差別が存在していました．大多数の黒人住民にとって，就くことのできる仕事は非常に限られていました．たとえば，鉄道のポーターであったり，工場で仕事を見つけたとしても清掃などの仕事が多かったり，女性の場合は，主として家内労働に従事していました．なかには，警察とか消防士として，先述のように歯科医として専門職に就く人もいましたが．もう一つの問題は居住区の隔離です．人口が増えるに従って，人種による境界線が強固なものとなり，「サウス・セントラル」と呼ばれる黒人居住区が形成されることになります．この黒人居住区の形成に大きな影響を及ぼしたのが「制限約款」です．これは住民同士，もしくは住民と不動産業者の間で結ばれた「望ましくない人びと」を地域に入れないという取り決めです．主として，白人中産階級の住民が住宅所有者協会をつくり，契約を結んでいきました．

　では「望ましくない人びと」は具体的にどのような人びとなのでしょうか．南カリフォルニア大学があるユニバーシティ地区を調べた研究によれば，「外国人，一時的滞在者，下宿人，黒人，日本人」が挙げられていたようです．こうした「望ましくない人びと」を居住区に入れないという取り決めは，カリフォルニア州最高裁判所によって認められ，そのことが制限約款を後押しすることになります．しかも1933年にはフランクリン・ローズヴェルト政権のもとで，不況によって返済不可能となった既存の住宅ローンに対して再融資を行う住宅所有者金融公社が設置され，さらに34年には全国住宅法が制定され，新たに設置された連邦住宅局が住宅ローンの債務保証を行いましたが，その際住宅地をAからDまで4段階で査定していきました．ここで，「外国人の侵入」や「危険な人種」が「洪水の恐れ」や「建築物の危険」と同様に扱われて，その地域の評価を下げる要素となりました．こういった裁判所の方針や連邦政府の政策が居住区隔離を制度化していったのです（Flamming 2005; 松本 2007）．人種的，エ

スニック的に均質性を保つことがその土地の価値を保っていく重要な要件
になりました.

　第二次世界大戦期に,フランクリン・D・ローズヴェルト大統領は,ア
メリカを「自由の砦」とみなし,「四つの自由（言論の自由,信仰の自由,
欠乏からの自由,恐怖からの自由）」を死守するようアメリカ国民に訴えま
した.ところが,南部では人種隔離制度によって黒人が基本的な権利を奪
われており,「自由」から程遠い状況ですし,一部の人には「天使の街」
として映ったロスアンジェルスでも,労働市場での差別と居住区の隔離は
続いていました.こうしたなかで,黒人たちが「二重の勝利」を求めて,
第二次世界大戦中に運動を起こすことになります.つまり,海外における
ファシズムへの勝利だけでなく,国内での人種差別に打ち勝つことを目標
に掲げたわけです.そこには,「アメリカで民主主義が存在しないときに,
なぜ外国向けの民主主義のために自分たちが死ななければならないのか」
という根本的な問いがありました.黒人の知識人のなかには,自分たちの
戦争はヨーロッパのアドルフ・ヒトラーと戦うだけではない,アメリカの
ヒトラーに対する戦争だ,自分たちの戦争は民主主義を守るためではない,
今までかつて享受したことがない民主主義を獲得するための戦いだという
思いがあったのです.寝台車ポーター労働組合の指導者A・フィリップ・
ランドルフが中心となり,ローズヴェルト大統領に,軍隊と国防産業での
人種差別を撤廃する行政命令を出すよう訴えます.こうした運動の成果と
して,政府機関,および国防産業において人種差別を禁じる行政命令
8802号が下されることになります.

　この行政命令と戦時下での軍需産業の発達,そして労働力不足によって,
それまで白人男性のみが就くことが可能だった仕事に黒人たちが徐々に進
出していくことになります.これがカリフォルニアへの黒人の移住を後押
しすることになりました.拡大しつつある軍需産業で仕事を得ようと,南
部の農村地帯を去る人びとが急増しました.

　南部からの移住者が増えることで,第二次世界大戦以降,ロスアンジェ
ルスで黒人ゲットーの形成が進んでいきます.これはもちろん,居住区隔
離という差別の結果ですが,同時に,ゲットーが黒人の政治やビジネス,
文化の発展の基盤ともなっていくのです.

今日，ロスアンジェルスの多数派を占めるのは「ラティーノ」と呼ばれる人びとです．2010年の統計で，ラティーノではない白人（いわゆる「アングロ」）が市人口の28.7%，黒人が9.6%なのに対し，ラティーノは48.5%を占めています．

人口の面ではマジョリティであるにもかかわらず，経済的には低所得者層の占める割合が高いことが問題となります．2015年の統計でロスアンジェルス郡に暮らすラティーノ住民の家庭平均所得は46,850ドルで，全家庭の平均所得59,135ドルに比べると2割以上低い値となっています（https://laedc.org/wp-content/uploads/2017/02/Latinos_in_LA.pdf, 2018年11月20日接続）．

(1) 祖先の地

メキシコ系の住民からすれば，ロスアンジェルスは祖先の土地です．それが米墨戦争の結果奪われて，アメリカ領地となり，「祖先の地」に合法的な手段で移動しないと「不法移民」や「非合法移民」と呼ばれてしまう．もともと自分たちの土地だったのが，戦争に巻き込まれ，グアダルーペ・イダルゴ条約のもとで収奪された，という意識が原点にあるわけです．

ロスアンジェルスにおけるラティーノの人口は20世紀初頭に急激に増大しました．1900年から30年にかけて150万人の人々が国境を北に渡りました．メキシコ革命が1910年から起こりますが，ポルフィディオ・ディアス独裁政権を倒すための革命が起きていたときに，その混乱を避けるために多くのメキシコ人たちがアメリカへ移住したのです．この移住を支えたのが，交通・鉄道網の発達です．ディアス政権は外資を導入して鉄道の建設を進め，これがメキシコ経済の発展に繋がっていくのですが，同時に極端な形での貧富の格差を生み出し，革命の一つの要因になりました．鉄道が整備されることでメキシコの農村部から国境付近まで移動することが可能になり，人の移動が容易になりました．アメリカでもサザンパシフィック鉄道が整備されていきますので，鉄道の発展が移住を後押しするわけです．

　また，鉱山労働や農業の現場では低賃金労働を必要としていたわけですが，この時期に，1882年に排華移民法が制定され，中国人労働者の10年間の流入停止と在米中国人の帰化が禁止されました（その後も第二次大戦中の1943年まで移民が制限されることになります）．日系移民についても，1907年から1908年にかけて締結された日米紳士協定の締結により制限され，1924年の移民法によって完全に停止させられるのです．中国や日本からの移民が著しく減少するなかで，メキシコ系移民が地域経済の担い手となります．メキシコ系のコミュニティは徐々に拡大し，ダウンタウンの北にあるプラザ地区や，ダウンタウンの東側の地区（ボイル・ハイツやイースト・ロスアンジェルス）に居住区が形成されます．これらの居住区がますます新たな移民を引きつけることになりました．ダウンタウンで商業の開発が進むと，付近の家賃が値上がりしたため，東に住居を移す人が増えました．こうしてますますイースト・ロスアンジェルスを中心にメキシコ系居住区が拡大していくことになります（Romo 1983; Acuña 1984; Sánchez 1993; Ochoa and Ochoa 2005; Lewthwaite 2009）．

　第二次世界大戦に入ると，メキシコ系の人びとを取り巻く環境は大きく変わることになります．アメリカ政府とメキシコ政府の協定のもと，戦時下で不足している労働者を補うために「ブラセロ計画」（1942–64年）が実施され，メキシコからの労働者が急増します．また，この時期アメリカ社会を揺るがす二つの事件がロスアンジェルスで起きました．一つは，「スリーピー・ラグーン事件」（1942年）で，メキシコ系青年の死をめぐって，証拠不十分なまま多くのメキシコ系の少年が逮捕された冤罪事件です．スリーピー・ラグーンと呼ばれる場所でホセ・ディアスという少年が意識不明で倒れていて亡くなったのですが，前日の晩に被害者と一緒にいたメキシコ系アメリカ人の青年たちが犯人だと疑われました．『ロスアンジェルス・タイムズ』紙をはじめ地元のメディアがこれらの青年たちを「ギャング集団」とみなして，反メキシコ感情を煽る報道を繰り返しました．13日間の拘留の間，彼らは警察からの肉体的・精神的暴行を受け，有罪判決を受けました．のちに警察の横暴を批判する活動家，弁護士，知識人が起ちあがり，控訴審が開かれた結果，警察の対応が偏見に満ちていたことが認められ，全員釈放されました（Pagán 2003）．

もう一つは海軍の訓練校所属の白人青年が暴徒と化し，ズート・スートと呼ばれる服をまとったメキシコ系や黒人青年を次々と襲った事件（ズートスート暴動）です．白人の軍人たちが，「自分たちの街」であったロスアンジェルスで人口が増えつつあるラティーノや黒人の若者たちに危機感を抱き，「白人女性を狙っている」などのデマを流し，特徴ある服を着ているというだけで，彼らを標的にしました．こうしたメキシコ系住民の排斥感情が露わになるような事件が立て続けに起こったことで，メキシコ系の公民権組織である「コミュニティ・サーヴィス・オーガニゼーション (CSO)」がロスアンジェルスで結成されることになりました．

(2)「市民」の境界

ラティーノの人びとは，グアダルーペ・イダルゴ条約以降，法的には白人として市民権が与えられました．アジア系移民が，排斥法によって停止させられ，非白人に分類されていく一方で，メキシコからの移民は市民権を獲得できたのです．しかし，1920 年代以降になると，有色人種の側に分類されていきます．特に下層の移民労働者は偏見に晒されました．1930 年代の大恐慌の最中，国民の4 分の1 近くの人びとが失業するなかで，外国人を排斥する気運が高まります．カリフォルニア州議会は政府と契約を結ぶ会社が，公的な職に外国人を雇うことを違法とする法律を通過させて，これによって多数のメキシコ人が職を失うことになります．「母国送還運動」が起こり，市民権を有していても，メキシコ系と思われた人びとが移民局に呼び出され，メキシコに送還されました．同様のことは 1950 年代にも起きています（Molina 2014）．

このようにラティーノ住民は 1930 年代以降人種化され，「白人」ではなく「有色人種」の側に位置づけられていったのです．

4 郊外化の進展，「ワッツ暴動」，黒人市長の誕生

(1) 郊外化と「第二のゲットー」の形成

1950 年代はアメリカ経済の黄金の時代として知られています．アメリカの豊かさを象徴したのが郊外であり，白人中産階級の家族が展開する生活でした．それゆえに 1950 年代は「郊外化の時代」とも呼ばれます．そ

（出典）Bettmann/Getty Images.

図3　レイクウッドにおける住宅開発

の背景として，退役軍人の住宅需要が高まったこと，戦後の家庭重視の流れもあって，冷戦の緊張下で家庭が社会の安定の基礎に位置づけられたこと，出生率が劇的に飛躍したことがあります．核家族向けの住宅が郊外に次々と作られていきました．加えて，連邦住宅局が低金利の住宅ローンを提供したことや自動車の普及も郊外化を進める要因となりました．

　ロスアンジェルスでは，たとえばロングビーチの北東に位置するレイクウッドで郊外型住宅が建設されていきました（図3）．非常に似通った構造の建売住宅が次々と販売されました．これはロスアンジェルスに限ったことではありません．ニューヨークのロングアイランドに建設されたレヴィットタウンが特に有名です．全米中でこうした郊外型住宅が作られ，この住宅の所有者が住宅所有者協会を結成し，低所得者や賃貸の人を締め出して，自分たちの資産を守るために新たに自治体をつくる運動が展開しました．1948年に制限約款を違憲とする画期的な最高裁判決が下されましたが，このことは皮肉にも「白人の郊外脱出」を後押しし，白人中産階級からなる郊外と有色人種の低所得者層を多く抱える都市中心部という，二極化した都市の構図をつくりだしました．

　都市史家アーノルド・ハーシュは，戦後に「第二のゲットー」が形成されたと記しています（Hirsch 1983）．最初にゲットーが作られていくのは

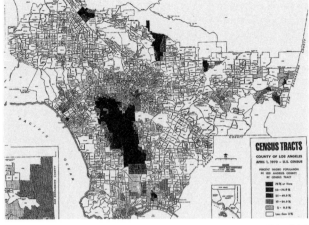

（出典）Los Angeles County Commission on Human Relations, *Population by Major Ethnic Groupings: Negro Population, Los Angeles County, 1970*（Los Angeles: Los Angeles County Commission on Human Relations, 1970）.

図4　ロスアンジェルス郡における黒人人口（1970年）

20世紀初頭で，黒人が南部から北部や中西部に「大移住」した時期ですが，実は1950年代に今日の形のゲットーが出来上がったと指摘したのです．ロスアンジェルスでも，1950-1960年代にサウス・セントラルで黒人居住区が形成され，拡大していきました（図4）．50年代の郊外化が，人種，階級に基づく居住区の基礎を作ることとなるのです．

(2)「ワッツ暴動」と黒人市長の誕生

　1965年8月，死者34名，負傷者が1,000名を超す「暴動」が黒人居住区の南東に位置するワッツ地区で起こりました．60年代後半，「長く暑い夏」と呼ばれる蜂起が全米各地で起こりましたが，これらの蜂起は，多くの場合，白人警官による黒人青年の暴行事件とそれに対する異議申し立てをきっかけとしています．「ワッツ暴動」も21歳の黒人青年マーケット・フライと，その兄と現場に駆けつけた母親が，白人警官によって暴力的な形で逮捕されたことへの抗議行動に端を発しています．この「ワッツ暴動」は公民権運動指導者やロスアンジェルス市政，時のジョンソン政権に大変な衝撃を与えました．なぜなら，65年ですので，黒人解放運動の最中──数々の地域闘争を経て，1964年7月には公民権法が通過し，

1965年8月6日には投票権法が可決されました——です．まさに公民権運動の画期的な成果が見られたその時期に，ロスアンジェルス市の黒人居住区のなかのもっとも貧しい人びとが集中する場所で，大規模な蜂起が起きたわけです．小説家トマス・ピンチョンは，1965年夏以降，ワッツは人びとの頭のなかで「人種暴動の地」になったと述べています．65年の蜂起以降，ワッツやサウス・セントラルは貧困，放火，略奪をイメージさせるような，黒人の怒り，憤懣の象徴になったのです（土屋2017）．

　白人住民が郊外へと移り住み，都市中心部にはラティーノやアジア系移民，南部から黒人住民が大都市を目指すなかで，都市における有色人種の人びとの割合が増加します．こうした黒人や他の有色人種の人びと，ユダヤ系住民の支持を受けて1973年に当選したのが，その後20年にわたって市長を務めるトーマス・ブラッドレーでした．

　初の黒人市長の誕生により，人種問題は改善に向かい，より公正な社会に向かうだろうと市民のあいだで期待が高まりました．しかしブラッドレーは就任直後から様々な困難に直面しました．富裕層がロスアンジェルス市を去ったことで税収入は減少し，一方で貧しい人たちの割合は増え，社会福祉費が増えていきます．厳しい財政状況の下難しい舵取りが迫られるなか，ブラッドレーは経済成長の促進，特にダウンタウンの開発に力を注ぎました．また，市人口の20％に満たない黒人の市長であることも状況を難しくさせました．ブラッドレーは公職者に積極的に「マイノリティ」を起用し，アファーマティヴ・アクションを進めていきますが，同時にロスアンジェルスを織り成す多様な人びとをまとめあげることに苦慮することになったのです（Payne and Ratzan 1986; Sonenshein 1993）．

5　産業構造の転換と格差の拡大

　「ワッツ暴動」を含めて「長く暑い夏」と呼ばれる60年代後半の都市ゲットーでの蜂起を調査したのが，都市騒擾に関する大統領特別諮問委員会（通称カーナー委員会）報告書です．L・B・ジョンソン大統領はイリノイ州のO・カーナー知事を委員長に任命し，一体大都市で何が起き，なぜ起きているのか，再発防止のために何ができるのかを明らかにするよう求めました．このカーナー報告書は1968年3月に公刊され，アメリカは白

人の住む郊外と黒人の住む中心部という「分離されかつ不平等な社会に向かって進みつつある」という衝撃的な結論を発表したのです（National Advisory Commission on Civil Disorders 1968）.

　それから 20 年後，都市問題に関心を寄せる知識人が結成した「都市に関する 1988 年委員会」がほぼ同様の結論を出しています. カーナー委員会報告書が公刊されてからしばらくの間，都市に住む低所得者層にとってあらゆる分野で進歩がみられた，と同委員会は指摘します. しかしその後，「一連の経済的衝撃，すなわち，景気後退，製造業の移転や閉鎖，就業機会や中産階級の郊外への脱出，そして実質賃金の減少など」が生じたのだと. そして以下のように述べています.「これらの打撃は，もっとも悪い条件下にあるアメリカ人のうちに集中したのだった. さらに，教育や住宅，仕事や訓練，その他の分野における社会政策を削減するべく断固とした措置がとられた. レーガン政権は，差別是正措置や公民権諸法の強力な実施に対して敵対的だった.」こうした状況を受け，以下のような結論を下しているのです.「カーナー報告書の出した警告は現実のものとなりつつある. アメリカはやはり，一つは黒く（今日我々はここにヒスパニックを付け加えることができる），一つは白い，分離され，かつ不平等な二つの社会に向けて進みつつある.」（Harris and Wilkins 1988）. カーナー報告書の「一つは黒く」というところに「ヒスパニックを付け加えることができる」という言葉が加えられています. 1968 年以降アメリカ社会は二極化していきますが，従来のような「黒人対白人」という形ではなく，ラティーノやアジア系を含むかたちで格差社会が立ち現れることになるのです.

(1) 産業構造の転換

　1970 年代以降，ロスアンジェルスをはじめとするアメリカの大都市では，産業構造の転換がますます格差を拡大させていくことになります. 一つは「サンベルト型産業」の発達です. 電気機械・航空宇宙産業・ハイテク産業などをさし，こうした産業が目覚ましく発展を遂げていきます. これが一方では，科学者とか技術者といった「高技能・高所得」の専門職を生み出しますが，他方で，半導体の組み立て工といった低賃金職も生み出しました.

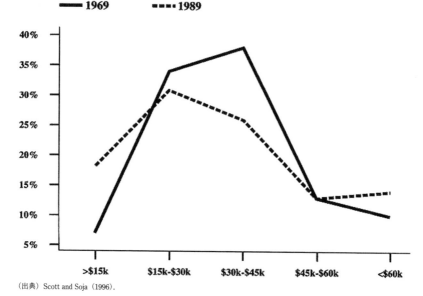

（出典）Scott and Soja（1996）.

図 5　男性フルタイム労働者の年間所得の分布図（1969-89 年，1989 年のドル換算）

　また「フロストベルト産業」の衰退も進みます．これは特にサウス・セ
ントラル地区で顕著ですが，自動車，ゴムタイヤ，ガラス，鉄鋼など，組
合の加入率も高く，賃金も高い，安定した職が失われていきます．

　それから三つ目が労働集約型の低賃金労働の拡大です．代表的なものと
して衣服産業やジュエリー産業があります．これらの産業においては労働
者の 8 割が「非合法移民」と呼ばれる人びとであり，メキシコとかアジ
アからの移民労働者が産業を下支えしていくことになります．

　四つ目が国際資本の中枢機能の発展です．ロスアンジェルスはアメリカ
西部の金融センターとして発展を遂げましたが，この「グローバル都市」
としての側面もまた二極化を推し進めます．かたや銀行・証券・保険・不
動産，エンジニアリング，建築サービス，コンピューターソフトの開発や
情報処理，会計・簿記，法律サービスなど，高度の専門的知識を必要とす
る高賃金職が増加する一方で，中枢都市としての機能を維持するのに必要
な膨大な低賃金職（交通・通信・ビルなどの維持・保安・管理業務のほか，高
所得者の都市型ライフスタイルを維持するためのサービス職（24 時間ショップ
やレストランの運営，家内労働者の仕事））が生み出されるわけです．この結

果，ロスアンジェルスでは中間層が減少し，富裕層と貧困層がともに拡大します（図5）．そしてこうした二極化が人種集団間の格差を拡大させることになります（Scott and Soja 1996; Soja 2014）．

(2) 住民提案13号と「福祉との戦い」

　こうした格差の拡大に対して，1970年代後半の税金反乱と連邦政府による福祉費の削減が拍車をかけました．住民提案13号（1978年）は，住宅所有者による不動産に対する税金を不動産の市場価格の1%に限定し，1975-76年の値を基準として，年に2%以上増加できないように設定し，増税には市民の3分の2以上の同意が必要なことを義務づけました．この住民提案13号は自治体の税収入を大幅に制限し，福祉の後退を招くことになります．

　加えてロナルド・レーガン大統領下の「福祉との戦い」と呼ばれる政策も格差を拡大させました．レーガンは経済や政治の領域に政府が介入すればアメリカの自発的な発展を混乱させることになると訴えました．福祉こそが貧困を作り出しているのだと，論理を大きく転回させたわけです．60年代にリンドン・B・ジョンソン政権は，政府が貧困を撲滅するべきであり，貧困と闘うことがアメリカを「偉大な社会」にするために必要なのだと訴えたわけですが，レーガン政権下では福祉こそが貧困を生み出しているのだ，貧困者のなかに「福祉依存」なるものが生み出されているのだ，福祉を削ることで貧困問題が解決されるのだという主張にすり替わります．一方，富裕層に対しては寛大な減税措置が施されることになります（土屋2019）．

　また社会福祉事業の民間部門への委託が起こり，連邦政府の資金は国防産業にシフトすることになります．こういった状況下で格差が拡大していくのです．レーガン政権下では「ドラッグ戦争」と呼ばれるドラッグ撲滅政策が行われ，逮捕者，囚人人口が大幅に増え，いまアメリカで非常に大きな問題となっている「大量投獄社会」が形成されることになります．アメリカの都市部では黒人やラティーノの若年層が刑務所に収監されたり，もしくは保護観察処分だったりと，公民権法，投票権法の成立以降市民としての権利は有しているはずなのですが，犯罪にかかわっていたという過

去があるために実質的には市民権を剥奪されるという事態が起こってくるのです（Alexander 2010; Hinton 2016）.

（3）「史上初の多人種暴動」

「貧困との戦い」から「福祉との戦い」へと転換するなかで，失業率の上昇，貧困の悪化，格差の拡大が起こり，全米各地の都市で「静かな暴動」が起きている，と指摘する声があがります．こうした状況下で，1992年4月には20世紀アメリカ史上最大規模の蜂起がロスアンジェルス市で起きました．1991年3月3日に黒人青年のロドニー・キングが，スピード違反で取り締まりを受けた際に総勢27名の警官がキングを取り囲み，暴行を加えました．キングは暴行の結果，20針を縫う大けが，顎と右足首を骨折し，脳挫傷を負いました．キングはその後釈放されますが，一部始終をビデオに撮影していた近所の住人ジョージ・ホリデイが地元テレビ局にその映像を持ち込み，CNNを通じて世界中に衝撃的な映像が流されました．四名の警官が起訴されますが，暴行事件の一年後1992年4月29日に下された判決では三名が無罪放免，一人が判決保留となります．その判決への抗議行動として，サウス・セントラルで蜂起が起こったのです．死者は少なく見積もっても42名，被害総額は10億ドルに達しました（なお，『LAタイムズ』紙はのちに死者の数を63名としました）（Office of the Special Advisor to the Board of Police Commissioners 1992; *Los Angeles Times*, April 26, 2012）.

このロスアンジェルス蜂起は，韓国系商店主に大変な被害をもたらしたこと，また逮捕者の内訳を見たときにラティーノが半数近くを占めていたために，「多人種暴動」であると語られました．つまり，今回の事件は黒人のみならずラティーノも加害者であり，白人ではなく韓国系が被害者となった「暴動」であるとされ，それゆえにマイノリティ同士の，無秩序な「暴動」であるとされたのです．しかし背景として，「静かな暴動」が起こりつつあったことは先に述べた通りです．しかも蜂起の直接的なきっかけとなったのは，1960年代の「長く暑い夏」と呼ばれる一連の蜂起でも繰り返し問題となった白人警官による黒人住民への暴力行為でした．

また，逮捕者に占めるラティーノ住民の割合の高さゆえに「犯罪者」と

してのイメージが先行する一方で，実のところ，逮捕者の大半は外出禁止令に従わなかったために検挙されていました．9千名の逮捕者のうち4,200名が「軽犯罪」（大半が外出禁止令違反）で処罰を受けています．米国自由人権協会（ACLU）は，ロスアンジェルス蜂起が「非合法移民」の取り締まり対策に利用された可能性が高いと指摘しています（ACLU-SC 1992）．蜂起後の混乱に乗じて「不法移民」の検挙が警察の手によって継続的に行われていました．「多人種暴動」という言説はこの「非合法移民」の取り締まり対策にすり替えられたという側面を見えなくしてしまいます（土屋 2020）．

おわりに

　ロスアンジェルスは「天使の街」としても語られてきましたし，ハリウッド映画が映し出す椰子の木とビーチの「楽園」と，ビバリー・ヒルズやベル・エアといった富裕層の住宅地に代表される煌びやかな富のイメージが先行しがちです．しかしその一方で，ロスアンジェルスは「格差社会アメリカ」を象徴する都市でもあります．歴史家マイク・デイヴィスによれば「要塞都市」でもあります．「たった一本のマッチ」によって矛盾が露わになる可能性がある，そういう緊張，矛盾を内包した都市なのです．

　ではロスアンジェルスの歴史から現代のアメリカ社会を眺めた際，何が浮かび上がるのでしょうか．まず，アメリカ社会の分断や二極化ということが今日言われますが，ロスアンジェルスにおいてはそれが非常に早い段階から起きており，時間をかけて分断が進んだ，ということです．つまり都市の始まりからして，人種・エスニシティごとに居住区が形成され，「断片化された都市」として成り立ってきました．経済的な格差と，人種化のプロセスが連動し，1950年代の郊外化がその分断を後押ししていきました．1965年に「ワッツ暴動」が起こると，それ以降ワッツを含むサウス・セントラルが「人種暴動の地」として語られるようになりますし，70年代以降の産業構造の変化に伴って，ますますロスアンジェルスが二極化していく．そしていずれ起こるだろうと言われていた最中の92年4月に20世紀のアメリカ史上最大の蜂起がロスアンジェルスで起こってしまったのです．こうした歴史の裂け目の上に現在のアメリカ社会の分断さ

れた状況があるのです.

Q　アメリカの縮図としてのロスアンジェルスというのがあるかと思うのですが，アメリカ全体で見ても有色人種がマジョリティに変わっていくという状況下にあって，ロスアンジェルスの歴史がアメリカ全体を見るにあたってどのようなインプリケーションがあるのかを教えてください.

A　まず指摘したいのはロスアンジェルスが「多人種都市」として注目されてきたという点です. アメリカ社会の未来図と申しますか，アメリカ社会が今後直面する課題を示している，という点にあると思います. アメリカ・センサス局によれば2043年には現在の「マジョリティ」であるアングロ人口は「マイノリティ」に転ずると言われていますが，ロスアンジェルス市ではアングロの割合は28.5% 程度ですので，とっくに「マイノリティ」になっています. 地理学者のエドワード・ソジャなど，カリフォルニア大学ロスアンジェルス校や南カリフォルニア大学を拠点に都市研究をしている人たちが「ロスアンジェルス学派」を形成し，「ロスアンジェルス・モデル」と呼ばれるものを語ってきました. ロスアンジェルスで起きていることをみると，数十年先にアメリカ社会で起きることが見える，と彼らは指摘しています.

　ロスアンジェルスという都市の構造自体も，アメリカの都市の未来を占う上で注目されてきました. 20世紀初頭，シカゴ大学を中心に「シカゴ学派」ができて，都市社会学という学問が発展しますが，これは20世紀初頭のシカゴという都市をモデルにしています. たとえば，社会学者のアーネスト・W・バージェスが1925年に提唱した「同心円モデル」は，「中心業務地区」と呼ばれる中心部から郊外に向かって膨張・拡大していく町の構造を想定していますが，ロスアンジェルスにはこの構造があてはまりません. どこが中心かよくわからない. 周辺が中心を規定している. アメリカの都市はまさにいま，そういう方向に向かっているとロスアンジェル

ス学派の人は指摘していて，それゆえにロスアンジェルスを「ポストモダン都市」と呼んできました．近年，再開発によりロスアンジェルスのダウンタウンは勢いを取り戻しつつあります．富裕層向けの高層マンションや店舗が建築され，コンサート・ホールや博物館などが登場し，メトロレイルの整備により市周辺へのアクセスもよくなりました．ただ，ホームレスの人びとが多数暮らすスキッド・ロウ地区の貧困はむしろ深刻さを増しています．ロスアンジェルス・ホームレス・サービス局の調査によれば，市のホームレス人口は，2013 年の 22,993 人から 2018 年の 31,285 人へと約 36% 増加しました（https://www.lahsa.org/，2018 年 9 月 1 日接続）．ストリートで暮らす人びとの横を富裕層が素通りする．ジェントリフィケーションによってダウンタウンがますます「格差社会」アメリカの縮図となる状況をロスアンジェルスの事例は示しているのかもしれません．

Q　1992 年の暴動の発端になったロドニー・キング暴行事件の評決の妥当性についてどのようにお考えでしょうか.

A　白人警官による黒人青年の暴行事件は，今日アメリカ社会で大きな問題となっています．2014 年 8 月 9 日にミズーリ州ファーガソンで起きたマイケル・ブラウンの射殺事件は，黒人若年層に対する止むことのない残忍な暴力の歴史を思い起こさせました．11 月にブラウンを射殺したダレン・ウィルソンを不起訴とする決定が下されるや否や 37 以上の州で大規模なデモ──「ブラック・ライヴズ・マター運動」が巻き起こりました．『ワシントン・ポスト』紙によれば今も年間千人近い人びとが警察の手によって命を落としています．黒人の命には価値があるのだということを 21 世紀に入ってもなお言わなければならないほど，黒人の命が軽んじられているという現状を突きつけました．このように 2010 年代に警察による暴力が再び大きな問題となるなか，1991 年のキング暴行事件とその裁判にあらためて関心が集まっています．

　キング暴行事件の裁判でまず問題になったのが，裁判地がヴェンチュラ郡シミ・ヴァレーに移されたという点です．これはあまりにもメディアの注目を集めすぎたためだと言われています．キングへの暴行の様子が住民によってビデオにおさめられ，その映像が世界中に放映され，裁判の行方

にアメリカのみならず世界中の人びとの関心が注がれました．そのため，「公平な」裁判を行うため裁判地がロスアンジェルス市からシミ・ヴァレー市に移されたのです．

しかし，先にみた通り，同じロスアンジェルス地域とはいえ，裁判地が移ると人種構成が全く異なってきます．圧倒的に白人の人口が多く，ロスアンジェルス市警察（LAPD）の関係者が多数暮らす市に移されて陪審員が選ばれますので，結果的に12名の陪審員の人種・性別構成は白人10名（女性6名，男性4名），ラティーノ1名（女性），アジア系1名（女性）で，黒人は1人もいない，という状況になりました．そうすると，「暴行は間違いだったけれど，警察は自分たちの生活を最前線で守っている，命がけで治安を守っている人たちだ」という考えをもつ人びとが多数を占める状況下で無罪判決が下されることになります．ロスアンジェルス市の，特にサウス・セントラルの，警察の暴力に日常的に晒されている住民の意識とは大きな乖離があるわけです．サウス・セントラルの住民のなかには「これだけの暴行事件が起きたのに，ビデオ映像という動かしがたい証拠もあるのに，なぜ無罪判決なのか」と信じ難い思いで判決を受けとめた人びとが多数いました．

暴行の映像という決定的な証拠があるにもかかわらず無罪判決が下される．そのことへの抗議としてサウス・セントラルで蜂起が起きる．この状況こそがロスアンジェルスという地域の分断を表しているのです．

主要参考文献

【日本語文献】

土屋和代「〈廃品〉からの創造——S・ロディアのワッツ・タワーとブラック・ロスアンジェルス」熊谷謙介編『破壊のあとの都市空間——ポスト・カタストロフィーの記憶』青弓社，2017年，287-317頁．

————．「生存権・保証所得・ブラックフェミニズム——アメリカの福祉権運動と〈1968〉」『思想』1129号（2018年5月），105-129頁．

————．「1992年ロスアンジェルス蜂起をめぐる表象の政治——『薄明かり——ロスアンジェルス，1992』と記憶の重層性」竹沢泰子・田辺明生・成田龍一編『環太平洋地域の移動と人種——統治から管理へ，遭遇から連帯へ』京都大学学

術出版会，2020 年.

町村敬志『越境者たちのロスアンジェルス』平凡社，1999 年.

松本悠子『創られるアメリカ国民と「他者」——「アメリカ化」時代のシティズンシップ』東京大学出版会，2007 年.

水島治郎『ポピュリズムとは何か——民主主義の敵か，改革の希望か』中央公論新社，2016 年.

【英語文献】

Abelmann, Nancy, and John Lie. *Blue Dreams: Korean Americans and the Los Angeles Riots*. Cambridge, M. A.: Harvard University Press, 1995.

Acuña, Rodolfo F. *A Community under Siege: A Chronicle of Chicanos East of the Los Angeles River, 1945-1975*. Los Angeles: Chicano Studies Research Center, University of California at Los Angeles, 1984.

Afary, Kamran. *Performance and Activism: Grassroots Discourse after the Los Angeles Rebellion of 1992*. Lanham: Lexington Books, 2009.

Alexander, Michelle. *The New Jim Crow: Mass Incarceration in the Age of Colorblindness*. New York: New Press, 2010.

American Civil Liberties Union Foundation of Southern California [ACLU-SC]. *Civil Liberties in Crisis: Los Angeles during the Emergency*. Los Angeles: American Civil Liberties Union Foundation of Southern California, 1992.

Amnesty International. *Torture, Ill-Treatment and Excessive Force by Police in Los Angeles, California*. London: Amnesty International, 1992.

Baldassare, Mark, ed. *The Los Angeles Riots: Lessons for the Urban Future*. Boulder: Westview Press, 1994.

Bernstein, Shana. *Bridges of Reform: Interracial Civil Rights Activism in Twentieth-Century Los Angeles*. Oxford: Oxford University Press, 2011.

California. Governor's Commission on the Los Angeles Riots [McCone Commission]. *Violence in the City: An End or Beginning?* In *The Los Angeles Riots: Mass Violence in America*, comp. Robert M. Fogelson. New York: Arno Press and The New York Times, 1969, xi-110.

Chang, Edward T., and Russell C. Leong, eds. *Los Angeles – Struggles toward Multiethnic Community: Asian American, African American, and Latino Perspectives*. Seattle: University of Washington Press, 1993.

Davis, Mike. *City of Quartz: Excavating the Future in Los Angeles*. London: Verso, 1990（村山敏勝・日比野啓訳『要塞都市 LA』青土社，2001 年）.

Dear, Michael J. *From Chicago to L. A.: Re-Visioning Urban Theory*. Thousand Oaks: Sage Publications, 2002.

Flamming, Douglas. *Bound for Freedom: Black Los Angeles in Jim Crow America*. Berkeley: University of California Press, 2005.

Fogelson, Robert M. *The Fragmented Metropolis: Los Angeles, 1850–1930*, 1967. Reprint, Berkeley: University of California, 1993.

Gonzalez, Juan. *Harvest of Empire: A History of Latinos in America*. Revised Ed. New York: Penguin Books, 2011.

Gooding- Williams, Robert. *Reading Rodney King, Reading Urban Uprising*. New York: Routledge, 1993.

Harris, Fred R., and Roger W. Wilkins, eds. *Quiet Riots: Race and Poverty in the United States* New York: Pantheon Books, 1988.

Hinton, Elizabeth. *From the War on Poverty to the War on Crime: The Making of Mass Incarceration in America*. Cambridge, Mass.: Harvard University Press, 2016.

Hirsch, Arnold R. *Making the Second Ghetto: Race and Housing in Chicago, 1940–1960*. Cambridge: Cambridge University Press, 1983.

Hunt, Darnell M. *Screening the Los Angeles "riots": Race, Seeing, and Resistance*. Cambridge: Cambridge University Press, 1997.

Independent Commission on the Los Angeles Police Department [Christopher Commission]. *Report of the Independent Commission on the Los Angeles Police Department*. Los Angeles: Independent Commission on the Los Angeles Police Department, 1991.

Itagaki, Lynn Mie. *Civil Racism: The 1992 Los Angeles Rebellion and the Crisis of Racial Burnout*. Minneapolis: University of Minnesota Press, 2016.

Krugman, Paul R. *The Conscience of A Liberal*. New York: W. W. Norton & Co., 2007 (三上義一訳『格差はつくられた──保守派がアメリカを支配し続けるための呆れた戦略』早川書房, 2008 年).

Kurashige, Scott. *The Shifting Grounds of Race: Black and Japanese Americans in the Making of Multiethnic Los Angeles*. Princeton: Princeton University Press, 2008.

Lewthwaite, Stephanie. *Race, Place, and Reform in Mexican Los Angeles: A Transnational Perspective, 1890–1940*. Tucson: University of Arizona Press, 2009.

Los Angeles Times. *Understanding the Riots: Los Angeles before and after the Rodney King Case*. Los Angeles: Los Angeles Times, 1992.

Min, Pyong Gap. *Caught in the Middle: Korean Communities in New York and Los Angeles*. Berkeley: University of California Press, 1996.

Molina, Natalia. *How Race Is Made in America: Immigration, Citizenship, and the Historical Power of Racial Scripts*. Berkeley: University of California Press, 2014.

Morial, Earnet N., and Marion Barry, Jr., and Edward M. Meyers (U. S. Conference of Mayors). *Rebuilding America's Cities: A Policy Analysis of the U. S. Conference of Mayors*. Cambridge, Mass.: Ballinger Publishing Company, 1986.

National Advisory Commission on Civil Disorders［Kerner Commission］. *Report of the National Advisory Commission on Civil Disorders*. Washington, D.C.: U.S. G.P.O, 1968.

Ochoa, Enrique C., and Gilda L. Ochoa, eds. *Latino Los Angeles: Transformations, Communities, and Activism*. Tucson: University of Arizona Press, 2005.

Office of the Special Advisor to the Board of Police Commissioners, City of Los Angeles［Webster Commission］. *The City in Crisis: A Report by the Special Advisor to the Board of Police Commissioners on the Civil Disorder in Los Angeles*. Los Angeles: Office of the Special Advisor to the Board of Police Commissioners, City of Los Angeles, October 21, 1992.

Pagán, Eduardo Obregón. *Murder at the Sleepy Lagoon: Zoot Suits, Race, and Riot in Wartime L. A.* Chapel Hill: University of North Carolina Press, 2003.

Payne, J. Gregory, and Scott C. Ratzan. *Tom Bradley: The Impossible Dream*. Santa Monica: Roundtable Publishing Inc., 1986.

Romo, Ricardo. *East Los Angeles: History of A Barrio*. Austin: University of Texas Press, 1983.

Sánchez, George J. *Becoming Mexican American: Ethnicity, Culture, and Identity in Chicano Los Angeles, 1900–1945*. New York: Oxford University Press, 1993.

Sassen, Saskia. *Expulsions: Brutality and Complexity in the Global Economy*. Cambridge, Mass.: The Belknap Press of Harvard University Press, 2014（伊藤茂訳『グローバル資本主義と〈放逐〉の論理——不可視化されゆく人々と空間』明石書店, 2017年）.

Scott, Allen J., and Edward W. Soja eds. *The City: Los Angeles and Urban Theory at the End of the Twentieth Century*. Berkeley: University of California Press, 1996.

Soja, Edward W. *My Los Angeles: From Urban Restructuring to Regional Urbanization*. Berkeley: University of California Press, 2014.

Sonenshein, Raphael J. *Politics in Black and White: Race and Power in Los Angeles*. Princeton, N. J.: Princeton University Press, 1993.

Taylor, Keeanga-Yamahtta. *From #BlackLivesMatter to Black Liberation*. Chicago: Haymarket Books, 2016.

Tsuchiya, Kazuyo. *Reinventing Citizenship: Black Los Angeles, Korean Kawasaki, and Community Participation*. Minneapolis: University of Minnesota Press, 2014.

Waldinger, Roger, and Mehdi Bozorgmehar, eds. *Ethnic Los Angeles*. New York: Russell Sage Foundation, 1996.

Williams, Joan. *White Working Class: Overcoming Class Cluelessness in America*. Brighton, Mass.: Harvard Business Review Press, 2017（山田美明・井上大剛訳

『アメリカを動かす「ホワイト・ワーキングクラス」という人々――世界に吹き荒れるポピュリズムを支える"真・中間層"の実体』集英社，2017 年）．

世論形成と自浄装置としてのポピュラーカルチャー

トランプ政権下を例に

板津木綿子

東京大学大学院総合文化研究科准教授

板津木綿子（いたつ　ゆうこ）
東京大学大学院総合文化研究科言語情報科学専攻准教授.
南カリフォルニア大学大学院 Ph.D.（歴史学）. 20 世紀
アメリカの大衆文化史を専門として，映画史，余暇に関
する言説の変遷，メディアに見られる人種・エスニシテ
ィの表象，日米文化交流史などを研究.

1 アメリカにおけるポピュラーカルチャー

(1) 元祖ソフトパワー

　ポピュラーカルチャーを考えますとき，アメリカのポピュラーカルチャーは少し特別な位置づけにありまして，「元祖ソフトパワー」という言い方をされます．イギリス，フランスなどの他の帝国は，物理的な土地の拡張によって世界での覇権拡大を目指したのに対して，アメリカは，北米大陸での西部漸進の歴史はあるものの，グローバルパワーとしての覇権は，植民地政策よりも文化の波及力，つまり「ソフトパワー」を最大限に活用して覇権戦略を展開したところに違いがあると言われています．これが，アメリカと他の帝国との違いです．

　アメリカがソフトパワーを使って覇権を拡大しようとしたとき，そのソフトパワーで何を伝えようとしたかということを考えなければなりません．そのメッセージは，「アメリカに行けば夢が叶う」というアメリカン・ドリームの神話でした．そのメッセージを絶対的な力で世界に発信したのがアメリカ映画でした．つまり，アメリカの神話を目に見える形に表現したのがアメリカの映画であり，世界中の映画館でアメリカは夢の叶う国であるというイメージが，繰り返し映し出されることで，人々の心のなかに刻まれていきました．

　20世紀初頭の貿易に目を向けますと，当時のアメリカの主要な輸出品のなかに映画が含まれております．特に，第一次世界大戦後は，ハリウッドの映画業界の影響力が顕著に増しました．大戦前はヨーロッパでも，映画作りはさかんに行われていたのですが，大戦の影響で映画製作がストップしてしまいました．枯渇したヨーロッパ市場を埋める形で，アメリカ映画の需要が急激に伸びました．表1は各国の映画館においてアメリカ映画の占めた割合を示しています．1925年の時点ではいわゆる大英連邦の各国は圧倒的にアメリカの映画を観ていて，アメリカの映画以外はほとんど観ていないという状況でした．ブラジル，メキシコ，スペイン，スカンジナビアなどの各国でも，アメリカから輸出されるイメージを相当たくさん消費していたことが分かります．フランス，イタリア，ドイツに関しては，比較的低い占有率になっていますが，数字は自国の映画産業を復興す

るために工夫を凝らした成果です.
たとえばアメリカの映画を輸入す
る際に,高い関税をかけたり,輸
入するアメリカ映画の数を制限し
たりして自国の映画産業を守りま
した.

　日本に関しては1925年当時,
上映された映画の約30%がアメ
リカ映画だったと示されています.
日本も国内の映画産業を守るため
にさまざまな工夫を凝らしました.
1923年に関東大震災がありまし
たが,その際に東京を中心とする
関東での映画製作がストップして
しまいました.その映画製作が中
断してしまったところに,ハリウ

国	映写占有率 (百分率)
英国	95
豪州・ニュージーランド	95
カナダ	95
ブラジル	95
メキシコ	90
スペイン・ポルトガル	90
アルゼンチン	90
スカンジナビア	85
フランス	70
オーストリア・ハンガリー・チェコスロバキア	70
イタリア	65
ドイツ	60
日本	30

(出典)『ハーバード・ビジネス・レビュー』誌 8号
(1930): 309 in Ruth Vasey, *The World according to Hollywood 1918-1939* (University of Wisconsin Press, 1997), 70.

表1 各国映画館におけるアメリカ映画映写の占有率
(1925年)

ッドの映画業界はつけこみ,上映のためのレンタル料をつり上げ,ほしく
ない映画までパッケージに含めてまとめ買いをさせる強硬な手段に出たの
です.このころ,アメリカと日本の関係は緊迫感を増してました.アメリ
カで日本人の移住を制限する移民法が議論されていたからです.日本人と
しては我々も一等国なのに,こんな辱めを受けるなんてありえないと憤慨
し,反米感情が沸点を迎えます.反米感情の高まりと1924年移民法の成
立に伴う米国製品非買運動が起こりました.これをチャンスと見た日本の
映画業界は,アメリカ映画もボイコットしようとキャンペーンを起こしま
した.ところが実際には,移民法が施行された日も,浅草にはアメリカの
映画を観たい人たちの長蛇の列ができ,政治的な反米感情と,消費者とし
ての行動と結びつかない人が結構いたということが分かっております.

(2) アメリカにおける映画産業

　アメリカとカナダ両国の合算した数字ですが,2016年の映画館来場者
数はのべ13億人でした.これはアメリカ映画協会が公表している数字で

映画館に実際に足を運んだ人のみの数ですので，このほかに，家でレンタルビデオを観たり，購入した DVD を観たりだとか，あるいはスマートフォンやタブレットで映画を観た人数は含んでおりません．アメリカの人口が３億人強，カナダは 3600 万人であることを考えると，北米の人は年間数回は映画館に行っているし，きっとそれ以上の数の映画を観ているだろうということが推測できます．ちなみに遊園地への来場者数がのべ４億人，スポーツ観戦はのべ１億 3000 万人だそうです．この数字を見て，遊園地やスポーツ観戦が，だから人気がないというのは短絡的で，遊園地の入場料やスポーツ観戦のチケット代を考えれば，比較的入場料が安い映画館に足を運ぶ頻度が高いのは当然かもしれません．いずれにしても，現代のアメリカにおいても，やはり映画館に出かけることはごく日常的な余暇活動であることがみてとれます．

　それからハリウッドの映画興行収益は，2014 年のデータによると，70％ が海外からの収入だそうです．つまり北米の映画来場者数もこれだけありますけれども，それに加えてさらに，大変な数の人たちが世界中でハリウッド映画を観ているということです．それに合わせて，ハリウッド俳優も稼いでいます．例えば 2017 年のデータによると，一番お金を稼いだ俳優はマーク・ウォールバーグで 75 億円稼いだそうです．映画興行収入で言いますと，アメリカとカナダのチケット売上だけで 1400 億円（2016 年調べ）ですので海外興行収入を含めればいかに巨大な産業か想像がつきます．つまり，華やかで軟派な業界に見えますが，大きな影響力，大きな経済プレゼンスがあることは否めません．

(3) 学問としてのポピュラーカルチャー

　アメリカでは 19 世紀末ごろから都市の発展とともに商業文化が発展し，遊園地やダンスホール，カフェなど，さまざまな遊興施設が盛んに建てられました．こういう遊興施設に若者が集う機会が増えるに連れ，それを憂う大人たちも増えていきました．特に知識人や社会科学者は，商業娯楽施設を青少年たちが不良な遊びを覚えてしまう有害な場所であると考え，商業娯楽は文化を蝕むものであると警鐘を鳴らしました．こういう強い危機感から，大衆の文化とはこうあるべきという議論が生まれ，たとえ商業的

な娯楽であってもあるべき姿は何かとか，望ましくない娯楽は規制すべき，というような発想が出てきて，ポピュラーカルチャーに関する言論が生まれました．

　ポピュラーカルチャーを学問として捉えるときに，その思想伝達力，つまり，ポピュラーカルチャーに組み込まれているイデオロギーとその伝達の効力についても考えなければなりません．映画を例にとれば，20世紀初頭の映画作りは実に活発で我々が想像できないような混沌とした業界でした．大手の映画会社が頭角を現す前は，さながら映画業界の戦国時代で，強いこころざしと実力さえあれば名を成すチャンスがあり，上映のチャンスもありました．ですので，たとえば労働組合とか，共産主義，社会主義，資本主義の思想をそれぞれ広めようとしている団体が，それぞれ自分たちの作りたい映画を作り，自分たちの広めたいプロパガンダをふんだんに盛り込みました．つまり，ポピュラーカルチャーのなかで政治論争を戦わせていたのです．自分たちの政治的思想が正しいかということを，労働者にいかに分かりやすく説得力を持って伝えられるかということが鍵で，そういったイデオロギーが理解しやすい物語の形で語られている映画をいかに作り，どのように配給したら，より多くの労働者に観てもらえるかということが試行錯誤される時代でした．このような映画の成り立ちを考慮すれば，初期のアメリカ映画において多様な政治思想が見受けられるのは当然のことであり，それらの思想の伝播にどのような効果をもたらしたかを考察することは，当時の政治文化を理解する上で役立ちます．

　ポピュラーカルチャーによる文化の生成，映画その他のコンテンツ製作の歴史，業界の歴史も研究されています．いまや映画の都といえば，ロサンゼルスやハリウッドとすぐに思いつきますが，元々20世紀初頭には，シカゴでも映画作りをしていましたし，ボストンでも，ニューヨークでも映画を作っていて，アメリカ各地に映画作りの拠点がありました．そのなかでも南カリフォルニアが映画製作の中心地になったのは，年中天気が良好，気温が温暖，それから多様な風景が恵まれているからでした．山や砂漠があれば，海や都市部もあるということで，多様な背景が近くに揃っているため撮影効率がよく，南カリフォルニアのロサンゼルスが映画作りのハブになっていきました．ロサンゼルスの映画産業が飛躍的に発展した理

由はもう1つあって，それは，ハリウッド型の産業モデルの確立でした．ワーナーブラザーズ社の映画を観ようと思ったときに，ワーナーブラザーズ系列の映画館に行くことになりますよね．つまり，映画の製作会社，配給会社，そして上映館，この3つが系列化されることによって，ハリウッドの映画製作が組織化され大きく成長したのです．その系列組織を早々に確立したことによって，映画の海外配給も効率よく展開でき，世界のマーケットシェアを独占することができたのです．日本の場合は，ユニバーサルスタジオの事務所が1914年に開所され，配給と上映を請け負いました．映画業界が海外市場での展開をどのように模索し販路拡大を実現させたかを研究することも，ポピュラーカルチャーの学問的関心の1つです．

そして，最後に観客の受け止め方も学問です．観客の受け止め方に関する研究は，ここ30年くらいの間に学問関心として確立しています．観客の受け止め方が学問になるまではいわゆる「上から目線」の見方が，視聴者は見せられたものはそっくりそのまま消費する，そっくりそのまま額面通りに受け取るものだという暗黙の理解がありました．ただ，実際には，我々がどのように大衆文化を消費しているのか少し考えれば容易に想像つくように，視聴者は示された情報を鵜呑みにするのではなく，もう少し複雑な認知行動をしますので同じものを見ていても異なるものを認識し，抱く感情も異なります．そういった観客の受け止め方について，その種類やメカニズムを解明するのがポピュラーカルチャーの1つの学問関心としてあります．これはオーディエンス・スタディーズ（視聴者研究）とも呼ばれています．

つまり，ポピュラーカルチャーを勉強するというのは，アメリカや世界の人々に思想やイデオロギーをどう広めることができるかということを研究することですし，人々はポピュラーカルチャーを消費することによってどのようなパワーが得られるのか，その消費活動が社会や個人のアイデンティティ形成においてどのような力を持っているのか，ということを追究する上でも重要な学問だと言えます．

(4) ポピュラーカルチャーの力

ポピュラーカルチャーの力について，3つ例を挙げて説明したいと思い

ます．最初に挙げるのは，民衆を代弁する力です．ボブ・ディランとジョン・レノンが分かりやすい例ですが，ともにベトナム戦争の反戦運動で音楽を通じて人々の気持ちを歌いました．民衆の感情を代弁したことで，このアーティストたちが作った歌が世界中に広まり，それが民衆の気持ちを束ねる力になりました．戦争で兵士の若者がどんどん死んでいく，その虚しさの答えは風のなかに吹いている．戦争のない世界をイマジン（想像）してみよう．国境や人種，宗教を超えて，人々が平和を願いながら歌うことで，世論の形成や議論のきっかけも作れるのがポピュラーカルチャーの力でしょう．

　2番目の例は，ポピュラーカルチャーを通じて，国民を敵に回してしまう例です．1910-20年代にハリウッドのドル箱スターになった早川雪洲という日本人の役者がいます．無声映画時代に甘いマスクとエキゾチックな色気で特に女性の人気を集めました．彼が1915年に『チート』という映画に出たのですが，その映画のなかでは，早川演じる男が白人の女性の背中に烙印を焼き付ける，というシーンがありました．残虐な人物を早川が演じたということで，日本国内では，「日本人のイメージを汚した人だ，国賊である」という非難が強く出まして，新聞でもたくさん取り上げられました．日本人の誇りとして崇められていた早川雪洲が，日本人の名を汚したとして，彼の名声は一気に奈落に落ちました．たった1本の映画で国民的英雄から国賊へ転落．これもポピュラーカルチャーの力です．

　3番目の事例は1本の映画でも国際摩擦を招いてしまう例で，最近の事例を紹介します．2014年にソニー・ピクチャーズから公開された『ザ・インタビュー』という映画があります．アメリカのトーク番組の司会者がアメリカ中央情報局（CIA）に雇われて，北朝鮮の金正恩委員長の暗殺を試みるコメディ映画です．主演がジェームズ・フランコとセス・ローゲンで，B級コメディです．そんなわけで特筆に値する映画ではないのですが，公開後まもなくして，ソニー・ピクチャーズの上層幹部は大規模なサーバー攻撃を受けました．あとになって連邦捜査局（FBI）の調査で判明したのですが，この攻撃は北朝鮮政府関係者の指示によるものでした．そのサイバー攻撃によって，幹部の私信メールが漏れ，辞職に追い込まれる役員さえ出ました．犯行グループから，「会社情報の流出を食い止めたければ，

映画の封切りを即時中止せよ．それに応じなければ，アメリカの映画館でのテロ行為を決行する」という脅迫も受けました．言論の自由を謳うアメリカでは，こういう脅迫に絶対に屈してはいけないという声が広まりましたが，一方で来場者の安全確保も考慮して，ソニー・ピクチャーズはこの映画の封切りを限られた数の映画館にとどめ，早々に DVD 販売やデジタル配信に切り替えました．軽いコメディ映画なので，こういった攻撃がなければ，本来はたいして興行成績も上がらず，若者たちが失笑しながら観ておしまいという程度の映画だったはずなのに，ソニー・ピクチャーズという大手映画会社の上層部を震撼させただけではなく，言論の自由を守るためのシンボルにまで仕立てあげられてしまいました．たった1本の映画で国際摩擦を引き起こすほどポピュラーカルチャーは，ときには大きなインパクトをもたらすこともあるという事例です．

2　ポピュラーカルチャーと表象

　ポピュラーカルチャーを考えるとき，何がどのように描かれているのかに注意をはらうとその力がさらによく理解できます．ここでは，分かりやすい例として，SF 映画の例を持ってまいりました．SF 映画というのは，非現実的な架空の世界を舞台にしていますが，それを逆手にとって，実はその時代時代のイデオロギーですとか，政治思想をふんだんに盛り込むことができる，政治性の高い映画ジャンルです．そういう意味で，サイエンス・フィクション（SF）映画というのは，すぐれものでして，何かを爆発させたり，見たことがないような物珍しい映像を見せて観客を楽しませながら強い政治メッセージを盛り込むことができるのです．架空の世界を描いているので，検閲にも引っかかりにくいというメリットもあります．検閲にも引っかかりにくく，なんとなく，知らない間に，映画製作者のイデオロギーに触れている，そういう仕掛けが可能なのがこのジャンルのメリットです．

　『X-MEN』というシリーズものの映画があります．この映画の主要な登場人物は，生物学的な突然変異によって超能力を持って生まれてきた人です．突然変異体を英語でミュータントというので，超能力を持っている人々が映画の中でミュータントと呼ばれているのですが，彼らは周囲から

恐れられ，迫害を受け，排除される．社会のなかの他者として描かれています．

　映画のなかで登場する悪玉の上院議員が，ミュータントのアメリカへの入国を食い止めようと演説する場面があり，ミュータントを排除する政策を紹介します．その入国規制を正当化するために挙げる理由は次のとおりです．「突然変異の超能力がある人たちは得体がしれない，どうせ入国しても同化できない．私たちの仲間にはなり得ない．それから，こういう得体のしれない人たちが来ると，犯罪が増える．」これらの理由は，まさに移民の入国規制に対して使われてきたレトリックそのものです．ポピュラーカルチャーの研究では，この議員がどういう風に描かれているか，ということを考えます．この議員は，この映画のなかでは悪者扱いです．つまり，移民の入国規制に反対するのが『X-MEN』のスタンスで，特殊な能力を持っている多様な人々をいかに社会のなかで受け入れ，いかにその人たちの力を引き出し，みんなが幸せになれるような社会にするか，ということを描いている映画なのです．

(1) 誰が何を表現して良いのか―良い例―

　それでは，つぎにポピュラーカルチャーにおいて，誰が何を表現していいのかを考えたいと思います．例えば，大統領を演じる資格があるのは誰かということを考えてみましょう．オバマ大統領が誕生するまではアメリカの大統領は全員白人でしたし，当然白人が演じるもの，白人しか演じられないものという暗黙の了解がありました．そういう歴史的背景のなかで，映画やテレビドラマで黒人俳優が大統領を演じたら，どう受けとめられるでしょうか．

　黒人が大統領を演じているのを映画やドラマで観るということは，たとえ架空の物語だと聴衆が認識していても，黒人大統領というイメージを目にする機会です．黒人の大統領ってありえるかもしれないと潜在的に感じ，実際に黒人大統領の誕生を可能にするという意味で大事な役割を果たしています．しかもここで大事なのは，黒人大統領の役回りです．夢のなかの「到底あり得ない」シナリオという設定だったり，大統領に黒人がなったら政権がはちゃめちゃになったという話ではなくて，黒人大統領の役が有

写真1　大統領を演じた俳優

能なリーダーとして，人々を束ねる力があり，威厳のある存在として描かれていることがポイントです．

　実際，黒人俳優が大統領を演じた映画やテレビドラマがつくられたことで，バラク・オバマが大統領になる可能性を高くしたと言う人もいます．テレビドラマの『24』（写真1）は，テロと戦う主人公と政権を描いたものでして，2001年から2010年まで，10年間放映されました．オバマ大統領の任期は2009-2017年ですから，放映期間と少しオーバーラップしています．テレビで見慣れてくると黒人の大統領もありかもしれない，というような心境にもなります．その延長線でヒスパニックの役者が大統領を演じたり，女性の役者が大統領を演じるドラマが増えています．そういう選択肢を視聴者に可視化することが変革実現の第一歩であり，ポピュラーカルチャーの力と言えるでしょう．

　つぎに，アメリカ社会を席巻したミュージカルの『ハミルトン』（写真2）を紹介します．2015年にブロードウェイにデビューしたこのミュージカルはさまざまな点で画期的です．アレクサンダー・ハミルトンを中心にアメリカの植民地時代の建国の父たちを描いた作品で，「建国の父とされている人たちは，そもそも移民だった」という点を強調しているところに発想の新しさがあります．ハミルトンは初代財務長官で，10ドル紙幣に載っていたので，みなさんも馴染みがあるかもしれません．建国の父のひとりで，金融の制度を考案した人で，かつ，憲法の起草にも関わった人です．これを，リン＝マニュエル・ミランダという人が演じたのですが，演じるだけではなくて，この人は大変な天才で，構想から作詞作曲，そして主役まではって，非常に高い評価を受けピューリッツァー賞も受賞しています．この方はプエルトリコの移民の子としてニューヨークに生まれましたが，何が斬新かというと，「建国の父たちも移民だった」と現代の移民

の経験となぞらえて語っていることです．教科書のなかの「アメリカ建国
の父」は全員白人男性ですが，この人たちも移民だったという解釈に基づ
くキャスティングをするなら，プエルトリコ系の役者，黒人の役者など，
現代の人種マイノリティが建国の父を演じるのが現代的な演出だという発
想にたどり着いたそうです．もうひとつ斬新なところは，現代のマイノリ
ティの音楽であるラップ音楽を多用していることです．建国の父を移民と
見立て，生きた歴史として再想像する機会をもうけた点においても，また
エスニック・マイノリティの子供たちが建国時代のアメリカ史を自分たち
の移民史と重ねあわせてとらえる手助けをしたという点においても『ハミ
ルトン』は，ポピュラーカルチャーの影響力を示す好例と言えるでしょう．

　オバマ大統領在任期間中に公演が始まり，今も根強い人気を博している
ミュージカルですが，トランプが大統領に当選した少し後に，マイク・ペ
ンス次期副大統領が，『ハミルトン』をたまたま観に行くことになってい
ました．ペンスが劇場を去るとき，舞台上の俳優が，ペンスに対して，メ
ッセージを読み上げました．その動画が SNS に上がり，ニュースでも報
道されました．トランプは Make America great again と言って，白人に
とって古き良きアメリカを取り戻す，という選挙スローガンで勝ちました
が，その役者のメッセージは「エスニック・マイノリティの僕たちのこと
も忘れないでください．多様な人種によってアメリカは成り立っているわ

第4講　世論形成と自浄装置としてのポピュラーカルチャー——トランプ政権下を例に

105

けですから，いろんな人たちが含まれていることの大切さを忘れないでください
ださいね」というものでした．それに対して，ペンス自身は，『ハミルトン』はすごく良いミュージカルだったと肯定的なコメントを述べたのですが，トランプは『ハミルトン』のキャストは失礼だ，謝れというようなツイートをしたという逸話があります．

　誰が何を演じて良いのか．黒人が大統領を演じたり，エスニック・マイノリティの人たちが建国の父を演じることによる良い影響をまずはおはなししました．

(2) 誰が何を表現して良いのか─悪い例

　つぎに悪い例を紹介します．白人が墨を顔に塗って黒人を演じるという大衆演劇の伝統がありまして，これをブラックフェイスと言います．このブラックフェイスという演技手法は，黒人に対して非常に侮蔑的な意味を持っています．単に黒い墨を塗って黒人を演じるのではなく，黒人をばかにしたり，笑い者にする，さげすむ意図を含んでいるのがブラックフェイスだからです．

　ブラックフェイスというのはあまりに明白に侮蔑的なので，もうさすがに行われてないだろうなと思うとそれは間違いで，毎年特にハロウィンの時期に誰かがブラックフェイスをして，SNSやその他メディアでものすごく叩かれる，そういうパターンが繰り返されています．それが俳優であったり，大学のサークルであったり，いろいろな場合があるのですが，いずれにしても，社会的な制裁が科される人が毎年出ます．黒人だけが被害を受けるわけではなく，それはアジア人もヒスパニックも同様です．アジア人に関しては，ブラックフェイスではなく，イエローフェイスと言われます．『ティファニーで朝食を』でミッキー・ルーニーが日本人を演じましたし，マーロン・ブランドが『八月十五夜の茶屋』という映画で日本人の青年を演じました．他にもこういった例はたくさんあるのですが，こういう映画を観たときに何に気づき，それについてどう思うかということが大事です．

　たとえば，『ティファニーで朝食を』のルーニーの場合には，日本人は出っ歯でつり目，メガネをかけていて，変なアクセントで英語を話すとい

う先入観と悪意のある他者表象を観客に植えつける点で，多くの人が問題視するでしょう．一方，マーロン・ブランドが日本人を演じたことをどう思うか，おたずねしたらもう少し多様な反応があるかもしれません．「ブランドはハリウッドを代表する名優だから構わない．どうせ日本人の役者でハリウッド映画の主役をはれる人はいないから，ブランドでよかったと思う．ブランドも目尻をテープで細工してつり目にしていて，それはルーニーと同じ差別的表象で大いに問題だ.」アジア人の差別的な表象であるイエローフェイスは，昔のことで，もう行われてないと思われがちですが，実際には，最近でも白人の女優がアジア人の役を演じたり，ネイティブ・アメリカンの配役をもらったりして，その度に批判を受けています．アジア人を要する役がそもそも少ないのに，白人がその役を受けることでアジア系役者の仕事の機会が奪われているという指摘もあります．

3 ポピュラーカルチャーと権力

(1) ポピュラーカルチャーと政治

　ハリウッドと政治というのは実は非常に密接な関係があります．先ほどロスアンゼルスという町で映画産業が発展したという話をしましたが，映画は 20 世紀初頭に主要輸出品で，政府としてもアメリカのイメージを広めるメディアとして大いに注目しておりました．また第一次世界大戦の影響でアメリカ映画産業が急激に発展したので，東海岸の金融業界でも投資先として関心を集めました．ポピュラーカルチャーから政界に進出した代表例としては，1981-89 年に大統領を務めたロナルド・レーガン，カリフォルニア州知事を 2003-11 年に務めたアーノルド・シュワルツェネガー，それから，カリフォルニア州カーメル市長を 1986 年から 2 年間務めたクリント・イーストウッドがいます．このほか，アル・フランケンが 2009 年から 2018 年までミネソタ州選出の上院議員を務めました．最初の 3 人については，先に俳優として，4 人目のフランケンはコメディアンとして，エンターテイメント業界で成功して，その後に，政治家になったというパターンです．クリント・イーストウッドは政治家をやってる時期と役者をやってる時期と，上手に切りかえることができました．加えて，ちょっと面白い人が，フレッド・トンプソンという人物です．この人は，テネシー

州選出の上院議員を 1994 年から 2003 年まで務め，2007 年には共和党の大統領候補としても名乗りをあげました．この人の面白いのは，上院議員もやりながら，役者としても長年テレビドラマの仕事をしたことです．『LAW & ORDER』というテレビの警察ドラマがあるのですが，そのなかで検事役をやっていたり，あるいは映画のなかで，政府役人の役などを演じていました．また，日本では見られない面白い事象としては，大統領選挙の時に，エンターテイメント業界の役者やハリウッド・セレブたちが大勢現れて，誰それ候補を推薦しますので，あなたも投票してください，と選挙キャンペーンに，積極的に参加します．

　これは，アメリカの俳優が政治や政策について意見を言うことにあまり抵抗がないことの表れでして，日本とは大きく違うところかと思います．これは，最近始まったことでもなく，例えば，1920 年，ハーディングが大統領選に出たときも，ダグラス・フェアバンクスとメアリー・ピックフォードが選挙応援しました．この 2 人は当時のドル箱スターで，ジュリア・ロバーツとジョージ・クルーニーに匹敵するような大物役者でした．ジョン・F・ケネディ（JFK）が大統領選に立ったときも，その当時人気者だったサミー・デイビス・ジュニアとか，ディーン・マーチンが JFK を推薦しました．ウォーレン・ビーティという俳優がマクガバンを推薦したり，レーガンが立候補したときはフランク・シナトラが推薦したりで，政界とハリウッドのつながりは，いまに始まったことではありません．

　2016 年の大統領選では，圧倒的な数のセレブ達がヒラリー・クリントンのサポーターとしてサポートに現れました．それとは対照的に，共和党の大統領候補者指名党大会をみると，1 人 2 人くらいしか現れなかった．さらに大統領就任式の日は通常盛大なコンサートが行われ，オバマが大統領になったときは，ビヨンセはじめエンターテイメント業界の人たちが大勢参加したいへん盛り上がりました．それに対して，トランプが大統領になったときは，演奏してくれるエンターテイナーを探すのに苦労しているという報道がありました．セレブのなかには，損得勘定で政治家に近づく人もいるかもしれませんが，実際のところ，セレブの人たちの影響力は無視できません．例えば，オプラ・ウィンフリーという人物は，長寿番組を持っていた国民的司会者として知られる黒人女性で，アメリカで大変な影

響力を持っている人ですが，2008年の大統領選挙のときには，彼女がオバマ氏を推薦して，100万票動かした，というような，そういった，メリーランド大学の研究者のデータがあります．そういう意味で侮れないのがセレブの力かと思います．

---

(2) 権力強化の装置として

　ポピュラーカルチャーは権力を持つ者が権力を行使したり，強化したりするために使われることもあれば，権力に対抗する手段として使われることもあり得ます．まず，政府とハリウッドのコラボレーションの例を2つほど挙げたいと思います．2つとも2012年に公開された映画で『アルゴ』と『ゼロ・ダーク・サーティ』です．これらの映画の面白いところは，ともに，CIAから発注された映画であるということです．『アルゴ』は，1979年から80年にかけて，イランのアメリカ大使館で起きた人質事件をとりあげた映画です．なんとか人質に囚われることなく大使館を脱出して，イランのカナダ大使館に隠れていた人たちがいたのですが，CIAによるその人たちの救出劇を描いています．『ゼロ・ダーク・サーティ』はウサマ・ビン・ラディンを殺害する経緯を描いた特殊部隊の人たちの話です．どちらもCIAが絡んでいる話で，いかにCIAが素晴らしい機関なのかを描いて欲しい，そういう注文をCIAから受けて作られた映画です．ここまではっきりと，発注事実が明らかにされることは普段ほとんどありません．CIAがやっていることがいかに大事なのかを大衆に知ってもらわないといけないという意識の表れそのものです．アメリカ政府は，国家の安全保障機関の行っていることを世間に対してアピールすることに意義と必要性を感じていることが伺えます．

　これに関連して紹介したい組織があります．「ミトス・ラブス」（Mythos Labs）といって，過激派思想に対抗するコンテンツをSNS用に製作する会社です．まだ新しい会社なのですが，コメディを通じてテロと戦うという謳い文句を掲げて，イスラム原理主義過激派のプロパガンダに対抗する考えを若者にコメディを通して植え付けるのが目的で，取引先としては，国務省，国土安全保障省，国連などがあります．この組織の代表は，かつて国土安全保障省で分析官をしていた経歴を持ち，広告会社での勤務，そ

してコメディライターとしての経歴をすべて生かし，このような取り組みを始めました．この会社が制作対抗プロパガンダとは数分の短編コメディで，私たちが普通に想像するかた苦しいプロパガンダではありません．ユーチューブで出くわしそうなオモシロ動画を製作発信しています．どうしてこういった手法が採用したかというと，IS（自称イスラム国）のやっているテロのプロパガンダがここ数年で急激に洗練されてきた経緯があります．一昔前であればVHSのテープに録画したメッセージを，アルジャジーラのような放送局に送りつけて，放映してもらうという手段を使っていましたが，いまや簡単にプロ仕上げに近い動画編集ができる機器やソフトが手軽に入手できるようになりました．そういった技術を活用して，ISは欧米の映画をプロパガンダ映画に編集しなおすのです．例えばアメリカ人の白人男優がヒーローのハリウッド映画を入手して，そのヒーローの顔のところだけ，ISの人の顔を埋め込んで，ISの人がヒーローでアメリカ人が悪玉という映画に作り直してしまうのです．そういった高い技術と巧妙なプロパガンダに対応するためには，アメリカ側もポピュラーカルチャーでテロ対策をしなければ対抗できません．

(3) 権力への対抗措置としてのポピュラーカルチャー

　現代アメリカのポピュラーカルチャーで起こっていることを理解する枠組みとして理論を1つご紹介したいと思います．フランスの哲学者のミシェル・ド・セルトーの理論です．セルトーは20世紀の哲学者ですが，日常の生活のなかで実践できる政治行動は何だろうかということを著書『日常的実践のポイエティーク』（国文社・1987年）で探究しています．本日はセルトーの言う「戦略」と「戦術」という概念を紹介します．セルトーの「戦略」というのは，権力を持っている人たちが行う行為で，脅威になりうる標的を管理するために何かしらの施設や場所を持っています．管理する立場から投げかける視線は，自分と異質な諸力を観察し，コントロールし，自分の視界の中に収めうる対象に変えることができる力を内包しています．つまり，権力を持っている人たちが施す「ストラテジー（戦略）」が権力のあらわれで，それを行使することによって，自分たちに都合の良い社会構造や社会通念を維持することが狙いです．それに対して，

「戦術」とは，敵の視界内での意図的な行動が想定されていて，俯瞰的な計画を立てることができず，偶発的なチャンスに依存する行為です．権力者の監視下に置かれながらも，何か隙があれば，ここぞとばかりにすかさず利用する，そういう体制に対抗する行動をさします．これは，既存の社会構造のなかで，弱者が施すことのできる対抗法といえるでしょう．

　トランプ政権への抵抗を示すポピュラーカルチャーという観点から，セルトーの言う「戦術」を展開している例をいくつか挙げたいと思います．まず初めに，タイムズ・アップ運動（Time's Up Movement）．トランプは大統領選挙戦中，女性に性暴力を振るうことを自慢するなどセクハラ発言を繰り返し，セクハラ告発した人を脅したり，これまでの大統領候補者では到底考えられない態度をとったにもかかわらず，大統領に当選しました．こういう言動をする人物が大統領に当選した事実から，セクハラは結局咎められない，アメリカは女性蔑視が許容される社会であることが証明されてしまったと強い危機感を覚える人が大勢声を上げました．その危機感から生まれたのがタイムズ・アップ運動でした．女性蔑視の文化を根本的に正さなければいけない時代にきているという意味を込めて，そういった女性蔑視の時代は，終わりですよ，タイムズアップ（時間切ですよ）というスローガンが広まりました．その後，2018年5月にハーヴェイ・ワインスタインというハリウッドの大物プロデューサーが強姦や性的暴行の疑いで逮捕されたのは，記憶に新しいところかと思います．ミー・ツー（Me Too）というスローガンは，「私も性被害を受けたことがある」と宣言をすることで被害者との連体感を築くことが目的です．過去には被害者の非を問うことが多かったのですが，今後はそうではなく，女性蔑視の風土自体を変えるためには性暴力の被害者同士が連帯しなければならないという考えに基づいているのがこの運動です．これはトランプの女性蔑視の考え方に対する対抗運動と捉えることができるでしょう．トランプ自体には制裁は及んでいないのですが，ハリウッド俳優やコメディアン，ニュース番組の名物ジャーナリストが次々と告発され，番組の降板を余儀なくされ，社会的制裁，法的制裁を受ける事態になっています．

　戦術の展開場所に関するつぎの例は，深夜のトークショーです．トランプ政権批判をかなり直接的に発信している場として，非常に興味深いもの

があります．深夜のトーク番組は，昔から政権批判の場を提供してきましたが，トランプ大統領に関しては，ネタに事欠かず，毎晩強烈な批判を展開しています．トークショーの司会者はたいがいコメディアンですので，笑いや皮肉を介したトランプ批判です．深夜の番組というのは，視聴者の多い時間帯ではないのですが，各トーク番組はユーチューブを積極的に活用して，どの時間でも観られるようになりました．アメリカ社会の行方やトランプ政権について感じているフラストレーションや途方に暮れる気持ちを上手に汲むことで，深夜のトーク番組はアメリカの理念を維持するための「戦術」として役割を果たしているようです．逆に保守の報道チャンネル FOX ニュースでは，これまで担保されてきたアメリカのジャーナリズムの中立性から大きく逸脱するあからさまなトランプ賛美が日常化されるようになりました．FOX ニュースチャンネルがトランプの代弁「戦略」になったのであれば，深夜のトークショーは，民衆の代弁者という「戦術」を取っていると言えるでしょう．

　もう１つ，深夜のトークショーの例を紹介します．あるトーク番組の司会者であるジミー・キンメルの子供が重篤な病を患ってしまいました．子供たちが受けられる児童保険制度をトランプ大統領と共和党が廃止しようとする動きを見せたとき，自分の子供の経験を踏まえながら，涙ながらに児童保険制度を廃止しないでほしい，難病の子供を助ける安全ネットを設けないのはアメリカらしくない，とアピールしました．深夜のトークショーというのは，そういう真面目な話をする場ではなくて，コメディ性の高い娯楽番組なのですが，そういう娯楽番組でさえも，世論に訴えなければならないと思わせるくらい，深刻な状況だったのでしょう．

　構造的な差別と実質的な差別がともに根深い立法，司法，行政の管理下（「戦略」）からは逃れられないが，監視下の制約のなかでいかに「戦術」を働かせるか．そして，その「戦術」におけるポピュラーカルチャーの果たせる役割は何かをエンターテイメント業界が模索しているように思います．

（4）視聴者とポピュラーカルチャーの関係

　視聴者とポピュラーカルチャーの関係については，いろいろな考え方が

あるのですが，ここでは5つのタイプに分けてご紹介したいと思います．視聴者の力が弱いものから強いものへ順に紹介します．①直接影響型は，動画製作者の意図やメッセージを視聴者は素直に受け止める，そのメッセージをそっくりそのまま額面通りに受け止めるものだという考え方です．つまり，視聴者は見せられたポピュラーカルチャーを鵜呑みにするものだというスタンスで，視聴者を単純な空っぽな器に捉えた見方です．②2段階影響型では，最終的には，与えられたメッセージを鵜呑みにはするのですが，その途中に1段階経るべきステップがあると考えます．つまり誰か咀嚼してくれる人がいて，咀嚼してくれた人の解釈をそのまま鵜呑みにするという考え方です．③聴衆による選択的消費は，見るか見ないかを決める力は，視聴者に委ねられているという見方です．④視聴者の主体性を更に強調したのが4番目の考え方で発信されたポピュラーカルチャーに含まれているメッセージは，視聴者によって解読されるものだ，というものです．メッセージの内容を解読する力を持っているのは受け手であるという考え方で，⑤最後のタイプは，ポピュラーカルチャーと視聴者のあいだには，ある種の相互作用があり，視聴者は選択的な消費が可能であるし，受け取ったメッセージを主体的に解読する力もあるし，解読した結果，発信される内容をも改編させることさえできる，という考え方です．

　日本のことを本日おはなしするつもりはあまりないのですが，日本のポピュラーカルチャーは，多くが2段階影響型に基づいた演出を採用していると感じます．例えば，日本のグルメや旅行の情報番組を観ると，画面のどこか端のところに，実際に取材に出かけたタレントとは別のタレントが枠のなかに映し出されて，「へー，おいしそう！」とか「行ってみたい！」とか言うことがありますよね．実際に取材した人とは別の人が取材内容について反応することで，視聴者のための模範的な反応を示してくれているのです．それはまさに2段階を踏んだ影響型であって，枠のなかの人が見せてくれている反応を手本として，視聴者が番組内容について何にどのように反応すべきか，ひとつのモデルを表現（モデリング）してくれています．そういうタレントの登場するモデリングを活用した番組作りは，東アジアのほかの国ではあるかもしれませんが，アメリカでは見たことないですね．アメリカの情報番組においては，映像を見せている制作側

と，視聴者が直接的な関係にあって，誰かタレントの反応を模範として提示することはありません．アメリカではコメディ番組で笑い声を挿入することはありますが，笑い声の発声者よりも笑い声自体の方が大事で，日本とアメリカのポピュラーカルチャーの違いの1つのように感じています．

---

(5) 権力と市場原理

　大統領選挙でトランプが当選したことを大きな驚きで受け止めた人が多かったのですが，それは世論調査に基づく予想が大きく外れていたからです．予想が外れた理由を考えるに，世論調査でも，メディア報道でも見放されていた人々が多くて，しかもトランプがその見放された人たちの代弁者だとみずから位置づけた語りを効果的に用いたからです．ポピュラーカルチャーもこういった人たちにきちんと目を向けていなかったということで同罪と捉えている人も多くいます．ポピュラーカルチャーは，社会の少数派として日の目を見てこなかった人種・エスニック少数者や，性的少数者（LGBT）の人々を取り上げることにばかり目を向けて，その過程で表象すべき中西部や南部の労働者階級の表象を忘れてしまった．選挙結果を受けて我が身をふり返っているエンターテイメント業界では，これを是正するために労働者階級の人々を主人公に据えた番組を製作しなければという動きがあります．その一例が『ロザーン』というテレビ番組です．これは労働者階級の家族を描いたドラマで，1988-97年まで9年間放映された人気テレビドラマでした．このテレビドラマが，トランプが大統領に就任したタイミングで，20年の歳月を経て復活を果たしニュースになりました．この『ロザーン』を例に，トランプ大統領に投票した支持者の人たちが，きちんとテレビのポピュラーカルチャーのなかでも，表象されているということを例示しようと私は話しを準備していました．ところが，今朝起きてツイッターを見たら『ロザーン』キャンセルされる，というニュースを発見したのです．『ロザーン』の主人公は，ロザーン・バーという女性コメディアンなのですが，不適切な発言を理由に降板させられたのでした．口は災いの元というのはこの人のことと思うくらい，これまでも過激な発言を頻繁に行って，いろいろな人たちから顰蹙を買ってきました．バーが，オバマ前大統領の顧問だった人について明白な人種差別を含んだ

ツイートをした，これは絶対に許せないということでテレビ局がドラマの打ち切りを決めた，ということでした．

　この番組がいかに重要かということもおはなししないといけないのですが，この『ロザーン』（写真3）という番組は，アメリカの3大主要ネットワークであるABCが放映していました．ABCは昨今のメディア下剋上時代に視聴率獲得競争で苦戦しており，『ロザーン』の復活でABCがその放映時間帯の視聴率1位を獲得したのは20何年ぶりだったそうです．しかも新

写真3　『ロザーン』

シリーズの初回の視聴者が2400万人，10人に1人は観た，という大変な注目度で，そんな大人気番組であれば，放送局としては宝物として大事にしていたに違いないし，2日前に新シリーズのシーズン2やりますと発表したばかりでした．いくら人気番組の看板役者であってもバーのツィートは言語道断であり情状酌量の余地なしということで，打ち切りになりました．テレビ局としては，この案件について厳正な処分を行わなければ，人種差別を容認する会社だと受け止められる危険があり，それは絶対回避したかった姿勢が伺えます．『ロザーン』のスポンサー企業も同じ危険を感じ，スポンサーを降りざるをえなかったのではないでしょうか．労働者階級の人たちの気持ちを汲み取り，対話のための装置をつくったのに，残念な結果になりましたが，こういった見放された人たちの声を拾うためのドラマ，テレビ番組，映画は，これからも急ピッチで製作されると推測しています．【後日追記：ロザーン・バーは降板させられましたが，ほかのキャストは全員残り，登場人物の設定も変えず『コナー家』という新タイトルでドラマが継続して放映されることになりました．】

　時間がなくなってまいりましたので，最後簡単にご紹介したい音楽動画あります．世のなかに見放されてしまった人たちが，どういう戦術を使うかという一例です．本動画の主人公は，ドナルド・グローバーという役者で，この人はチャイルディッシュ・ガンビーノという別名を使って，

"This is America"（これがアメリカだ）というミュージックビデオを制作しました．これが2018年5月の頭にユーチューブに公開されたばかりなんですが，同月末時点ですでに2億回再生されており，大きな反響を及ぼしています．【後日追記：2019年末現在6億回再生】どうしてこれほどまでの反響を受けたかというと，人種差別が横行している現代アメリカにおいて黒人として受ける扱いについて率直に直球で表現した楽曲であるからです．この動画のなかで，たとえば，白人警官に不当な暴力を受けたり，無差別に射殺されたりします．また，黒人の人種差別の歴史のなかの代表的な差別的表現を選んだうえで，グローバーは顔の表情や姿勢で巧みに模していて，その技量も高い評価を得ています．黒人役者がみずから黒人への差別的な表象を演じてみせることでそこに潜む先入観の愚かさを暴く手法は，まさにセルトーの言う戦術の好例でしょう．最後にケンドリック・ラマーというヒップホップ・アーティストを紹介します．この人は決して恵まれた環境の生まれではないのですが，2018年のピューリッツァー賞の音楽部門を受賞しました．ピューリッツァー賞というのは，基本的には非常にお堅い保守的な選考をする組織です．ピューリッツァー賞の音楽部門が始まったのが1943年ですが，アメリカ生まれの音楽ジャズでさえも，1997年まで音楽部門で受賞をしたことがなく，もっぱらクラシック音楽ばかり崇められてきました．ジャズでさえもピューリッツァー賞の歴史のなかで3回しか受賞したことがないのに，殺人率の高さで悪名高いコンプトン出身のヒップホップ・アーティストがピューリッツァー賞を受賞したのは，選考委員会が選考基準に内在化されているアメリカ文化とはこうあるべきとの固定観念を真剣に見直した結果だと思います．アメリカの周縁にいる人たち，つまり，ケンドリック・ラマーみたいな人たちが，さらに周縁に追いやられるような白人中心社会を助長する行為に加担したくない，そういう気持ちが現れているのが，今回の賞の選考結果なのではないかと思います．そういう意味で，ヒップホップのアーティストがトランプ政権下で受賞したことは大変意義深いことなのです．

おわりに

　トランプは，テレビ番組によって知名度を得ました．彼の人気は，ポピュラーカルチャーによって育まれたと言って過言ではありません．また，トランプの視聴率に固執する性分や，人気者になりたいという強い欲望は，まぎれもない事実でしょう．そういった性分が手伝って民衆に訴える力を養ってきたと言えるでしょう．その結果，"Make America great again"（「アメリカを再び偉大に」）というキャッチフレーズをはじめ，民衆の気持ちを巧みに操る話し方を用いて世論の形成に成功したと言えます．だからこそ大統領に当選できた．しかし，トランプの煽動的な発言が拡声されればされるほど，マイノリティを差別し蔑視する言動も助長されます．最近のアメリカのポピュラーカルチャーは，そういった排他的な言動に対して反作用的な言論装置としての機能を果たしているのではないでしょうか．

　ただ，トランプ政権下においては，単に反作用しているというだけではなくて，もっと根本的に大事な機能を果たしつつあると思います．つまり，アメリカが先頭に立って謳ってきた平等や包摂の理念が脅かされている状況で，アメリカの建国理念を政権が守る気がないのであれば，その聖域を守るのは我々大衆だという使命感と危機感がポピュラーカルチャーのコンテンツ産出者に目芽え，それが番組の製作と受容に直接的な形で現れていて，膿を出す装置として機能しているように見えます．本日のタイトルに世論形成と自浄装置というキーワードを含めていましたが，アメリカの民主主義を守るためのひとつの自浄装置として，ポピュラーカルチャーが機能している，と言えるかと思います．チェック・アンド・バランスという表現がありますが，ポピュラーカルチャーがまさに，この抑制と均衡の役割を果たしていると論じることができるのではないでしょうか．その抑制均衡の作用が政界で機能していないときにこそ，ポピュラーカルチャーが代わりにその役割を果たすところにアメリカの It's only Hollywood. たかがハリウッドと言いきれない要素があります．所詮ハリウッドで起こっていることはおとぎ話の域を出ないと見られがちですが，本日みてきたように，ポピュラーカルチャーは，そんなにやすやすと見過ごせないという思いを最近ことに強めている次第です．

117

Q&A　講義後の質疑応答

Q　歴史的に，古今東西ポピュラーカルチャー，大衆文化というのは，やや反権力的というか，アングラというか，そういう性質を持っていると思いますが，アメリカのポップカルチャーの担い手，特に既存の媒体，あるいはポップカルチャーを作っている側が，非常にアメリカ的民主主義を守ろうという，政治的理念を持っている人たちと，移民とか，オバマを支持していたような人が支えてきた，いまの時代のアメリカ特有のものなのか，どちらのウエイトが大きいのでしょうか？

A　まず，トランプとエンターテインメント業界との関係について一言申しますと，彼が最初に人気を博したのは，リアリティ・テレビの『アプレンティス』という，ビジネスで成功するための修業をして勝ち残っていく番組です．その週の敗退者に "You're fired."（「お前は，クビだ」）という決まり文句を言い放つことで人気を博し，この番組は 10 年ほど続きました．この番組では，トランプは大げさで極端なことを言えば言うほど注目され，過激な言動をメディアが煽った経緯があります．このようにして時代の寵児を産んでしまった罪悪感が，エンターテインメント業界にあるような気がします．ですから，2016 年の大統領選挙戦後の報道を見ても，完全に手放しで批判するということはできなくて，自分たちも少し罪を負っている後ろめたさが見受けられます．エンターテイメント業界は，依然としてオバマ氏に対する親密感を持っていて，トランプ氏に対して肯定的なことが言えないという観察はまったくおっしゃる通りだと思います．アメリカのエンターテインメントを見ている限りだと，トランプ氏の支持率が，10%15% に低下してもおかしくないくらいにコテンパンに言われているのに，どうして実際の支持率はもっと高く 45% もあるのかということは，まさに，アメリカのメディアの力不足，メディアが偏っているからだと言わざるを得ないように思います．ちなみにここで私が言うメディアというのは，もうちょっと丁寧に言わないといけないのですが，ポピュラーカルチャーに限定しておはなししています．トランプ支持者の人たちの声を拾えていないのが，いまのポピュラーカルチャーではないかなと思います．エンターテイメントの歴史を振り返ったときに，アメリカの映画産業，あ

るいはエンターテイメント産業はいつもリベラルだったとは言えません．先ほど，エンターテイナーから政治家になった人たちをご紹介しましたが，紹介した5人のうち3人は共和党で，1人は民主党でした．最後の1人はクリント・イーストウッドで，彼は状況に応じて支持政党を変えます．リバタリアンなので，自分の政策思想と親和性のある綱領を出している党になびくといった具合です．ですので，エンターテイメント業界の人たちが民主党寄りだとは言い切れません．実際，カントリーミュージックの業界の人たちは共和党支持者の人が非常に多いです．今日，おはなししませんでしたが，トーク・ラジオや，コール・イン・ラジオといって，リスナーがラジオ局に電話をかけて，いろいろ意見を述べる番組がありますが，この種のメディアでは，共和党支持者，トランプ支持者たちの声が非常に多く拾われる傾向にあります．その点においては，私の本日のプレゼン自体，映画やテレビ番組に限定している点で偏りがあると認めなければなりません．

　ポピュラーカルチャー自体は，本来的に反権力的であるかどうかというご質問ですが，ポピュラーカルチャーは，あくまでもポピュラーなカルチャー，つまり人々に人気のあるカルチャーだという点だけが定義であれば，権力に迎合しているか否かは無関係です．そういう意味では，反権力的な事象もそうでない事象も含まれます．歴史を振り返ると，アメリカのエンターテイメント業界が本質的にリベラルだということは言えません．映画産業を築き上げた人たちが，偶発的な理由でリベラルな人が多かっただけと私は考えています．20世紀初頭たくさん流入してきていたユダヤ系の移民が映画産業の創世期に携わり，しかも映画会社の系列事業化で成功した人にユダヤ人移民が多かった．そしていまだにエンターテイメント業界はユダヤ系の人たちが非常に多い．ですので，ユダヤ系の人たちの関心テーマが拾われることは確かに多いとは思います．ただし，ユダヤ系の人が関心のある政治課題や社会問題だけを押し売りしても，結局はビジネスなので，売り上げがなければ意味をなさない．しかも国内の売り上げは，先ほど申し上げましたように，全体売り上げの3割程度なんですよね．ですので，世界の市場でいかに広く多くの人に観てもらえるようにするかということが大事で，たとえユダヤ系移民としての問題意識を含んでいても，

それを飲み込みやすいようにオブラートに包むことが必要な場合があります．また，世界の人たちがみんな観て楽しめるように，ということになると，やはり，先ほど言ってたイエローフェイスやブラックフェイスというような差別的な表現は少しずつなくしていかないと，各地で上映の際にリスクを負います．実際，ハリウッド映画を他国に配給しようとするときに，輸入する側の政府が映画のなかでの当該国への言及を問題視することがたまにあり，市場へのアクセスが制限されることがあります．アメリカのエンターテイメント業界が，民主主義の理念を守るために存在している，ということは断言できないですが，アメリカ的な民主主義の理念を映画業界が売り物にしているということは言えると思います．

Q　ポピュラーカルチャーの影響力は，SNS 時代において，特に政治的なものに対する影響力は相対的に下がっているのではないのでしょうか？

A　おっしゃる通り，テレビ離れは進んでいるので，地上波テレビのコンテンツだけを見てものを言うと，間違った印象や解釈をする危険があります．通常の地上波テレビの番組で届く視聴者は限定されていますから，テレビ局も従来型のテレビというデバイスだけではなくて，パソコンなどを介して視聴できるデジタル配信にもすごく力を入れています．しかし，Netflix（ネットフリックス）や Hulu（フールー）といった新興動画配信サービスでつくられているコンテンツの方が，絶対的に面白いというのが巷の評判です．地上波放送局に課されているような検閲がデジタル配信サービスには適用されないので，動画配信サービスの製作したコンテンツの方が内容の自由度が高く，表現できることの幅も広い．ですので，テレビ局の番組が総じて見劣りするという印象を抱く人がいても仕方ないでしょう．大手テレビ局のコンテンツのみを見れば，その影響力が相対的に下がってきているのは事実でしょう．

　メディアに接する方法が多様化しているので，確かにおっしゃる通り，ポピュラーカルチャーの影響力は，従来の見方では測りにくくなっている気はします．ただポピュラーカルチャーの政治的な力が，必ずしも下がっていると言えないように思います．どうしてかと言いますと，アメリカのエンターテインメント業界のすごいところは，ある意味，何でもかんでも

のみ込んで吸収してしまう体力と包容力があるからです．なじみのない文化でも，うまく売り物に変換してコンテンツとして加工する力を持っています．そういう意味では，ハリウッドの底力は他の国とはレベルが違う気がします．例えば，インドの映画業界の方がアメリカの映画業界よりも大きいのですが，インド映画に私たちが日本で触れる機会がどれだけあるかというと，90年代にあったブーム以外にあまりないですよね．ハリウッドは，ボリウッド（インドの映画業界の通称）が流行っていると察知すれば，ハリウッド映画にうまく取り込んじゃって，ボリウッド風のハリウッド映画を10本くらいつくっちゃいます．あるいはアジアのカンフー映画が流行っていると分かれば，アジアで成功しているアクション映画の流行りの監督をハリウッドに呼びよせて，ハリウッド映画をつくらせたりします．そうやって世界中からアイデアや人材を飲み込むのがアメリカの映画業界の十八番です．そういう意味ではアメリカのポピュラーカルチャーは健在で，これからも勢いはそう簡単にはおさまらないだろうなと思っています．業界として力が維持できているかぎり，政治的な影響力も維持できると思います．

Q　ポピュラーカルチャーが白人中間層の声を拾えていないのではないでしょうか？

A　これがまさにエンターテインメントのコンテンツをつくっている人たちの大きな課題だと思います．皆さんもご存知の通り，コンテンツをつくっている人々は，往々にして東海岸と西海岸に住んでいて，いわゆるミドルアメリカの考え方に，なかなか触れる機会がないと思われがちです．ただ，そういった考え方はもしかすると単純すぎるかもしれません．ハリウッドはアメリカンドリームを追い求めて，全米どころか全世界から人々が集結しているわけで，ミドルアメリカからも夢追い人が集まってきているはずです．彼らのなかにはミドルアメリカの生活や価値観を表現したいと企画書を書いている人はいるはずです．それをエンターテイメント業界がちゃんとビジネス・チャンスとして認知できてなかった，という解釈の方が正確なのではないかと思います．

　先ほどお話しした『ロザーン』というテレビドラマを復活させることは，

ローリスク・ハイリターンな決定でした．これまでに人気を博した労働者階級を扱ったドラマというのは，だいたい，労働者の人たちを少しばかにするような内容が多くありました．『ロザーン』もコメディドラマという形態上，もちろん多少そういう部分もあったにせよ，労働者階級でも一生懸命働いていれば，アメリカでちゃんとした家族を養っていける，という仕立ての話になっていました．ですので，『ロザーン』がトランプ政権下で復活したというのは，たいへんシンボリックな意味がありました．あいにく，主役は降板しましたが，番組の続行が決まったのは，労働者階級を表象した番組としての価値がうわまわったからでしょう．ほかにもアシュトン・クッチャーという俳優が主演で，中西部の田舎で牧場をやっている労働者階級の家族を舞台にしたコメディドラマ「ザ・ランチ」があります．クッチャーはかなり先見の明がある人で，IT関係の投資でも成功している人なんですが，社会に見放されたと感じている人たちを題材にしたドラマにすぐに主演するところに先見の明を感じます．このドラマは，Netflix が製作配信しています．今後数年は労働者階級の生活を描いたドラマや労働者階級の人々に寄り添う番組にエンターテインメント業界として投資していくと推測しています．投資することによって，拾われていなかった声が拾われるようになるはずです．いまアメリカで危惧されているのは，民主・共和の間の溝が深くなってしまって同じ土俵で議論さえままならなくなってきていることです．自分と思想の異なる人とは意見交換できる場面が減っている中，『ロザーン』の意義深いところは，主人公の家族のなかにリベラルの人もいるし，保守の人もいることです．そういう設定にすることで，家族の日常の会話のなかで政治の議論もするというお膳立てができています．そういった議論を促進することが製作者の意図だったらしく，素晴らしいところです．そういった形の議論を促す番組を制作しようとする人がもっと出てくるのは時間の問題です．

それから，もう一言いいますと，さきほど視聴者によって受け止め方が違うという話をしました．ドラマや映画で労働者をポジティブに描く工夫が今後されていくと思います．かならずしも労働者階級の人だけにフォーカスしたドラマでなくてもよいのですが，ドラマの登場人物に何人か登場すればいいのだと思います．その人たちの人間性が上手に描かれているよ

うなものにすれば，二分されている社会が思想の溝を埋めて歩み寄りはじめることができると思っています．二分されている文化的保守派とリベラル派の両側の意見や考え方が映し出されているドラマでなければ，両側から観てもらえません．ただ，保守は保守で聞きたいメッセージだけを聞きますし，リベラルも自分たちの聞きたいメッセージだけを聞くでしょうから，すぐにその溝が埋まるとは思っていませんが，たとえば，アメリカの古き良き時代を懐かしむという内容であれば，リベラルも保守も（受け止め方の違いはあるにせよ）両サイドが受け止められる内容にできるのではないかと思います．あるいは，SF ものやヒーローものに加工するなどして両側が消費しやすい形を考えるでしょう．そういう「戦術」は効果があるのではないかと考えています．

トランプ時代の米国メディア

SNSの普及と伝統的ジャーナリズムの行方

林　香里

東京大学大学院情報学環教授

林　香里（はやし　かおり）

1963 年生まれ．87 年南山大学外国語学部英米科卒業．
95 年東京大学大学院社会学研究科社会学（B 新聞学）
修士課程修了．95 年東京大学大学院人文社会系研究科
社会文化研究専攻社会情報学専門分野博士課程．博士
（社会情報学）．

東京大学社会情報研究所助手，助教授，東京大学大学院
情報学環助教授を経て，09 年より現職．

編著書に『足をどかしてくれませんか．メディアは女た
ちの声を届けているか』（亜紀書房，2019 年，編著）
『メディア不信　何が問われているのか』（岩波新書，
2017 年），『〈オンナ・コドモ〉のジャーナリズム──ケア
の倫理とともに』（岩波書店，2011 年）（第 4 回内川芳
美記念マス・コミュニケーション学会賞受賞），『マスメ
ディアの周縁，ジャーナリズムの核心』（新曜社，2002
年）などがある．

はじめに

　私は東京大学大学院情報学環というところで，メディア・ジャーナリズム研究をしております．この情報学環という名前ですが，奇妙で，それはいったい何をするところですかとよく聞かれますが，これは昔「新聞研究所」と言われていたところです．80年代後半から90年代にかけて，さまざまな情報技術が発展していくにつれ，やがて紙のイメージの強い「新聞研究」という言葉は古くさいということになり，1992年に「新聞研究所」は，「社会情報研究所」という名前に改組されました．さらに，2004年には，より大きな文理融合の情報科学を糾合した大学院情報学環という組織と合併しました．したがって，現在，東京大学ではジャーナリズム／メディア研究という分野は，大学院情報学環という組織にあります．ここには，私のような社会学的なメディア研究やジャーナリズム研究をしている文系人間だけではなくて，情報科学，ネットワーク研究，コンピュータ・サイエンス，ロボティクスなどの研究者が在籍しています．さらに，東京大学の各所から情報に関連する分野を研究する教員にも出向してもらい，学問のディシプリンを超えた交流をし，現代の情報社会のあり方を考えるユニークな組織です．

　さて，こんな情報化時代ではありますが，では，私が専門としているメディア研究，ジャーナリズム研究とは何か．メディアとジャーナリズムは身近な存在で，見ればわかる，読めばわかるという感覚がみなさんの中にはあると思います．私の中にもあります．私たちはテレビも見るし，新聞も読むし，近年はフェイスブックや，ツイッターなど，日々，メディアと接触している．さらに，世の中には新聞社の方とか，テレビ関係の方とか，メディア業界人というのがいらっしゃるわけで，こういった方たちこそ現場のことを熟知されている．なので，私なんかが改めてメディアを解説するまでもないのではないか，いまさら「メディア」の何を研究するのか，そんな疑問が湧いてきますよね．私自身，弱気になっているときは，時々そう思うことがないこともないです．

　しかし，メディアという制度や組織が，社会の中でどんな機能を果たしていているか．果たすべきか．そして，その機能はなぜ重要か．期待され

る機能を発揮するためには，どういう構造や仕組みが必要かといったテーマは，実は慎重な分析が必要で，答えもなかなか難しいものです．そして，こういった問いへの答えを探すのが，メディア研究の目標の一つなのです．こうした問いは，実は国によって，歴史的背景や文化的事情がかなり異なるがゆえに，答えも異なる．研究するには，社会学的視座が必要で，またメディアに対して十分な制度的知識も必要とします．

　日本では，とくに記者の間では，アメリカのジャーナリズムがお手本のように語られることも多いと思います．アメリカでも，ジャーナリズムは「民主主義の砦」といった，かなり理想主義的な言説が主流です．しかし，アメリカのメディアは，一口にいっても，『ニューヨーク・タイムズ』，『ワシントン・ポスト』，CNN などの有名企業と，それ以外の小さな地方紙やローカル放送局などもあり，一枚岩ではありません．また，さまざまなネットメディアが生まれ，いま挙げたような伝統メディアと競合しています．激しい競争に晒され，浮き沈みの激しい弱肉強食の世界．これがまず，アメリカのメディアの現実ですが，詳しい考え方や実情はあまり知られていないようにも思います．

　これは，社会科学的思考回路としてお決まりになっているのですが，何か１つの事象を見る際，その考察対象の政治的側面，経済的側面，社会／文化的側面を考えます．そこで，この講義では，次の３点に分けて話を進めます．まず，アメリカのメディアがとりわけ経済活動として発展してきたことから考えて，その経済的側面を見ていきます．たとえば，日本でしたら，日本放送協会（NHK）は基本的に経済市場の中には入っていません．みなさんが受信料を払っているわけで，受信料の金額は法の改正がない限りは変わらないわけですから，市場の需給に左右されないのです．これに対してアメリカにはこうした公共放送はありません．つまり，アメリカのメディアは，なによりも自由市場での経済的サバイバルが非常に重要な課題なのです．２点目に，アメリカのメディアと政治の関係について考えます．民主主義と言論の自由を国是としているアメリカでは，メディアやジャーナリズムについて独特の考え方が発達しました．その点を考察します．最後に，メディアを社会的側面から考えます．その際近年のアメリカのネット社会の話題を取り上げてみたいと思います．いま，アメリカ

社会のあらゆる局面にデジタル技術が浸透して，新しい言論・表現空間が生まれるとともに，データによる監視社会の懸念が指摘されています．

1 メディアは商売

　アメリカのメディアを，まずは経済的側面から考えていきましょう．アメリカの語りとして，「アメリカ例外主義」という言葉を耳にしますが，アメリカのメディア研究者，V. ピカードによれば，アメリカのメディアも，世界的には例外的な思想，構造，仕組みで成り立っています．以下，ピカードの議論に準拠しつつ，日本をはじめとする他国のメディアと対比しながら，アメリカのメディア産業の特殊性を見ていきましょう．

　アメリカのメディアの根本には，徹底的な商業主義があります．アメリカのメディアの特徴は，市場原理に任せ，政府の規制がほとんどないという一言に尽きます．競争の結果，現在の業界は，大企業による完全な寡占状態となっています．また，政府からの規制やルールが少なく，徹底的に商業主義が貫徹しているという経緯から，NHK のような，受信料をもらって運営されることが法律で定められているような大規模な公共放送事業体などもありません．ちなみに，公共放送制度は，日本だけでなく欧州でも一般的な仕組みです．その代表が BBC です．公共放送としては，アメリカでは非営利団体が運営する NPR や PBS もありますが，その存在は非常に小さく弱い．これらは地方ごとに特色のある NPO が番組を制作しつつ，一部は全国ネットのコンテンツも共同運営するというユニークな仕組みです．NPR も PBS も知識人層に人気で，たいへん質の高い放送をしています．けれども，他方では，「出演している人だけが聞いている（見ている）」と皮肉られているように，多くは社会のいわゆる「インテリ層」向けで，NHK のように社会にあまねく利用されているメディアとは言い難いです．

　少し歴史に触れますと，アメリカの新聞は市場原理とともに成長してきたと言っても過言ではありません．19 世紀半ばには，安価な「ペニー・プレス」と称される新聞が登場し，隆盛を極めました．それが，『ニューヨーク・タイムズ』などの現在の新聞に繋がっていくわけです．さらに，19 世紀後半には，「イエロー・プレス」と称される，スキャンダルやゴシ

(出典) The Yellow Press by L.M. Glackens (1910).

図1　道化師として描かれた新聞王ハースト

ップを掲載したセンセーショナルなタブロイド紙というのも出回って，現在のゴシップ報道の源流をつくりました（図1）.

　新聞も商品なのだから，市場原理で発達していくのは当たり前だろうとみなさんは思われるかもしれません．ところが，そうではない歴史もあるのです．たとえばヨーロッパの新聞は，必ずしも商業主義で発達はしていません．多くのヨーロッパの新聞の源流は，政党新聞に求められます．すなわち，新聞は，政治政党が発行する，政論新聞から発達していったものも多いのです．だから，今日もヨーロッパの新聞には，左派，右派などの思想による論調が色濃く残っており，それを社是としているものも多い．こうした背景から，ヨーロッパでは新聞補助金という政府から新聞社への補助金制度をもつ国もあります．どうしてこのような制度があるのかというと，政府はお金を出してでも，社会のさまざまなグループ（＝政党）の見方，考え方を公開してもらわなければならない．それがあってこそ民主主義が成立する，したがって，その意見を出す新聞を支えなければならない，と考えるのです．いわば，政党補助金と似た考え方ですね．この考え方の背後には，新聞が「政党」という市民的アソシエーションの媒体だと考える伝統があるのです．つまり，新聞を補助するのは，民主主義制度保

図2　「敵の仕業！」元祖フェイク・ニュース　ピューリッツァー vs. ハースト

障の一部となっているわけです．

　でも，アメリカではそんなことは絶対考えられません．政府が新聞社に
お金を出すなんて，それは政府によるメディアへの介入で，政府とジャー
ナリズムの癒着を生み，民主主義を破壊する．だから，仮に政府が「補助
金」を提案しても，アメリカの新聞社は即座に拒否するでしょう．この
「独立」の考え方は，日本にも強い．日本は，そのへんの考え方はアメリ
カ寄りです．メディアを政府からなるべく遠ざけて介入を阻止し，市場原
理に任せて運営させるというのは，アメリカの伝統なのです．

　19世紀後半の話に戻りますと，この頃になると印刷技術が発展し，大
量印刷が可能になったこともあって，ジョセフ・ピューリッツァーとウィ
リアム・ハーストという二人の新聞社主が，新聞の一大売上合戦を繰り広
げたことは有名です．この二人は，いまで言う新興テック系メディアの，
押しの強いオーナー若社長というイメージでしょうか．とにかく新聞を売
って一儲けしたい．ネットのページビューやクリック数を競うという感覚
です．

　こうしたセールス至上主義ですから，いわゆる「フェイクニュース」も
たくさんありました．1つの例は，1898年にアメリカの軍艦メイン号が
沈没し，その時に260人の米兵が犠牲になるという事件がありました．

当時，この2人が所有する『ニューヨーク・ワールド』（ピューリッツァー）と『ニューヨーク・ジャーナル』（ハースト）は，これはスペインの陰謀による爆撃の仕業だと断定して，アメリカ世論を米西戦争開戦支持に扇動したと言われています（図2）．爆撃はスペインの陰謀かどうかは結局，確認されませんでした．

　みなさん多分，「ピューリッツァー」という名前は，米国ジャーナリズムの金字塔に贈られる最高峰の賞の名前として聞いたことがあると思います．あのピューリッツァー賞を創設したピューリッツァーさんと，このフェイクニュースのピューリッツァーさんはまぎれもなく同一人物です．実は，ジョセフ・ピューリッツァーは，フェイクニュース書き放題の新聞社のオーナーでした．フェイクニュースでお金を儲けて，そのお金で基金を設立してピューリッツァー賞を創設したのです．しかも，ピューリッツァーは，ピューリッツァー賞だけではなくて，アメリカの名門大学，コロンビア大学にジャーナリズム・スクールまで設立しました．出資額は，その当時で1億ドルでした．このジャーナリストのための専門職大学院は，アメリカのアイビー・リーグの中では唯一のジャーナリズム・スクールです．その当時，東部の伝統的大学群であるアイビー・リーグの大学は，研究活動に重点を置き，専門職大学院はつくらないという伝統がありました．しかし，コロンビア大学だけは，20世紀のはじめにピューリッツァーから多額の寄付を受けて，ジャーナリズム・スクールを設立したのです．当時はずいぶん反対もあったようです．今日，世界の第一線で活躍しているジャーナリストの中には，コロンビア大学のジャーナリズム・スクール卒業生が多くいます．こうして見ると，ピューリッツァーという人は，ジャーナリズムの模範を示す学校を設立し，賞も創設しました．しかし，そのためのお金は，センセーショナルなニュースを売って稼ぎ出したものです．皮肉ですよね．ちなみに，ピューリッツァーさんのライバルのハーストさんは，ハーバード大学中退です．20代で父親から新聞社を譲り受けて，大新聞社に育て上げた．まるでフェイスブックのM.ザッカーバーグみたいな人ですね．

　アメリカの新聞の発行部数ですが，『ニューヨーク・タイムズ』の紙の発行部数は，現在は50万部ほどと言われています．他方で，世界からの

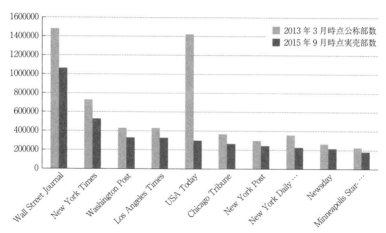

（出典）Richard Tofel (2016) "The sky is falling on print newspapers faster than you think" Accessed April 20, 2017.
https://medium.com/@dicktofel/the-sky-is-falling-on-print-newspapers-faster-than-you-think-c84a2f9a9df4

図3　アメリカの新聞の売上の変化

　デジタル購読が200万を突破したと言われています．このほか，米国で100万部台の新聞ですと，『ウォール・ストリートジャーナル』の110万部ぐらいでしょうか．いずれにしても，これくらいの規模をアメリカでは大新聞と言います．

　日本の場合は，たとえば，『読売新聞』は，長らく発行部数1000万部だと誇ってきました．『朝日新聞』800万部，『毎日新聞』600万部──現在はいずれの新聞も部数がぐんと下がっていますが──と言ってきました．こうした100万部単位の発行部数は世界的に見るとかなり異例です．この点については日本の歴史，人々のジャーナリズムに対するイメージなど，別の議論になってしまいますのでここでは触れませんが，アメリカの新聞の話に戻すと，近年，紙の新聞は，日本と同じように，あるいは日本よりもっと急激に，部数を下げていくわけです（図3，Excel）．とくにひどいのが『USA Today』です．この新聞社の記事は短い，ネットで読めば十分な記事が多かったので，多くの読者を失っています．『USA Today』は，少し日本の新聞に似ています．

　すでに報道もされていますが，アメリカでは，大手だけでなく，地方紙も厳しい状況です．地方紙がなくなってしまった自治体もあります．さらに，経済的にもっとも厳しいと言われているのは，中規模の地方紙です．

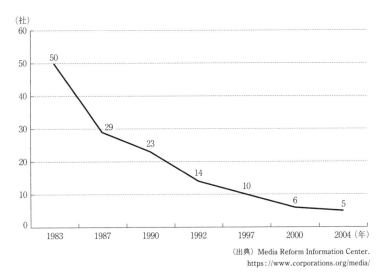

（出典）Media Reform Information Center.
https://www.corporations.org/media/

図4　米国のメディア市場売上の 90% を支配している企業数

たとえば，『シカゴ・トリビューン』，『ロサンゼルス・タイムズ』，『フィ
ラデルフィア・インクワイアラー』などは，いずれも歴史ある名門紙で，
ピューリッツァー賞を何度も受賞し，日本にも支局があった中規模地方新
聞社です．日本ですと，ブロック紙と呼ばれる，『中日新聞』，『北海道新
聞』，『西日本新聞』などにあたります．そういう新聞は，ローカル・ニュ
ースも掲載するけれども，全国ニュースや国際ニュースにも力を入れてき
た．結局そういう中途半端なプロフィールが仇になって，新聞読者のター
ゲットを絞り込めず，読者離れが進み，部数は激減，大手に買収されて何
度もオーナーが変わっています．
　また，アメリカの地方紙の多くは，現在，ガーネット（Gannett）やマ
クラッチ（McClatchy）という大手出版社に買収され，系列化，あるいは
「地方チェーン店」化しています．このように，資本の集中化はメディア
全体で進行しています．アメリカのメディア市場全体，これはテレビも入
れて，映画，出版，新聞，すべての市場を含めた調査があるのですが，
2004 年の時点で，全体の 90% の売上をたったの 5 社が支配している状態
です（図4）．アメリカのメディア市場は，資本主義の原理に任せて競争
した挙句，強者が勝ち残り，こんな寡占状態になってしまった．言論の多
様性の確保という観点からは，大きな問題になっています．

　最近，話題になっているのは，シンクレア・ブロードキャスト（Sinclair Broadcast）というテレビのチェーンです．シンクレアは，ローカル・テレビ局を次々と傘下に入れて，近年急成長している会社です．つまり，全米各地にローカル局をもっています．日本でもTBS系列，日テレ系列などがあるのですが，日本と違うのは，各ローカル局は，連携するネットワーク系列に関係なく，財政的に弱っているところをどんどん買収するのです．現在，全米200以上のローカル局を所有し，全米世帯到達率は70％以上と言われています．このことが何を意味しているのかというと，資本傘下に入った局は，「必須コンテンツ（must-run）」というのを放送しなければならず，しかもその内容はトランプ政権寄りだと言われています．それが全米で流されている．まさに言論の寡占化です．

　ある調査を見ると，シンクレアの放送局がある地域とトランプ候補が勝利した選挙区とが一致しているという結果も出ています．もちろん，それがどのように関係しているのかには議論があります．地方で，もともとメディアの広告がとれないような経済的に豊かではない地域にシンクレアが進出してきて放送局を所有し，そういう地方の貧困層がトランプ支持をしているという見方もできます．あるいは，シンクレアによるテレビコンテンツは，そうした層の支持固めに一層拍車をかけたとも考えられます．いずれにしても，経済の市場競争の結果とはいえ，「必須コンテンツ（must-run）」をローカル局に押し付けニュースを画一化するのは，ある意味でカネによる言論統制と言えるのではないでしょうか．

　さらに，記者という花形職業も非常に不安定になってしまいました．図5をご覧になるとおわかりのように，正規雇用の記者の数は往時の半分になってしまいました（図5）．実は，アメリカではジャーナリストという職業に大きな理想や思い入れがあります．つまり，「自由（freedom）」と「民主主義（democracy）」という言葉は，アメリカの建国の理念であり国是でもある．アメリカ社会を理解するキーワードだと思うのですが，この2つの価値を体現する民主主義の伝道師が，ジャーナリストたちだと考えられてきました．そんなイメージがあるから，ピューリッツァー賞があれだけ社会的な話題になる．職業としての憧れもあるから記者やジャーナリストを主人公にした映画もたくさんできる．しかし，その記者というのが，

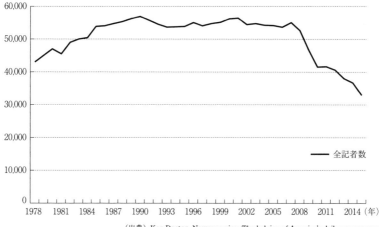

（出典）Ken Doctor, Newsonomics: The halving of America's daily newsrooms.
http://www.niemanlab.org/2015/07/newsonomics-the-halving-of-americas-daily-newsrooms/
図5　全米の常勤記者数の変化

いまや職業としては没落しているのです．メディア企業の寡占状態による膠着状態，伝統メディアとジャーナリストという花形職業の没落は，アメリカ社会の衰退を示す指標かもしれません．

2　「無規制」はアメリカの文化なのか

　ここまで，アメリカでは，メディアは自由であるべきで，国家はいかなる介入もすべきではない，そういうあり方が理想だと言ってきました．また，アメリカには，日本のような，放送法に基づいたNHKというような公共放送事業体がないこともすでに述べたとおりです．したがって，図6をご覧いただくと，国民1人あたりの公共放送への支出は，アメリカは非常に低い．グラフのバーが見えないくらいですよね．実は，日本もそんなに多くない．どこが多いかというと，ヨーロッパです．ヨーロッパの放送業界では1980年代半ばくらいまでは公共放送の独占体制で，その後，やっと商業放送が出てきたという経緯があります．それと比べると，アメリカは最初から商業放送で出発した歴史があります．日本にはNHKという公共放送と「民放」と呼ばれる商業放送が併存していますが，これは，戦後まもなく，メディアの民主化をする際，アメリカの意向によって公共放送と商業放送の併存体制になったからです．占領軍は，戦前まであった

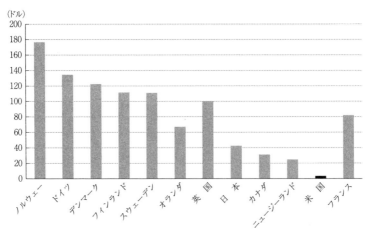

（出典）Rodney Benson, Matthew Powers, and Timothy Neff（2017）.
Public Media Autonomy and Accountability: Best and Worst Policy Practices in 12 Leading Democracies. *International Journal of Communication* 11（2017）, 1-22.

図6　国民一人あたりの公共的放送への支出額（ドル）

　国営放送を刷新して公共放送としての「日本放送協会（NHK）」を再出発させると同時に，官僚的な国のイメージがつきまとう NHK とは別の，「民間放送（民放）」という名の商業放送も導入したのです．「民間」に活力を見出す——これはアメリカの影響，とくにアメリカのプラグマティズムや共和主義の影響が強いのです．

　自由に競争させておけば悪いものは淘汰されてよいものが生み出される——アメリカでは，こうしたリベラリズムの考えがつねに社会の底流に流れていると思います．これは，血を血で洗うような戦争を繰り返し，残酷な歴史をもつ欧州大陸では考えられない楽観的な発想であり，世界観だとも言えます．

　現在，アメリカの社会では，メディアが寡占状態になっていることはすでに述べましたが，それだけではなくて，ネットの世界も，プラットフォーム化が進んでおり，グーグル，フェイスブック，アマゾンなどの企業によって寡占状態となっています．人間の思想，情報，コミュニケーションにかかわる部分を大企業が支配している．これがアメリカの現在です．

　ところで，アメリカではこれまで，こうした寡占状態に対して何の手も打ってこなかったのか，無規制自由放任主義というのがアメリカの文化の

本質なのかというと，決してそうではありません．20世紀の初頭に，先ほど述べたイエロー・プレスが台頭し，フェイクニュースが出回って社会問題となりました．その際，プレスの自由委員会（通称 Hutchins Commission）という有識者会議が組織されて，知識人や学者が集まって民主主義におけるメディアの適切な在り方が議論され，「自由で責任あるプレス（*A Free and Responsible Press*）」(1947) と題した報告書もまとめられました．残念ながら，この報告書はアメリカのジャーナリストたちには無視されてしまいましたが．しかし，この内容はいま読んでも画期的で，この報告書から「メディアの社会的責任理論」(1956) という有名な理論も生まれました．また，アメリカには FCC (Federal Communications Commission) という通信コミュニケーション事業を規制する独立委員会組織があるのですけれども，ここでも20世紀半ばに，放送事業は利用する電波に限りがあり，その意味で公共的なサービスに近いわけだから，放送免許をもつラジオ事業者には一定の規制をし，責任ある放送をさせるべく律したほうがよいとする報告書「放送免許事業者の公共奉仕の責任（*Public Service Responsibility of Broadcast Licensees*（通称 Blue Book)」(1946) が編纂されました．しかし，結局はその内容は，法的義務化には至りませんでした．

　さらに，FCC ですが，かつては放送事業者に対してフェアネス・ドクトリンといって「多様な視点をバランスよく内容に提示すること（balanced presentation of diverse view points)」を義務付けていたわけですが，この原則は，規制緩和を推し進めたレーガン政権時代，1987年に撤廃されました．このフェアネス・ドクトリンの撤廃は，後年のアメリカのメディア市場の行方を決定した分水嶺と考えられていて，この撤廃によって，過激な政治思想を主張するトーク・ラジオや，保守的政治思想に偏向したFOX ニュースのようなニュース・チャンネルが生まれたと言われています．

　このほか，メディアの報道によって人権侵害を受けたとする市民からのメディアへの苦情を申し立てることができる独立監督組織もミネソタ州にありました．しかし，これも2011年には解散してしまいました．そして2017年には，一事業体が新聞とテレビの同時所有を禁止する法の撤廃が決定しています．

かつては，たしかにアメリカにもメディアを「公共的なもの」と捉え，規制や調整を推奨する思想はあったのです．それは，20世紀初頭のイエロー・プレスの跋扈で「フェイクニュース」が社会問題となったことをきっかけに，真剣に議論されました．今日のアメリカ社会と重なりますね．けれども，現在の潮流は，自由放任主義に傾斜したまま，いわゆるネオ・リベラリズムの趨勢は弱まる気配がない．ネット・テクノロジーの進歩とともに無批判な経済合理性の追求，つまり商業主義が広がる一方です．これがアメリカのメディアの現在です．

3 政府・国家とメディアとの距離

通常，ジャーナリズム論の最初の授業では，「メディアは政治権力を監視する番犬である」と教えます．メディアは，政府がちゃんとやるべきことをやっているかということを監視する役割がある．したがって，その役割をきちんとまっとうするためには，政府と健全な距離を取ることが重要だとも説明します．メディアと政府が癒着していたら，監視などできませんからね．これは，アメリカのジャーナリズムの核心をなす考え方でもあります．先ほど触れましたが，ヨーロッパでは，政党新聞の歴史がありますから，実はそこまで番犬機能が重視されていなかった．今日でも，特定の政党に近い思想やイデオロギーを明確に打ち出している新聞も多いです．ヨーロッパの公共放送は特定の思想をもつことは禁止されていますが，それでも歴史の影響には抗えず，政党の影響が強く反映される放送事業者の仕組みが問題になってきました．

これに対してアメリカのメディア業界では，メディアの事業者は，誰の肩をもつのでもなく，適正な距離から等しく権力の監視をすべきだから，ジャーナリズムは客観的，中立的でなくてはいけないと再三強調されて発展してきました．ちなみに，日本の新聞協会には新聞倫理綱領というのがあります．これは戦後まもない1946年に制定されたものですが，ジャーナリズムには不偏不党が重要だという趣旨が強く打ち出されるものとなっています．この綱領は，実は，当時の全米新聞編集者協会倫理綱領の翻訳だったのです．つまり，戦後の日本のジャーナリズムは非常にアメリカの価値観を受け継いでいるということです．

アメリカにおいて，政治とジャーナリズムの関係を論じる際には，まさにこうした権力の監視機能とメディアの中立性，客観性が問われます．日本では，「メディアの内容は中立であるべき」という意見が政治家からも識者からもメディアの実務家からも出ますが，「中立であるべき」なのは，第一義的には，メディアが権力から適正に距離をとっているかが問われているからです．権力の監視もせずに，内容だけ「中立的」「客観的」を標榜して無難な両論併記に終始し，自らの正当性を主張する．そんなメディアを見かけますが，それは本末転倒だと言えます．

さて，アメリカのメディアと政府とはどのような関係になっているのかといいますと，かつての『ワシントン・ポスト』編集局長 L. ダウニーは1998 年に次のようにインタビューに答えています．

> 我々は，とにかく偏見のないように，また，偏見を持たれていると見えないように真剣に仕事をして今日があるのです．たとえば，我が社では，記者や編集者には，あらゆる政治や圧力団体の活動に参加することを禁じています．ただし，投票だけは許しています．しかし，私自身は，投票にも行きません．そうすることで，どの党が，どの候補者が，そしてどのイデオロギーが権力の座に就くべきかについて，自分の腹を決めなくてすむようにしています．

これは有名な語りで，しかも典型的かつ古典的なエリート・ジャーナリストの生き様でもあります．しかし，この姿勢には賛否両論あります．

つまり，ダウニーは，ジャーナリストとしての自分は，普通の人とは違う．自分は，思想や利害をもたずに，公平に社会を観察する生き方を貫く，とまあそんなことを宣言しているわけです．しかし，この生き方はまるで，透明人間，宇宙人，あるいは神様であるかのような感じですよね．こうして孤高の存在となって人間社会を見下ろす．それがよきジャーナリストの生き方でありミッションであると言うのです．ここで2つの疑問が湧きます．まず記者も人間で，生活もありますから，いったいぜんたい，そんな宇宙人や神様のような生き方ができるのか．もし，できるとしたら，あるいは少しでもそれに近い存在になることができるとしたら，そういう人

は，日常生活の心配もなく，仕事だけに集中できる，実はとても恵まれた特権階級者なのではないか，という疑問です．2つめの疑問は，そもそもそんな特権階級の人に，どんな程度の言論や表現が生み出せるのかということです．社会との接点をもつことを拒否し，ふつうの人間の怒りや悲しみを共有せずに，どんな問題意識が生まれるというのか．ジャーナリズムの役割は「適正距離での権力の監視」だけなのか．そして，「権力の監視」とは，真空の文脈で行われるのではなく，実社会を舞台に，権力関係の絡み合った立場と立場の対決を意味する行為ではなかったか．ジャーナリズムという営為は，人間が人間の声を発信して初めて成り立つものなのではないのか．

こうして，ダウニーのような記者の生き方は，とりわけ近年，厳しい批判を浴びているわけです．権力との距離をとる中立的立場を維持することも時には大切かもしれませんが，それによって「人間の目」や「人間の心」をもたないジャーナリストばかりになるとすれば，それはやはり問題ですよね．この立場は，ともすると無責任なジャーナリズムを生む温床にさえなりかねません．また，往々にして，こうした「日常の些事や雑事」——いえ，人間が生きるということは，実は些事雑事の繰り返しだと皆さんも実感されているのではないかと思いますが——そういうことを免除され，高所大所から政治，外交，経済などの大きなテーマを論じ，あえて自らの状況や立場を主張しなくてもよい人たちは，アメリカ社会では白人の男性たちです．白人の男性が権力の監視者としてもっとも優れた立場にいるかと聞かれれば，現代アメリカ社会を見てみれば，明らかに疑問ですね．

ダウニーはたいへん尊敬を集めた優秀なジャーナリストです．しかし，その後，アメリカ社会とジャーナリズムの関係はどうなってしまったかというと，メディアの信頼度は，支持政党やイデオロギーによって大きく異なっているという結果が出ています（図7）．記者たちが論調にイデオロギー的偏向をもたらさない，思想も意見も持たない，政治活動も行わないと宣言しているわりに，一般市民からはそうは見えていなかった．蓋を開けてみると，アメリカでは，メディアはリベラルで進歩的な考えの民主党寄りだと受け止められてきた．図7では，民主党支持者の方がメディアを信頼している人が圧倒的に多く，共和党支持者はメディアをあまり信頼

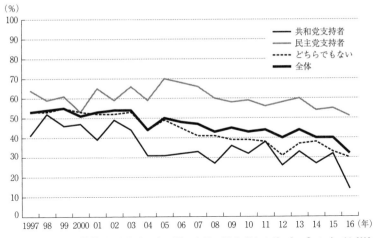

（出典）Art Swift, Americans' Trust in Mass Media Sinks to New Low September 14, 2016.
http://www.gallup.com/poll/195542/americans-trust-mass-media-sinks-new-low.aspx

図7 アメリカのメディアの信頼度の変遷 （支持政党別）

していないことがわかりますが，1997年からこの信頼度の差はどんどん大きくなっています．2016年には，そのギャップが頂点に達しています．ダウニーのようなエリート・ジャーナリストたちは，「党派性」を出さないと言いながら，どこかでリベラルな信条をもち，全米でほんの一握りのエリート大学を卒業した特殊なグループの利害を守ってきたのではないか．そして，それは究極的には民主党支持者たちではないかという疑いが一般的なアメリカ国民の間に積もり積もっていました．その先にあるのが，トランプ大統領が就任以来再三口にしている，民主党寄りで進歩的知識人の集まりと見なされるCNNや『ニューヨーク・タイムズ』などの一部のメディアに向けられた「フェイクニュース！」という非難の言葉です．

　今日では，かつてアメリカのメディアの伝統とされていた，党派性を排除した「中立・客観性」という価値は，ほとんど崩れ去ったと言われています．近年は，アメリカのメディアは，民主党，共和党のシンボルカラーに分けられて，「ブルー・メディア」，「レッド・メディア」というレッテル貼りをされ，揶揄されています．つまり，民主党支持者が好きなメディアはブルー・メディア，これはたとえば，ニューヨーク・タイムズ，CNNになります．そして，共和党の支持者に信頼されているメディアは，レッド・メディアと呼ばれています．レッド・メディアの典型は，FOX

ニュースです.

　こうした変化の背景には，アメリカの社会そのものが変化していること
があるでしょう. グローバル化が進んで，移民国家のアメリカには世界中
から人が集まり，ますます新たな価値観が生まれ，せめぎ合い，いわゆる
「アイデンティティ・ポリティクス」と呼ばれるジェンダーやエスニシテ
ィに基づいた権利主張の激しいディベートが繰り広げられてきました. た
とえばアフリカ系アメリカ人（黒人）の Black Lives Matter 運動や，フェ
ミニズムを中心とした #MeToo ムーブメント，中絶絶対反対の ProLife
アクションなど，さまざまな主張と運動が生まれ，なかには非常に尖鋭化
過激化したものも出てきました. その中で取材する記者たちも「お前は何
者だ」「どっちの味方だ」と立場性を問われる時代になりました. 偏見を
なくして，神のように，孤高のジャーナリストとして記事を書いたり映像
をつくったりすることには，無理が生じるようになってきたのです. いま
ではアメリカでは，「中立（neutral）」という言葉はほとんど使われなくな
りました. これに類した言葉でもっともよく使われるのは「バランスをと
る（balanced）」という言葉でしょうか. つまり，報道には，いろいろな立
場からの意見をバランスよく取り入れる，という意味です.

　しかし，バランスのとれた報道と一口で言っても難しい. むしろ，アイ
デンティティ・ポリティクスの時代，アメリカの社会では，立場の異なる
者たちによる権利主張が目立ち，社会の溝は広がる一方だと言われます.
そして，その溝を埋めるような機能をメディアは果たしていない. それど
ころか，むしろ対立を深めているのではないか，とさえ言われています.

4　ネットは中立か

　20 世紀までは，ジャーナリストたちは必要なトレーニングを受けて仕
事をする職業人（プロフェッショナル）と見なされてきました. 中立・客
観・独立の立場を堅持し，職業人として切磋琢磨し，対価としてお金をも
らう. そういう理解でした.

　しかし，そこには矛盾があることはすでに述べたとおりです. ジャーナ
リストは，研鑽を積んで「高み」に立てば立つほど，つまり職業として社
会から隔絶されればされるほど，社会で真に必要とされているテーマを見

抜けなくなっていくのではないかということです．さらに，いまやだれもが情報を発信できる時代，ジャーナリストという仕事はそこまで神聖なものではなくなりました．また，私たちが読むべきニュースをジャーナリストに選んでもらうなど，余計なお世話ですよと言う人もたくさん出てきました．実際，社会が多様になればなるほど，興味関心嗜好もさまざまになり，たとえどんなに研鑽を積んだ編集者であっても，適正なニュースの選択基準を定めることはなかなか難しいですよね．「当事者の時代」と言われますが，情報はプロフェッショナルからのものか，当事者からのものか，どちらが真正なのかも議論のあるところです．

　インターネットの価値観は，あらゆる意味でジャーナリズムとは異なります．インターネットの世界には入場資格がなく，オープンです．だれでも安価でホームページをつくることができるし，アカウントを開設できる．原則は全員がフラットな関係で，入場規制をしないというのが基本です．「フリー」，これは自由という意味もありますが，タダという意味もあります．インターネットでは，フリー・ソフトウェアというのがありますよね．ユーザーは無料で使える代わりに，利用者も工夫改良の作業に参加してソフトをつくり込んで，さらによいものにしていく．ネットにはそんな「タダ」のカルチャーがあります．すなわち，既成品を購入して対価を支払うという価値観が非常に弱い空間です．さらに，ネットの世界には全員参加の「協働」を基本とする．そして，「ネットワーク」という言葉に象徴される「開放性」と「分散」が基本ですから，当事者や関係者がどんどんつながって世界を広げ情報交換をする．権力の集中を回避し，多様な参加者間の協働による「集合知」を生み出すことが目標で，「頭脳は末端にある」というのがインターネットの基本的世界観であり価値観です．

　これに対して，ジャーナリズムの場合，中枢に記者や編集者から成る編集部という頭脳があって，そこで情報をつくり，不特定多数に向けて一方向的に発信します．ジャーナリストたちは，情報収集のために政府の要人に会い，記者会見を開けるなど，いろいろな特権を独占しています．そして何より，つくられるニュースは商品として対価が発生します．末端に多様な知識や知恵があって，それをみんなで生かしていく．できあがったものは仲間同士で評価し合って，その中で称賛されるものがトップに躍り出

る．たくさん「いいね！」がつき，シェアされれば，それが「良い」というネット世界とは好対照です．インターネットは，一見すると非常に大衆迎合的ではあるのですけど，もともとは研究者という均質的なメンバーシップをもとにした信頼の上に築かれた文化で，そこからピア・レビューというシステムも生まれました．ところが，いまやインターネットは研究者の世界以上の，一般大衆のものとなりました．それが1990年代以降の商用インターネットと呼ばれるものです．これが爆発的に普及したわけで，このあたりから，いろいろと話がややこしくなりました．

　この文脈で，トランプ政権の話を少ししてみましょう．2016年の大統領選挙の年に，私もアメリカにいたわけですけど，全米で57の新聞が，対立候補のヒラリー・クリントンを支持するという社説を出しました．これに対し，ドナルド・トランプを支持する，と書いた新聞はわずか2紙しかなかったのです．それでもトランプは勝利しました．このことから，アメリカでは，新聞は敗北したと言われています．もっと言えば，トランプに敗北したのは，クリントン候補だけでなく，20世紀までに発達した，アメリカの伝統的なジャーナリズムだったのです．

　では，トランプは，どんな戦略をとったのか．それはすでに聞いたことがある方もいらっしゃると思いますがとおり，ケンブリッジ・アナリティカ社（Cambridge Analytica，以下CA社）というデータ分析会社が，キャンペーンの選挙参謀として協力したと言われています．そして，このキャンペーンには，熱心な共和党支持者で，超保守的な億万長者でヘッジファンドの投資家，ロバート・マーサーという人が多額の出資をしていたと報道されています．このCA社は，その名の通り，もともとはケンブリッジ大学の研究者によって立ち上げられたデータ分析会社です．同社のリチャード・ロビンソン副社長は，次のようにコメントしています．「水曜日の雨の朝に投票所に行かせることと，いつも使っている歯磨き粉のブランドを変えさせることは，さほど変わりはない．」彼からすれば，投票行動も購買行動も同じ．ツイッターやフェイスブックなどのソーシャル・メディアのデータを駆使して，人々の選択（チョイス）に影響を及ぼすことができるというのです．

　さて，CA社は，こうした操作をどうやって行なっていたか．それは，

ケンブリッジ大学で社会心理学を専攻していた若手研究者の発案を下敷きにしていたと言われています．その方法とは，まずはフェイスブック・ユーザーに被験者になってもらい，被験者たちには同時に性格テストのアプリをダウンロードして，この性格テストを受けてもらいます．調査側は，このアプリのダウンロードを通してフェイスブックのプログラムとの連携をつくり，テストの結果とともに被験者たちのフェイスブックのプロフィール，書き込み，シェアした情報や「いいね！」をクリックした情報なども同時に吸い上げていきます．最終的には，調査者は，入手した被験者たちの性格テストの結果とフェイスブック上の行動を通して，人間の性格や性向，趣味や関心事，思想信条，交友関係など多くのデータを結びつけることが可能になり，さらに詳細な行動予測もできるというのです．CA社は，フェイスブックのユーザーを募って実験に参加してもらい，こうしたデータ収集をし，さらにはこの被験者の「友達」の情報も勝手に入手していました．こうして，3000万人から7800万人のフェイスブックのデータが，2016年の大統領選のキャンペーンの分析に無断で使われたと言われています．

　私ももともとこの方法を考案した社会心理学者の論文を読んでみました．それによると，たとえば，性格テストをした被験者の中で，フェイスブック上で「ハローキティ」のブランドを「いいね！」した人たちを集めて見ると，傾向としては，好奇心が旺盛だが，勤勉性，協調性，情緒安定性に欠ける．政治的には民主党支持者が多くてアフリカ系アメリカ人で，クリスチャンで，年齢は平均よりやや低い――とまあ，こういったプロフィールがわかってくるらしいのです．なので，どこかのスーパーで「ハローキティ」のイベントをすれば，アフリカ系アメリカ人でクリスチャンが多く来るのだろうと，集まる人たちの特性が予想できますし，しかも，性格分類をもとに個人的な対話集会にするか，派手な音楽イベントにするかなど企画を工夫し，ターゲットを絞ったキャンペーンを展開することができます．「ハローキティ」という一見政治的に見えないイベントの隣のブースで，人種の問題とか宗教の問題とかのパンフレットを置いておいたり，政治家が近くで演説をしたりすることもできます．このように特定の層に食い込んで効果を上げるキャンペーンを打つことができるというわけです．

　こうしたキャンペーン方法は「マイクロ・プロパガンダ」と呼ばれています．トランプ大統領は，選挙期間中，このような手法を駆使して，全米各地に現在のワシントン政治に不満をもっている多様な層に直接訴えかける，細やかなキャンペーンをしたと言われています．

　従来の大統領選といえば，たとえば，全米のテレビ・ネットワークのコマーシャル枠を高額なお金で買い付けて選挙 CM を打つといった，派手なメディア戦略が有名でした．また，とくに，相手候補を中傷するようないわゆる「ネガティブ・キャンペーン」も知られています．しかし，トランプ候補は，そういうキャンペーン方法にはさほど熱心ではありませんでした．どちらかというと，そういう伝統的なタイプのキャンペーンは，ヒラリー・クリントン候補やバーニー・サンダーズ候補のほうが展開していたと言われています．トランプ候補は，それよりはむしろ，データ駆動型マイクロ・プロパガンダに力を入れた．したがって，選挙に投入した資金も，ヒラリー・クリントンよりは少なかった．彼は，フェイスブックやツイッターからデータを収集して人心を摑む，合理的で効果的なキャンペーンを打っていたと言われています．

　なお，これ以外に 2016 年の大統領選挙戦で話題になっていたのは，「ボット・ツイート」と呼ばれるキャンペーンでした．オックスフォード大学のインターネット研究所のフィリップ・ハワード教授によると，トランプ候補のプロフィールを好ましいものにするために，ロシアから大量の「ボット・ツイート」が流されていたことがわかっているそうです．「ボット」とは，「ロボット」の略語ですが，どうやら，トランプ候補の発言や民主党に不利なニュースが，ロシアから大量にロボットによってリツイートされていたらしい．トランプ氏が大統領に就任後も，トランプ氏とロシアの関係がずっと取りざたされているわけですが，その理由は，ロシアから非常に多くの「ボット・ツイート」が流されていたことにも一因があります．人間の手ではなく，ロボットによって増幅されたロシアからの情報戦です．不気味ですね．

　しかし，「ボット・ツイート」は，不気味に感じるのですが，実際は，私でもみなさんでも，割と簡単に設定できるものだそうです．たとえば，ある夜に何かのイベントを企画する場合，多くの人が携帯を見る当日のお

昼休みの時間帯に宣伝のツイートが拡散されるよう自動設定してもらえる．こうしたサービスは，ロシアでなくてもトランプでなくても，だれでも手軽に利用できるそうです．私はやったことがないのですが．そういった「ボット・ツイート」が，トランプのキャンペーンの場合，ロシア発で大量に自動設定されて流れてきたということらしいです．

この手法はトランプだけでなく，英国のEU離脱のキャンペーンにも使われ，他にも，シリアなど，さまざまな国の世論操作に使われてきたようです．さらに，最近では，政治的キャンペーン色の強いフェイスブックのアカウントが，架空の人物によるものだったということが見つかり，それらをフェイスブック社が閉鎖したというニュースもありました．

そんな中で，いま，「ファクト・チェック」という言葉が，非常に脚光を浴びています．ただし，「ファクト・チェック」を過信してはいけません．まず，インターネットの情報量は膨大ですから，ネットの情報をすべてファクト・チェックするのは無理です．そこで，たとえば何が起こっているかというと，ファクト・チェッカーが警告しないニュースに対して，これは警告していないから大丈夫だと信じ込んでしまうという人たちが出て，困っているという報告があります．とくに，若い人，そして教育程度の低い人のほうが，信じてしまう傾向が強い．さらに，保守派の中からは，保守派の視点で書かれたニュースが「ファクト・チェック」によって弾かれることを理由に，「ファクト・チェック」という行為そのものが党派的で，言論弾圧だと主張する者も出てきました．たとえば地球温暖化は起こっていないから環境に影響はないと言い切っている人たちに対して，それは「ファクトじゃない」と言ったところで，水掛け論が始まってしまいます．アメリカには，地球温暖化だけでなく，信仰に基づいた進化論否定者，同性愛否定主義者などが保守層を中心に一定の割合で存在しています．そういう見解をもつ人たちに「ファクト・チェックの結果，あなたの信じていることは間違っていますよ」と指摘しても聞く耳をもたない．このように，「ファクト・チェック」の効果にはかなり限界があります．また，とくに左翼リベラルの言論統制だとイデオロギー化する人たちも現れて，ますますアメリカ社会の溝を広げているとも言われています．つまり，一見役に立ちそうな「ファクト・チェック」という行為そのものにも，その効

用や社会的影響について，いろいろな見方や議論が出ているのです．

　もう1つ話題になっているのは，「プラットフォーム」という概念です．グーグルや，フェイスブックというのは，あらゆる情報の広場であり，運営主体である各企業は，中立かつ公共的な「プラットフォーム」を提供しているのだと主張してきました．たしかに，だれもがアカウントを持つことができるので，さまざまな情報がプラットフォーム上にそのまま公開されています．しかし，実際には，クリック数が稼げるような興味本位のコンテンツや，カネと権力がある者たちのコンテンツは，プラットフォーム上でもっとも目立つ場所を専有する仕組みができあがっています．これがコンピュータのアルゴリズムと呼ばれる仕組みです．したがって，実はネットは，そこまで中立的でも公共的でもない．かつてのネット・ユーザーたちが大切にしてきたフラットな場でもない．企業に支払うカネの多寡で決まる厳しい格差社会なのだということです．こうした中で，社会のマイノリティや弱者が声を挙げる場をいかに確保していくかという視点はネットから抜け落ち，資本主義の勝者がますます利を得るというカラクリができあがっていると言われています．

　そして，さらに問題なのは，こうしたプラットフォーム運営会社は私企業です．私企業がアルゴリズムに関するデータを握っていて，外部の者が実態を把握することができないのです．ツイッター社のデータは公開されているものがほとんどで，お金を出して買うことができますが，大量のデータ料金は高い．また，フェイスブックの情報はユーザーによって公開が制限されている個人情報です．しかもフェイスブック社は，さまざまな情報操作や疑惑があっても，なかなか調査に協力してくれない．ファクト・チェッカーたちは，同社の対応に非常に不満をもっていると言われています．フェイスブックもツイッターもいまでは非常に多くの人が使う，その意味で公共的なツールであるのに，それは公の目の届かない私企業によってコントロールされているのです．

おわりに

　そろそろ締めくくりです．アメリカのジャーナリズムは，いろいろな意味で厳しい状況に置かれています．第1に市場原理に任せた結果，テレ

ビも新聞もますます寡占化が進み，多様性が失われたと批判されています．ある意味でトランプ政権は，この点に対する大衆の不満に敏感に目をつけて，巧妙にメディア批判を展開しています．第2に，自由主義の徹底化とアイデンティティ・ポリティクスの浸透によってアメリカ世論は分極化し，社会も分断されてしまいました．それに伴ってジャーナリズムをはじめ，言論や表現の世界も分極化が進行しています．この現象によって，人々は自分が支持しないメディアに対して疑心暗鬼になっており，社会全体でメディア不信が高まっています．トランプ大統領は，この分断状況もうまく利用して，メディア戦略，いやメディア攻撃をしています．3つ目には，ネット企業の台頭によって，アメリカ社会を支えてきた伝統的なメディアが追い詰められており，良心的で良質な調査報道を担うジャーナリズムの存続が危ぶまれています．そのかわりに，当事者の声を反映させたソーシャル・メディアの隆盛が顕著です．いまやおなじみになった，トランプ大統領のツイートも，こうした状況をもの語っていますよね．大統領の発言は，これまでは「記者会見」によってしか伝えられてこなかったのですから，彼にとってはメディアは無用の長物と言わんばかり．そこまで極端な見方でなくても，メディアの役割の見直しは急務です．最後に，自由と多様性の象徴と考えられてきたネット市場も寡占状態が定着しました．いまや私たちは，グーグル，アマゾン，フェイスブック，アップル（GAFA）というアメリカを拠点としたプラットフォームを経由せずに情報も入手することは困難な状態ですし，おそらく日常生活を送るのも難しいのではないでしょうか．他方で，こうしたネット企業は，どこまで公正かつ正確で豊かな情報・コミュニケーション文化の担い手として，社会的責任を意識しているかは疑問です．利潤追求第一の資本主義社会においては，どうしても，金儲けが優先される．金持ちが勝つ社会はますます増長されているのではないでしょうか．

　誰もがアクセスでき，自分たちの手で言論や表現を公開できるインターネットは大きな可能性を秘めています．実際，オバマ大統領は，2008年の選挙キャンペーンでソーシャル・メディアを活用してふつうの市民たちを動員し，大統領の座にのぼりつめたと言われました．ところが，2016年の大統領選挙では，同じくソーシャル・メディアを利用して，トランプ

大統領が誕生し，オバマ大統領の時代とはまったく異なる社会をつくろう
としています．気に入らないメディアを「フェイクニュース！」と大統領
自らが非難のツイートをする．そして，それをマスメディアが報道する．
就任以来，そんな状況が繰り返されて今日に至っています．

　20世紀半ば，独裁者たちは自らの支持をとりつけるためにジャーナリ
ズムに介入し，抵抗する者たちの言論を封じ込め，国家を戦争に導いて国
全体に不幸をもたらしました．こうした歴史を踏まえて，自由主義国家の
ジャーナリズムは，政治権力から独立して権力を監視し，政府がやるべき
ことをやっているかを追及することが仕事だと理解されてきました．

　しかし，今日，グーグルやフェイスブックなどの巨大企業が情報を占有
している．あるいは，これらの企業は，カネと権力のある者たちにデータ
を渡している．そして，私たちは，見えないところから行動を監視されて
いる．そんな状態になっています．大統領も首相も官庁も，そして『読売
新聞』だろうが『朝日新聞』だろうが『ニューヨーク・タイムズ』だろう
が，皆，フェイスブックやツイッターを利用していて，こうしたアメリカ
のIT企業に依存している．こうした状態についていま一度考えをめぐら
さなくてはならないと思います．

　これまで，ジャーナリズムは，1つの国の中で，たとえば日本の国会，
日本の政治を監視してきた．アメリカでは，アメリカのジャーナリズムが，
アメリカの政府を監視してきた．けれども，こうしたグローバルなIT企
業の覇権と支配については，だれがどのように監視するか．その役目を引
き受けるジャーナリズムはどこにあるのか．グローバルな展開を続けなが
ら，私たちの生活のありとあらゆるところに入り込んでいるアメリカの巨
大情報産業をどう扱うかは現代社会においてもっとも重要なテーマである
と言っても過言ではありません．

　本日の講義はアメリカのメディアの講義ではありましたけれども，実は
その動向は日本に住む私たちにも直接関係するものです．その点を忘れて
はいけないと思います．

Q　アメリカでは，メディアに対する規制があまりないという説明がありました．今回，フェイスブックの情報漏えいの問題で，ザッカーバーグ CEO は，上院司法委員会公聴会に出席しました．とはいえ，結局は規制が強まる気配もありません．これから規制は強化されていくでしょうか．

A　この事件は，もしトランプが大統領にならず，ヒラリー・クリントンが大統領になっていたら，明るみには出なかったのではないかとも言われています．アメリカ自由主義のシンボル的存在であるフェイスブックのザッカーバーグ CEO がネクタイを締めて上院公聴会に出席し，議員たちの追及を受けたのは，それ自体象徴的な事件でした．今後の規制のあり方の行方はまだ不透明ですが，アメリカの世論も，個人情報データの違法入手に敏感になりつつあり，監視社会の気持ち悪さも話題になっていますので，なんらかの強化対策が取られるのではないかと思います．しかし，どこまで規制することができるのかは疑問です．私たちは，クレジットカードをはじめ，オンライン化の便利さと引き換えに，自分たちのプライベートな情報をすでにたくさん企業に渡していますから，その状態を逆戻させることはなかなか難しいと思います．

Q　日本のメディアの発展形態とアメリカのメディアの発展の大きな違いというのは，どこにあるのでしょうか．

A　日本は GHQ に占領された時に，アメリカの全米新聞編集者協会倫理綱領を翻訳して日本新聞協会新聞倫理綱領としました．日本にとって，アメリカというのは，いろいろな意味でジャーナリズムの先生です．ピューリッツァー賞への憧れも日本では強いですし，アメリカのジャーナリズムをお手本として話をする学者や記者もたくさんいます．また，日本の新聞社やテレビ局では，ワシントン特派員経験は出世の王道です．本題に戻りますと，アメリカと日本の大きな違いは，アメリカのメディア業界は，基本的に自由で市場原理が貫徹しており，競争が非常に激しいのです．これに対して，日本のメディア業界は「護送船団」と呼ばれるように，どこかで親方日の丸意識があり，実際，非常に守られています．もちろん，既存

の新聞社同士，テレビ局同士で部数や視聴率を争っているので競争があるにはあるのですが，アメリカから見るとあくまでもそれは同じメンバーの中での「小競り合い」に見えます．たとえば，新聞に限れば，日本の新聞社のほとんどが，戦中の一県一紙体制という言論統制状態を維持して現在に至っています．テレビ局は，長らく東京キー局，つまり日本テレビ，テレビ朝日，TBS，フジテレビ，テレビ東京の5局とNHKが支配している．現在CSなど多チャンネル化が進行していますが，そこでも，地上波キー局の子会社や別会社などが優勢です．

　これに対して，アメリカでは，伝統的な3大ネットワーク以外に，CNNやFOXなど新しいテレビ局が台頭し，話題をさらっている．また，3大ネットワークのオーナー企業もいろいろと変わりました．あるとき，日本ではなぜ放送事業者はここまで変化がないのですかと管轄省庁である総務省の人に聞いてみたのですが，その方も「なぜでしょう，先生，わかりません」と．ほんとうにわからないのかしらばくれているのか（笑）．日本のメディアの景観は，結局戦後ほとんど変化がありません．日本では，既存の新聞社と放送局が束になって現状のメディア業界を牛耳っています．アメリカももちろん寡占状態なのですが，それは自由競争の結果であって，日本のように何十年も既得権益を守ってきたというわけではないのです．

Q　新聞の発行部数の日米の大きな違いについてはどうなのでしょうか．

A　なぜ日本の『読売新聞』が1000万部を誇示し，アメリカの大手では，たとえば『ウォール・ストリート・ジャーナル』が110万部程度なのか．これも産業構造と関係します．日本の新聞社の場合，イデオロギー性を消して，いわゆる「ナベカマ」商法といって景品つきで全国各地の販売店が営業をし，一人でも多くの読者を獲得することが至上命題だったのです．そして，そういう時期が戦前から，戦後にかけて長く続きました．日本の代表的な全国紙と，『ニューヨーク・タイムズ』や『ワシントン・ポスト』などのアメリカの代表的な新聞の記事を読み比べれば，日本の記事のほうがずっと短いし，簡単でわかりやすい．アメリカの有力紙はどちらかというと，エリート向けで，言葉も難しく記事も長い．日本の新聞をよく「一般紙」と表現することがあるのですが，この言葉に象徴されるとおり，日

本の新聞は「中学生でも読める」ことを照準にした宅配される一般家庭向けのつくりになっています．こうした日本独特の新聞という「商品」のつくり方，売り方によって，購読者数 1000 万部，800 万部などの数字が実現しました．また，アメリカは国が大きく，州の権限が強い連邦制をとっています．そういう地理的，文化的，政治的条件から，いわゆる「全国紙」というのが発達していないのも，100 万単位の部数が登場しない理由だと思います．

Q　日本のメディアは中立・公正であるとイメージしていました．今日の講義を聞いていると，アメリカでは，そうとは限らないというお話もありました．では，日本ではいまどうなっているか，お聞きしたいです．

A　日本のメディアは，アメリカほどはイデオロギー的な分極化は起こっていないと言われてきました．しかし，現状では，日本でもとくに新聞や雑誌でかなりイデオロギー色が鮮明になっている媒体があります．『産経新聞』はその一例で，非常に保守的で右翼思想媒体のようになっていると思います．このほか，『読売新聞』も保守的だと言われています．これに対して，『毎日新聞』，『朝日新聞』『東京新聞』はいわゆるリベラルな思想寄りの媒体だと言われています．その背景には，ネットの影響があると思います．ネットは，書き手のプロフィールや思想がとても問われる空間です．ネットでは，いったい誰がどういう立場で発言しているのかが重要です．書き手がわからないような新聞の社説的言論空間は，あまり通用しません．もちろん，ネットには多くの匿名の書き込みが見られるのも事実ですが，他方で，発信者の強い立場性，思想性，メッセージ性がないとアピールしない空間でもあります．これまで大手マスコミがよくやってきた，いわゆる両論併記のようなスタイルは，受け容れられにくくなっているのではないかと思います．

　日本の放送の分野では，2018 年 3 月に，放送事業者に「政治的公平」や「多角的論点の明示」を義務付けている放送法 4 条を撤廃して，放送をもっと自由化するべきだという意見が政府周辺から出てきて話題になりました．政府が放送側の規制緩和をすることによって通信事業との垣根をなくし，業界を活性化するのが狙いだったと言われています．しかし，こ

の報道がなされた際，政府は関係各方面から一斉に厳しい批判を受けたため，一転して具体的な検討をする予定はなしと態度を変化させ案はお蔵入りとなりました．しかし，今後この議論は再燃すると思います．やがては，伝統メディアであるテレビのコンテンツにも，立場性を強く問うネットの影響が及ぶ可能性があります．アメリカは 1980 年代にフェアネス・ドクトリンが撤廃されて放送事業の規制緩和が一気に進みましたが，日本も放送事業の規制緩和や完全自由化は，時間の問題といわれています．これに対し，ヨーロッパ，とくにイギリスの BBC は，「公平・中立」にこだわっています．しかし，同じように，社会の各所から，公平性や中立性という価値の維持は疑問視され，「公共放送」不要論が飛び出すなど，情勢に変化が見られます．

Q　メディアはこの大変容の時代，これからどうするのか．そして，私たち自身は，この状況でどういうスタンスをもてばいいのか，ということについて教えてください．

A　従来のジャーナリズムには，反省するところがたくさんあると思うのです．まずは，情報収集のプロセスが不透明で一般市民からは閉ざされてきたため，権力との癒着関係が生まれやすかった．記者たちは，政治家や官僚から特権的に匿名情報をもらい，スクープをとってきました．その結果，権力にさらに操作されてしまうというミステイクを犯してきたと思います．他方で，一般市民が関係する事件では，記者たちは容赦なく実名を出して報道し，プライバシー侵害や冤罪事件などの人権侵害も犯してきました．メディアの人たちは，どうやら政治家や官僚には気を遣うけれども，一般市民には気を遣ってこなかったではないかと，社会ではメディアへの不信感や批判的な感情が溢れています．現在，一般市民も自分で情報を発信し，ある程度，大メディアと互角で勝負できるようになりました．こうしたことから，メディア側も，もう少し一般の人々に近い感覚を身につけて，人々の日常に寄り添った，通常の感覚で共感できる情報提供をしていくことを考えるべきではないかと思います．

　とはいえ，巨大な権力は今日も存在しますし，むしろ今日の講義でも指摘したように，グローバル化の中で，富がほんの一握りの巨大資本にます

ます集中する時代になっています．したがって，組織としてのジャーナリズムが権力や資本を監視し，きっちりと調査をすることも，これまでになく重要な役目となっています．講義でも触れましたが，ネット時代になり，たくさんの情報はタダで読める時代です．しかし，私たちは，権力に食い込んで取材・調査をし，厳しく政治を監視する，そんなプロによる良質なジャーナリズムをあえて応援をしていくこともまた，市民として大切な仕事なのではと思います．

参考文献

林香里. 2017.『メディア不信　何が問われているのか』岩波新書.

Pickard, Victor. 2016. "Media and Politics in the Age of Trump." in *Origins. Current Events in Historical Perspective*: the History Departments at The Ohio State University and Miami University.

　　https://origins.osu.edu/article/media-and-politics-age-trump.

現代アメリカ 「性」のキーワード

吉原真里

ハワイ大学アメリカ研究学部教授

吉原真里（よしはら まり）

ハワイ大学アメリカ研究学部教授. 東京大学教養学部卒, ブラウン大学アメリカ研究学部修士・博士課程修了. 専門は, アメリカ文化史, アジア-アメリカ関係史, ジェンダー研究など. 著書に *Embracing the East: White Women and American Orientalism* (Oxford, 2003), *Musicians from a Different Shore: Asians and Asian Americans in Classical Music* (Temple, 2007),『ドット・コム・ラヴァーズ——ネットで出会うアメリカの女と男』（中公新書, 2008),『性愛英語の基礎知識』（新潮新書, 2010),『ヴァン・クライバーン国際ピアノ・コンクール——市民が育む芸術イヴェント』（アルテスパブリッシング, 2010), *Dearest Lenny: Letters from Japan and the Making of the World Maestro* (Oxford, 2019) など. 2014年より American Studies Association の学術誌, *American Quarterly* の編集長を務める.

はじめに

　今日は，せっかくアメリカの大学で教鞭をとってきた者による講義ですので，アメリカの大学で一般的な授業形態をみなさまに体験していただくためにも，インターアクティブなフォーマットで行います．どうぞご協力ください．

　まずこの5人の写真をご覧ください（写真1）．今のアメリカで大変話題になっている人たちです．誰だかおわかりになりますか．

　まず最初（写真左上）は，ルース・ベーダー・ギンズバーグ．サンドラ・デイ・オコナーに続いて，史上2人目の女性連邦最高裁判事です．現在，9人の最高裁判事のうち，彼女とソニア・ソトマヨール，エレナ・ケイガンを合わせて，3人が女性です．ギンズバーグは現在85歳で，オバマ大統領が在任中に次を任命できるように，早めに引退したほうがいいのではないかという声が一部から出ていたのですけれども，まだバリバリ現役でやっています．

　彼女は，ブルックリンで生まれ育ったユダヤ系の人です．キャリアの初期は，ラトガース大学の教授をしながら，弁護士として，特に男女平等に関する諸問題に携わりました．

　まず1973年に，空軍の女性士官が，配偶者手当や住居手当が同じ職種に就いている男性と違うことに気づいて，法の下の平等に反するので違憲だということで訴えた際に，ギンズバーグが彼女の弁護をして，最高裁までいって勝訴しました．

　その2年後には，ある男性の弁護をしました．その男性の奥さんは学校の先生をしていて，お腹に子どもがいる状態で亡くなってしまったのですが，赤ちゃんは無事産まれ，その男性は，主夫として子育てに専念しようとしました．ところが，当時の社会保障制度では，夫を亡くした女性には遺族手当が出るけれども，妻を亡くした男性は同等の遺族手当がもらえないという仕組みになっていたんです．それは，男女の法の下の平等に反するという点で違憲であると同時に，社会保障の仕組み自体が，男性が女

写真1

性を扶養するものだ，というジェンダー規範を表している．そしてさらに，奥さんが教師として働いて納めていた年金が，男性が納めていたものと同じように扱われていない，というように，いろいろな意味で男女の平等に反しているとギンズバーグは主張し，これも連邦最高裁で勝訴しました．

　このようにギンズバーグは，男女平等を実現するためには，単に女性の権利を守るだけではなくて，男性の権利も守った上で，男女の役割分担に関する社会的な規範や前提を変革する必要がある，ということをよく認識した上で仕事をしていたわけです．

　1980 年には，カーター大統領によって District of Columbia の控訴審の判事に任命され，1993 年にはクリントン大統領によって連邦最高裁判事に任命されました．そして 1996 年には，それまで男子しか受け入れていなかったバージニアの陸軍士官学校に入学したいという女子学生が，入学を男子に限定するという校則は違憲である，という提訴をしました．ギンズバーグはそのときは，弁護士ではなくて，判事のほうだったのですが，彼女の強力な意見もあり，女子禁制という伝統を覆す判決が出ました．

　2007 年には，Ledbetter v. Goodyear というケースがありました．グッ

ドイヤーというタイヤのメーカーの工場で働いていた女性が，入社したときには，同じ職に就いていた男性と同じ給与だったものの，勤務年数を積んでいくにつれて，曖昧な基準での評価が何度もあって，退職する頃には，男性とかなりの給与の差があったということがわかり，性による賃金差別であると提訴して，最高裁までいきました．これは，結果的にはギリギリの5対4で敗訴しました．性による賃金差別があったということは間違いないものの，雇用時点から規定の180日を過ぎた後で裁判を起こしても裁判所は扱うことができない，というのが多数派意見でした．その際ギンズバーグは，「そもそも大抵の職場において，従業員は，隣や向かいで一緒に仕事している人がどのような賃金をもらっているかを知らない．不利な立場にいる人は，自分は不利な立場に置かれているということを知らないのが普通である．そのような現実のもとで，雇用の時点から180日以内でなければ提訴できないという法制度自体が不当である」という主旨の少数意見を表明しました．この場合，判決は彼女の意見通りにはならなかったのですが，裁判を起こした女性の名前をとった Ledbetter Fair Pay Act という法案が，後に議会の立法によって成立し，オバマ大統領就任後に最初に署名した法案となりました．

　このように，ギンズバーグはキャリアを通して，一貫してリベラルな立場をとってきたのですが，特に近年，連邦最高裁の保守化が進むなかで，彼女は以前よりもさらに強い立場をとって，若い世代を含む多くの人々に勇気を与える存在となっています．彼女の名前の頭文字をとった『RBG』というタイトルのドキュメンタリー映画が，アメリカではつい最近公開になったばかりです．私も見てきましたが，前向きな気持ちにさせてくれるいい映画です．日本でも公開（2019年5月公開　邦題『RBG　最強の85才』）されることがあると思いますので，是非機会があったらご覧になってください．

　次に2人目です（写真右上）．ジョージ・タケイですね．ロサンゼルス出身の俳優です．「スター・トレック」のテレビシリーズでスールーの役を演じて人気を博した，エンターテインメントの世界でのアジア系アメリカ人としてパイオニア的な存在です．

彼は1937年にロサンゼルスに生まれています．第二次世界大戦中の日系人強制収容の歴史はご存知だと思いますが，彼の家族は，アーカンソー州のローワーというところの収容所に入れられて，その後，カリフォルニア州テュール・レイク強制収容所に移っています．

戦争中，収容所に入れられた日本人とその子どもたちにアメリカ合衆国への忠誠を問う質問票が与えられました．アメリカ国籍である人たちを強制収容所に入れて，公民権を奪っておきながら，アメリカ合衆国に忠誠を誓わせるというのは，大変な矛盾に満ちた状況だったわけですが，その質問票に，日本国天皇あるいは他国の政府への忠誠を一切否定するかどうか，そして，従軍の意思があるということを含めて，アメリカ合衆国への絶対的な忠誠を誓うかどうか，という，特に問題となる2つの項目がありました．その2つの質問にNOと答えた人は，危険人物と見なされて，他の強制収容所よりもさらに苛酷な環境にある，刑務所のような，テュール・レイクというところに入れられました．タケイ一家はそのテュール・レイクに入っていた人たちです．

軍に服役してヨーロッパ戦線で活躍した日系人が多かったこともあって，戦争が終わって，1950年代，多くの日系2世が社会的上昇をしていきました．その頃にタケイは俳優としてデビューし，1966年から始まった「スター・トレック」シリーズで，非常な人気を博しました．

「スター・トレック」で活躍していた頃から，彼が同性愛者であるということを周りの人たちは知っていたものの，当時の時代風潮のなかで，そんなことを世間に知られたら役者生命は終わってしまうだろう，と危惧して，彼はそのことは一般には公表していませんでした．それが，2005年になって，彼はカムアウトして，長年付き合っている年下のパートナーと一緒に暮らしているということを，テレビ番組やラジオ番組で公表して話題になりました．2008年，カリフォルニアで同性婚が合法になったときには，ウエスト・ハリウッドで最初に結婚届を提出した同性カップルとなりました．

また面白いことに，彼は10年くらい前からFacebookを始めて，ものすごく活発に投稿をしているのです．なんと1千万人ものフォロワーを獲得して，他愛もない面白おかしい話題から，LGBTの問題，人権，移民

問題など，シリアスな社会的・政治的問題まで，いろいろなことを取り上げて，ソーシャル・ネットワーク時代の言論人のひとりとしても影響力を持つに至っています．

　最近では，彼自身が体験している日系人の強制収容の歴史をテーマにした，『アリージャンス』，つまり「忠誠」というタイトルのミュージカルをプロデュースして，自ら主演し，ブロードウェイ公演を経て，全米ツアー中です．

　次（写真左下）は，ケイトリン・ジェンナーという人です．

　生まれたときは，ブルース・ジェンナーという名前の男性でした．大学生時代にフットボール選手として非常に活躍していましたが，ひざのけがのため，陸上競技の十種競技に転向して，1976 年のモントリオールオリンピックで金メダルを獲得し，スポーツ界の王者として世界中に知られる存在となりました．それでずっと人気を博していたのですが，後から明かしたところによると，ジェンナーは，5 歳くらいの頃から，自分は男性ではないということに気づいていたそうです．徐々にホルモンセラピーや性転換手術を経て，2015 年に正式に，名前をケイトリンに変え，法律上の性別も変えて，カムアウトしました．『VANITY FAIR』という，ファッションやエンターテインメントから政治・社会問題まで幅広く扱う，発行部数の多い人気雑誌があります．この雑誌が巻頭記事で彼女を扱って，彼女は表紙のモデルにもなり，手記のようなエッセイも大々的に掲載されました．それ以来ジェンナーは，世界でもっとも有名なトランス女性として知られています．

　次（写真中下）はジュノ・ディアズです．ドミニカ共和国出身で，6 歳のときに家族とともにアメリカに移民し，ニュージャージーに育ち，ラトガース大学，およびコーネル大学で教育を受けながら，小説家としてデビューしました．

　原題 *The Brief Wondrous Life of Oscar Wao* という小説でピューリッツァー賞を受賞して，今アメリカでもっとも人気のある作家のひとりとなっています．『オスカー・ワオの短く凄まじい人生』（新潮社，2011 年）とい

うタイトルで邦訳も出ています．この小説を含め，彼の作品は，移民の生活や経験，特にラテン系移民の暮らしやアイデンティティを扱ったものが多く，幅広い執筆・言論活動を行っています．

『ニューヨーカー』という雑誌をご存知のかたは多いと思います．ここに短編や詩を載せてもらえれば，作家としての地位はある程度認められるというような，非常にレベルの高い雑誌で，文芸だけでなく，政治や社会問題を扱う調査ジャーナリズムでも卓越した雑誌です．調査に時間とリソースがかかっているだけではなく，とても力のある編集者が文章自体にものすごくたくさん手を入れることで有名で，結果的に文章が素晴らしいので知られています．

今年の4月に，この『ニューヨーカー』にディアズが寄稿したエッセイで，8歳のときに親しい大人から性的な暴行を受けた，という経験を告白して，大きな波紋を呼びました．そして，そのエッセイの掲載後およそ1ヶ月後に，ディアズからいろいろな形の性的なハラスメントを受けたという女性が何人も現れたのです．その告発が明るみに出たとき，彼はシドニーで文学祭に参加していたのですが，そのイベントでの登壇もキャンセルされて，いくつかの書店は彼の作品を撤去するような事態にも至っています．性的ハラスメントや暴力の被害者が，精神的，身体的なダメージを受けて，のちに自分が加害者になってしまうというのは，よくあるパターンですが，その悲しい一例になってしまいました．

最後（写真右下）は，この人です．テレビなどでニュースをよく見ていれば知っている人はいるのではないでしょうか．

エマ・ゴンザレス．両親はキューバからの移民で，彼女自身はフロリダで育っています．2018年の2月14日にフロリダのパークランドというところの高校で17人が死亡した集団銃殺事件がありましたが，その生存者のひとりです．

その事件後，あまりにも政府が何も行動を起こさないので業を煮やし，彼女は同級生と一緒に，銃規制を求める学生運動のリーダーとなりました．3月24日にワシントンで行われた，March for Our Lives（命のための行進）というイベントは，同時進行でアメリカ各地で高校生たちが運動を起

こしたことで，アメリカ史上でも最大の学生の抗議運動になりましたが，そのイベントの企画者でもあります．その壇上で，犯人が銃を撃ち続けた6分間を体現するために，力強いスピーチを途中で止め，6分間の沈黙をして，聴衆に大きなインパクトを与えました．

彼女はまた，バイセクシュアルであると公表していて，高校では，銃規制にかかわる活動の他にも，ゲイ＝ストレート・アライアンス，つまり，異性愛者と同性愛者，あるいはクイアと自認する生徒たちが交流したり理解しあったりするような活動を企画運営する団体の会長も務めています．銃規制だけでなく，これから選挙権を持つ若い人たちが政治を動かしていかなければいけないと訴えて，選挙への登録を呼びかけたり，全国ツアーをしたりして，活躍をしています．

以上，現代アメリカ社会における，性のあり方，様相，位置づけ，アイデンティティの多様性を示すために，今話題の5人をご紹介しました．

＊＊＊＊＊＊＊＊＊＊

「『性』のキーワード」というタイトルなので，残りの講義は，現代アメリカの政治状況や社会文化を表すいくつかの英語のキーワードを解説する，という形で進めさせていただきます．

まず，ごく基本的な前提を述べておきますが，今日，「性」という言葉を使うときには，「ジェンダー」と「セクシュアリティ」という2つの概念の両方を指してお話しします．

みなさん，漠然とはわかってらっしゃるとは思いますけれども，「ジェンダー」というのは，歴史的，社会的に構築されてきた，男女の境界線，役割分担，意識，意味づけや，「男らしさ」「女らしさ」とは何か，といったことについて形成されてきた，文化的概念を指します．

歴史的・社会的に作られたものですから，生物学的な性別とは必ずしも一致しません．さっきご紹介したような，ジェンナーのような人物は，生まれたときは男性器がついた男性だったわけですが，本人の意識も，そして現在のアイデンティティも女性ですから，生まれたときの性別と，ジェ

ンダー・アイデンティティは一致していないわけです．また，世間一般的に，「男らしさ」とは何かとか，「女らしさ」とは何かといった，文化通念として流通している概念と，実際の男の人や女の人が生きている人生や生活や意識とは，必ずしも一致しません．

一方，「セクシュアリティ」は，性的な欲求，アイデンティティ，意識，思考，性的に男性に惹かれるか女性に惹かれるかという指向，あるいはテイストという意味での嗜好，そして，性的な行為や表現，そういったものをひっくるめた概念です．

ジェンダーとセクシュアリティは同義ではないですが，もちろん密接に絡み合っているものです．今日は，その両方にかかわる内容をお話しします．

＊＊＊＊＊＊＊＊＊＊

それではここで，ちょっとクイズをします．現代のアメリカで広く流通している英語表現をもとに，「性」を考える，という意図のクイズです．

みなさん，お配りしたプリントのパート1を見てください．3つの単語やフレーズがありますが，それぞれ何を意味するか，答を書いてみてください．知らなくても想像で考えてみてください．そして，前に出ていただく3人は，用意してある画用紙に，大きく答を書いてください．

クイズ 1-1　Mansplaining
クイズ 1-2　Lean in
クイズ 1-3　Personal is Political

まず第1問の，Mansplaining，これは何でしょう？

Aさん　「男らしくない．Man, plain という単語が一緒になっているから」．なるほど．sが抜けてしまったのでちょっと混乱して不正解ですが，面白いですね．

Bさん　「逆ですね，男らしい．Man スプレー．スペルが違うのはわかっているのですが」．なるほど．

Cさん　「人に男性のことを説明する．explain からきているのかと思いました」．これは，man と explain からきているということを正確に当てているという点でとてもいい線を行っているのですが，残念ながらこれも不正解です．

これは，最近広く流通している造語です．男性が，多くの場合女性に向かって，偉そうにうんちくを垂れたり，滔々と物事を説明したりすることです．相手がその話に興味があるかどうか，あるいは，相手がその話題についてどれだけ知っているか，そんなことはまるで考えず，自分が話をすれば相手は興味をもってありがたく聞いてくれるはずだ，という前提のもとに，滔々とうんちくを垂れる．1対1の場でも，あるいは集団の会議のようなときにでも，しばしば見られる光景です．こうした言動を男性のものと特定するこのような造語ができて，日常会話で頻繁に使われているということ自体が，こうした行為がいかに世間一般で蔓延しているかを示しています．みなさんも，mansplain しているって言われないように，気をつけてくださいね．

　　次の Lean in はどうでしょうか？
　　Aさん　「壁ドン」．
　　Bさん　「電車の中で，すぐに異性に片寄ること」．
　　Cさん　「性向としてどちらかに傾く，という感じ」．
　みなさん，元の単語の意味からユニークな発想で考えていらっしゃって，とても面白いのですが，残念ながらどれも不正解です．

　Lean in の文字通りの意味は，前のめりになるっていうことですね．
　シェリル・サンドバーグという人物をご存知ですか．Facebook の最高経営責任者で，ビジネスの世界では，もっとも成功している人物のひとりです．彼女が書いた，『LEAN　IN』(クノッフ社，2013 年) というタイトルの本があります．特にビジネスの世界において，女性のリーダーが圧倒的に不足している，また，頑張っている女性でも，同レベルの男性と比べてなかなか能力を評価されず，出世が遅れる傾向がある，という現実を踏

まえて，その状況を分析し，女性の読者にアドバイスを与えた本で，ベストセラーになりました．日本語でも『LEAN IN　女性，仕事，リーダーへの意欲』（日本経済新聞出版社，2013 年）というタイトルで出版されて，話題になりました．

　あからさまな性差別や性的なハラスメントももちろん重要な問題ですが，この本では，よりピンポイントしにくい，女性自身の意識や行動，内在化してしまっている心理的な障壁を，大きく取り扱っています．「こんなことを言ったら生意気な女と思われるのではないか」とか，「あまりアグレッシブに交渉したら嫌われるんじゃないか，うるさい奴と思われるんじゃないか」とかいった意識が働いて，自分の給与についての交渉をする場合などでも，女らしく振る舞うべきだというジェンダーの概念に縛られて，女性自身が意識的なバリアーを作ってしまっている場合もある，と指摘しています．

　とにもかくにも，男性と同じテーブルに座って発言権をもつ．そして，実際に発言する．怖がらないで，大きな声をあげて，主張するべきときには主張する．そして，自分を正当に評価してもらうこと，自分の発言に耳を傾けてもらうことを，相手に要求する．野心をもつとか，出世を求めるということに対して，消極的にならず，前のめりになって生きていくようにと，サンドバーグは女性にアドバイスしています．その姿勢が Lean in です．

　では最後，Personal is Political という文はどういう意味でしょう？

　A さん「ある人が，例えば男性で生まれたけれど，女性なのかもしれない，と個人の中で葛藤すること．個人的な性的アイデンティティと格闘していることです」．面白いですが，不正解．

　B さん「個人は政治．相手に対して，あまり個人的な質問などしすぎると，政治的な問題に繋がるからよろしくないよ，という意味」．考えの向き方としては，間違ってはいないかなという感じですが，不正解．

　C「言葉遊びでナンセンス」．これも不正解．

　personal は，個人的，私的なこと．「個人的なことは政治的なことであ

る」，文字通り訳せばそうなりますね．

　これは，アメリカで 1970 年代に高まりを見せた第二次フェミニズム運動の頃に流布した，一種のスローガンです．

　男女間の不均衡，不平等というものは，法的な立場，政治的な権力，経済力の不均衡，社会的な影響力，そういった，いわゆる公の領域に現れるだけではなく，様々な大小の日常生活や，私的な領域においても展開される．例えば，結婚生活，家庭生活，恋愛関係，セックス．そういった，プライベートでパーソナルなことを含む様々な事柄にこそ，力関係の不均衡というのは現れるものだ．政治というのは，議会の中で起こるようなことだけを指すのではない．例えば，家で誰がゴミ出しをするかとか，女性が服装や髪型を選ぶときに，どういうことを考えて選ぶかとか，ベッドのなかで何がどういう風に行われるか．そうした，非常に個人的で，大きな社会問題とは一見関係ないと思われるような，プライベートな事柄にこそ，人々が無意識に内在化している，信じ切ってしまっている，男女観・ジェンダー観が現れるものである．そういった意味で，パーソナルなことは，ポリティカルなのであって，そうした細かな日常的なことからこそ，取り組んでいかなければいけない．

　という意識覚醒に，多くのフェミニストたちが取り組みました．その結果，家庭だとか男女関係のなかで，いろいろな意識改革が起こり，男女関係が変わっていったのです．その 1970 年代に，アメリカで流布した言葉なのです．

　狭義の意味での政治や，公の場で行われることだけでなくて，大小非常に細かなパーソナルな事柄も「ポリティカル」なのだ，という概念は，女性学やフェミニズム運動において，非常に重要な考えです．

1　＃MeToo 運動とそれが露呈するもの

　ではここで，アメリカで今もっともレレバンスの高い「性」の話題についてお話しします．

　2017 年 10 月 15 日に，性的な暴力やハラスメントの被害者であった女優のアリッサ・ミラノが，ツイッターで，性的な暴行やハラスメントを受けたことのある人は ＃MeToo，とただ一言返信してください，と投稿し

写真 2

ました．一晩明けて朝起きると，彼女自身の予想を何百倍何千倍と上回る，なんと3万人以上の女性が＃MeToo と返信していました．それが，世界的な＃MeToo 運動に発展したわけです．（写真2）

　＃MeToo 運動のターゲットになった男性のなかでも，最大級の話題を呼んだのが，映画会社ミラマックスの社長，ハーヴィ・ワインスタインです．（写真中上）実に80人以上の女性に対して，レイプを含む性的な暴行やハラスメントをしてきたということが，女性たちからの告発によって明らかになりました．その女性たちはずっと前から声をあげていたものの，どこにも対応してくれる人や組織がなかったところが，今回の運動のなかで告発が相次いで，ついにミラマックスも無視できなくなり，ワインスタインは会社から解雇されました．そして，ワインスタインは2018年5月に，性的暴行，レイプやその他の犯罪で逮捕されました．

　この事件に続いて，実にいろいろな分野で続々と告発が相次ぎました．

　テレビのアンカーマンのマット・ラウアー．「トゥデイズ・ショー」のホストとして，長年非常に人気があった人ですが，彼も多くの女性から，性的ハラスメントの告発を受けて，2017年11月に番組も局も降りていま

す．（写真右下）

　こちら（写真右上）は，ラリー・ナサル．オリンピックにも出場した女子体操チームの医者で，ミシガン州立大学でコーチをしていた人ですが，何十年にもわたって，少女から大学生に至るまで，いろいろな女性に暴行を働いていたことが判明し，裁判の際には，250人もの女性が彼に受けた暴行について発言をしに現れました．

　次（写真右から2番目下）は，ホルヘ・ドミンゲスといって，ラテンアメリカ研究で多くの業績を上げ大きな影響力をもった，ハーバード大学教授です．長年にわたって，女性の研究者や同僚，あるいは部下や学生に対して，様々な性的ハラスメントや暴行を働いていたことが明らかになり，去年の秋から休職，そしてこの春には退職すると発表しています．

　次（写真左から2番目下）はアル・フランケン．もともとコメディアンや役者，ラジオショーのホストとして人気があった人です．ミネソタから上院議員として立候補して当選して，2008年からは正式に政治家として活躍していましたが，2018年1月に，性的ハラスメントが問題になって，辞職しています．

　こちら（写真左下）はジェームズ・レバイン．メトロポリタン歌劇場の芸術監督を何十年も務めてきた指揮者で，クラシック音楽界では非常に大きな影響力のある人です．彼のハラスメント的行為は，ずっと昔から音楽界の人は知っていたそうなのですが，＃MeToo運動の流れが高まってきたことで，メトロポリタン歌劇場も無視できなくなり，解雇に至りました．レバインは，同性愛者で，若い男性，音楽の生徒や音楽家がターゲットとなっていました．

　最後（写真左上）は，ビル・コズビーです．非常に有名なアフリカン・アメリカンのコメディアンで，「コズビー・ショー」の主役ですが，60人以上の女性が彼に暴行やハラスメント受けたと訴えて，今年の春に有罪判決が出ています．

　あえてたくさん例を挙げたのは，いかにありとあらゆる分野で，ほぼ毎日，こういったセクシャルハラスメントについてのニュースが出ているかをお伝えするためです．

　この＃MeToo運動は何を明らかにしているか．いくつかの点が挙げられると思います．

　まずひとつは，立場の優位性を背景にした性暴力やハラスメントが，いかにありとあらゆる分野で日常的に行われているか，という状況です．＃MeToo運動の拡散のスピードと規模は，性暴力やハラスメントが，問題のある一部の男性によってなされる個別の行為ではなく，社会構造の一部として蔓延している現象だ，ということを表しています．

　ジェームズ・レバインの例にも見られるように，ハラスメントというのは，被害者が男性の場合もあります．必ずしも加害者が男性で，女性が被害者である，というわけではありません．しかし，圧倒的多数のケースでは，男性が女性に対して行うものだ，というのが現実です．そしてまた，加害者は，白人の男性であることが圧倒的に多いです．

　それは，ハラスメントというのが，性や人種による構造的，歴史的，社会的な優位性を背景にして，そして，報復行為を恐れて相手が何も行動しないということを前提にして，相手が望まないことをする行為だからです．つまり，肉体的な「力」だけでなく，社会的な「力」や影響力を武器にした行為なのです．そうした行為が，現代のアメリカ社会においてもどれだけ蔓延しているかということが，今回の運動で明らかになりました．

　それと同時に，ハラスメントを経験してきたこれだけ多くの女性が，この＃MeToo運動の流れを受けてやっと初めて発言する勇気を得た，ということは，ハラスメントについて告白したり告発したりすることが，どれだけ精神的に困難かということ，報復への恐怖がどれだけ強いか，ということを示しています．また，多くの被害者は，相手に対する怒りよりもまず，恥ずかしい，情けない，そんなことはなかったことにしてしまいたい，という気持ちが非常に強いので，被害者はより孤立していきます．こうした被害者の精神的負担というのも，この告発の流れが強くなってきたからこそ，明らかになってきました．

　さらに，＃MeToo運動に参加してきた女性の多くが言っているのは，今までもいろいろな人に相談してきたけれども，相手にしてくれる人がいなかった，ということです．相手にしないのは男性だけではありません．女性の上司や同僚に助けを求めてみたけれども，「男っていうのはそうい

うものなのだから」とか，「この世界はこういうものなんだから，我慢し
なさい」とか，「そういうのをうまくかわすことも能力の一部なんだ」と
か言われて，真剣に取り合ってもらえなかった，という発言をしている人
が非常に多いのです．また，往々にして，企業や大学は，組織としてのイ
メージを気にします．そうした組織の体質上，ハラスメントについての相
談を受ける部署や調査のプロセスがあっても，対応が不適切な場合が多く，
被害者ではなく，逆に加害者を保護するような状態になることが非常に多
かった，ということも今回の運動のなかで明らかになってきたことのひと
つです．

　そうしたなかで，＃MeToo 運動のなかで告発をしてきた人の多くは，
いくら言っても自分がいる組織や業界が対応してくれないことに業を煮や
して，メディアに訴えることによって，ビジビリティが高まって問題にな
った，というケースがとても多いです．つまり，真剣に被害者の話を聞き，
ことの深刻さ・重大さを認識し，それを世に伝え，ことを起こそうとして
くれる人や組織やメディアの存在と力が非常に大きい，ということがこの
流れでわかってきています．

　また，被害者にとってのダメージの大きさも，この流れのなかで露呈し
てきました．若いときにハラスメントを経験して，あまりのダメージに，
それまで就いていた仕事をやめてしまったり，相手と目を合わせるのが嫌
なばかりに，全然違う世界に行ってしまったりする女性が多いのです．学
問の世界を例にとっていえば，誰それに会いたくないからこの学会には行
かないとか，別の研究トピックを選ぶとかして，キャリアパスを変更して
しまうのです．あるいは，ハラスメントによる精神的・身体的ダメージに
よって，業績の蓄積が遅れるなど，職業的なダメージも多いです．PTSD
になってしまったり，鬱や不安が高まってパニック障害になってしまった
り，極端な例では，自殺に追い込まれるケースも少なくありません．

　被害者個人にダメージがあるというだけではありません．上司や同僚の
ハラスメントが原因で，有能な女性がその世界を全く離れてしまったり，
業績を積めなかったりするということが，いろいろな分野でこれだけ蔓延
してきたことで，組織や社会全体が，何十年もの間にどれだけの損失をし
てきたのか，ということも明らかになっていると思います．

　これまで，過去を忘れようとしたり，現状を我慢して受け入れようとしたりしていた女性が，自分も声を上げようという勇気を手に入れた，ということは，＃MeToo運動の功績として非常に大きいと思います．そしてまた，ハラスメントや暴行がいかに蔓延しているか，ということを，多くの男性に初めて気づかせ，自分の行動を振り返ったり，あるいは周りで起きていることについて，見て見ぬふり，気づかないふりをしていた自らの行動を反省することを促している，という効果は確実にあると思います．一人一人の意識の向上につながっている，という意味でも，この運動の功績は大きいと思います．そして，メディアが大々的にこの問題を扱っているということで，いろいろな組織の，迅速で適切な対応と行動変革にもつながるのではないかという希望も与えるものだと思います．

　そのいっぽうで，＃MeToo運動がすべての問題を解決するわけではありません．

　例えば，一定規模の企業や大学などの組織に勤めている人の場合は，どの事務所に行けば相談に乗ってくれるかということがある程度わかっていますが，世の中の女性がみんなそういう立場にあるわけではありません．メディアに訴えるなどという発想や勇気やスキルをもっているのも，ごく一握りの女性です．文句を言ったら，クビにされてしまうのではないか，家族を養えなくなるのではないか，という恐怖のために，今でも被害を告発できない女性は，世のなかにたくさんいます．それに，個人の家庭で働くベビーシッターや，店主ひとりに従業員ひとりといった小さな商店で働く女性で，雇用者に暴行やハラスメントを受ける人も少なくありません．農業に従事する女性，工場で仕事をしている女性など，相談に乗ってくれる人や組織がないようなところで生きている人もたくさんいます．そういう人たちの問題が，必ずしも＃MeToo運動で解決されるわけではありません．特に，文句を言ったら，自分が非合法移民であることを暴露されて，国外退去にさせられてしまうのではないか，という恐怖を抱えている人は，特にブルーカラーの労働者のなかでは非常に多いです．

　そういった意味で，告発する声というのも，社会階層だとか人種，国籍によって非常に不均衡で，みんなが訴える声をもっているわけではない，ということは認識しておく必要があると思います．

＊＊＊＊＊＊＊＊＊＊＊

　では，気分を変えて，クイズのパート2です．みなさん，プリントの
パート2にある3つの表現について，先ほどと同じように意味を考えて
ください．また，3人のかたに前に出て答えていただきます．

　　　クイズ2–1　Rice queen
　　　クイズ2–2　Planned Parenthood
　　　クイズ2–3　Hooking up

　この表現も，まずは言葉の文字通りの意味から，考えてみましょう．
Rice queen とは何だと思いますか？

　Aさん「rice の意味がよくわからなかったんですが，queen は女王だと
思うので，外見を装うぶりっこ的な傾向のことではないですか．日本だと
rice を盛る夫婦茶碗は，夫が大きくて妻は小さい．表面上，慎ましやかに
見せる傾向が日本人女性にあるので，それからとって，『ぶりっこ』です」．
なるほど，面白い．でも不正解です．

　Bさん「実家の母．家に帰ると必ずご飯がある，かつ母は強いというこ
とです」．よく考えましたね．でもこれも不正解です．

　Cさん「rice がよくわからないですが，ひとつのことのみで偉そうにし
ていること」．なるほど，さっきの mansplaining の印象が残っているよう
ですね．きちんと話を聞いていたことは評価しますが，答としてはハズレ
です．

　rice はもちろんお米ですね．アメリカでは，お米といえばアジアと連想
されることが多いです．queen は文字通り女王ですが，男性の同性愛者の
ことを口語的表現でクイーンと呼ぶことが多いです．その2つを結びつ
けるとどうでしょう．アジア系の男性を好む，主に白人のゲイの男性のこ
とを rice queen と言います．同性愛者でなくても，白人やアフリカ系ア
メリカ人でも，好んでアジア系の女性ばかり追い求める，という人がいま

すよね. そのゲイ版です.

次の Planned Parenthood というのは固有名詞なんですが, ご存知のか
た, いらっしゃいますか?

Aさん「子どもが生まれたときに, どういう風に育てようかという願望
とか, 計画ですね. 日本なら日本社会, アメリカならアメリカ社会の, 歴
史とか秩序を考えて子供を育てようとするので, 男らしく, 女らしくと,
本来あるべき社会的ジェンダー観に沿った育て方をすることを指す言葉だ
と思います」. なるほど. 直接の答としては間違ってるんですが, Planned
Parenthood という単語の字義通りの意味をきちんと考えた回答としては
面白いです.

Bさん「養子縁組. 文字通り, 親としての時間を自分で作る. 子どもを
作れない LGBT の人でもできる, 養子縁組」. これも直接の答としては違
うのですが, 思考としてはなかなか素晴らしいです.

Cさん「外向きにのみ親らしく振る舞うこと. 家庭では何をしているか
わからない」.

3人とも不正解なんですが, 考えかたはみなさんとてもよいです.

Planned Parenthood というのは, 団体の名前です. マーガレット・サ
ンガーという人物をご存知のかた, いらっしゃると思います. 20世紀の
初頭に, 産児制限運動で活躍した女性運動家です. 彼女が 1920 年代に産
児制限連盟という団体を設立したのですが, それを母体に発展した非営利
団体で, 全米に支部をもつ団体です.

性教育とか避妊, 計画出産, 性病の防止や検査や治療, あるいは婦人科
系のがん検査と治療, 非常時, 例えばレイプに遭ってしまったとか, 計画
していなかった性行為をしてしまったときの避妊, モーニング・アフタ
ー・ピルの処方, 性的アイデンティティについて悩みを抱えている人への
カウンセリングサービス, さらに, 避妊, 堕胎・中絶の手続きや手術など
も含む, 様々な医療関連サービスを提供する団体です. 現在では全米に
159 の支部と 600 以上のクリニックをもって, 約 250 万人の人が年間にこ
の団体の運営する機関を利用していると言われています.

　ご存知のように，堕胎・中絶をめぐる議論は，今でもアメリカで非常に大きな社会問題で，1973 年に中絶が合法化された後でも，地域によっては，望まない妊娠をしてしまった女性が簡単に中絶ができるわけではありません．そうしたなかで，Planned Parenthood のクリニックに行けば，お金がなくてもいろいろなサポートシステムを提供してくれるという意味で，多くの女性，特に低所得者層の女性にとって，非常に重要なサービスを提供しているのです．

　しかし，保守派，特に中絶に反対する団体などは Planned Parenthood を敵視して，Planned Parenthood が運営するクリニックの前で抗議のデモンストレーションをしたりして，暴力行使に至ったケースもあります．トランプ政権が，いろいろな意味で女性の生殖権を脅かしているなかで，Planned Parenthood への補助金が出なくなったり，メディケイドという低所得者層向けの健康保険が Planned Parenthood に適用できなくなったりということが，問題になっています．堕胎に反対する人たちのあいだでは，Planned Parenthood は中絶クリニックのように思われていることが多いのですが，それ以外も非常に幅広い重要なサービスを提供している団体でもあります．

　では最後，Hooking up とは何でしょう？

　Aさん「これは大変含蓄の深い言葉で，ひとりで，ガウンとかカーディガンとか，普段装っているものをフックにかけて，一時避難させるということからきています．特に男性は，セクハラとかジェンダーとかいった話題のときは，下手なことを言うと攻撃を受けるから，見ざる言わざる聞かざる，中立を保つというか，普段すごく，うんちくを傾けるようなことを言う人でも，こういう話題になると黙ってろ，という，そういう態度を揶揄している言葉．hooking up してるわ，という風に使います」．ここまでの講義で扱ってきた内容がきちんと頭に入っているということが感じられる，よく考えられた回答ですが，残念ながら間違いです．

　Bさん「去勢．単語のまま．これが一番自信があったんです」．なるほど．こちらも残念ながら間違いです．

　Cさん「狙い撃ちにする，誰かを引っ掛けて騙す，攻撃する．両方ある

と思うのですが，男性が弱い女性を狙って，というのもあるし，逆に女性が，こいつはなんか悪いことばかりしているとみんなで言ってかけるとか」．

みなさん，フックという単語の意味をそれぞれ独自に解釈していて，とても面白いですね．すべて不正解なんですが，みなさんの思考パターンは面白いです．

では正解です．恋愛感情とか，交際の意思がない状態で，セックスをするためだけに男女──男男，女女の場合もあるのですが──が会うことをhook up と言います．映画や食事やバーに行ったり，といういわゆる「デート」の行為を伴わず，単にお互いがセックスをしたくて，セックスだけが目的で会うことです．

若い世代，特に今の大学生の間では，こうした hook up がひとつの文化になっていて，性的関係，性行為のひとつの形として一般的になっている，と言われています．もちろん，こうしたデータ収集は非常に難しく，調査があったとしても，みんなが正直に自分の性行為について語るわけではないので，非常に統計化はしにくいのですが，ある研究によると，多くの大学のキャンパスでは，恋愛感情を伴わないこうした性行為を日常的にしていると言っている人が約15%．積極的にそういう文化を拒否している人が約15-20%．45% くらいの人は，そんなにいいと思っているわけではないけれども，それが一般的な文化となっているから，自分もそういうことを時々はやったりする，と言っている，という統計があります．ということで，日本の感覚からすると，想像しにくいかもしれませんが，特に若い世代のあいだではかなり一般的に，フックアップ文化というのは，広まっているようです．これも現代アメリカ性文化の一面です．

2　セクシュアリティと LGBT 運動

最初にお話したように，セックス，性的な欲求，欲望，アイデンティティ，意識，思考，趣味，行為，表現などを全般的にセクシュアリティと言いますが，多くの場合，セクシュアリティというと，一番に連想されるのが，性的マイノリティの問題で，セクシュアリティといえば LGBT のこ

とだ，と思う人が多いです．LGBT というのは，性的なアイデンティティ
ですから，それは間違いではないのですが，マジョリティである異性愛者
ももちろん性的な存在であるわけで，様々なセクシュアリティをもってい
て，体現・表現している，ということは，理解していただきたいと思いま
す．

　LGBT をめぐる問題で，近年もっともビジビリティの高いものは，同性
婚です．2015 年には，全米で同性婚が合法化されましたが，それまでは
非常に長い道のりがありました．

　1969 年のストーンウォール暴動がひとつの契機となって，同性愛者の
権利運動が高まってきました．ストーンウォール暴動自体は結婚そのもの
を問題にしたわけではなく，ニューヨークのビレッジにあるゲイバーで非
常に多かった警察の摘発行為に抗議するものでしたが，この事件が同性愛
の権利運動の火付け役となったわけです．そうしたなかで生まれてきた，
同性婚を合法化しようという動きと，それと同時に同性婚が合法化される
ことを妨げようという動きの両方が，1970 年から 2000 年にかけて高まり，
それはアメリカの政治的・社会的・文化的な分断を象徴するように，並行
して進んでいきました．州ごとに婚姻をめぐる法律が異なることから，州
によって結婚できたりできなかったりするという，ややこしい状況だった
のですが，2015 年に，ついに同性婚が連邦レベルで合法化されたことに
よって，今では，アメリカのどこでも同性のカップルが結婚することがで
きるようになりました．

　今でも LGBT を巡る議論や抗争はいろいろな形で続いています．

　例えば，同性婚が合法化されたあとでも，個人的に同性婚に反対してい
るケンタッキー州のある郡の公務員が，同性カップルの結婚届けの受付を
拒否して，処分されたという事件がありました．

　また，ウェディングケーキのケータリングの会社が，信仰の自由を理由
に，ゲイの客にはケーキを提供しない，と主張しているようなケースがあ
ります．それを合法とするかしないかという議論も，いろいろなところで
起こっています．

　また，トランスの女性や男性が，公共の場で，男性用トイレに入るか女
性用トイレに入るかが，非常に大きな問題になっています．いくつかの州

では，ジェンダー・アイデンティティにかかわらず，生まれたときの性別に従って公衆トイレを使わなければいけない，という法律を作るかどうかで，非常に大きな議論になっています．

このように，セクシュアリティをめぐる議論は，いろいろな場で展開されています．

＊＊＊＊＊＊＊＊＊＊＊

それでは，最後のクイズ3問です．これも，これまでと同じ形式でやっていただきましょう．

クイズ 3-1　Women of color
クイズ 3-2　Queer
クイズ 3-3　Pussyhat

まず women of color とは何を指すでしょう？

Aさん「有色人種の女性を好むレズビアン」．前回の rice queen の応用ですね．先ほどの話をきちんと聞いていらして感心ですが，残念ながら間違いです．

Bさん「全くわからないのですが，男でも女でもいい．色はなんでもいいという，バイセクシュアルの女性」．なるほど．これも，想像力は評価しますが，間違いです．

Cさん「なんらかの烙印を押された女性．colored というと黒人を通常指しますが，カラードではないので，なんらかの色をつけられた女性」．発想は面白いのですが，これも間違いです．

この英語，そのまま訳せば，「色のついた女性」ですね．colored という単語は，1950 年代くらいまでは，特に黒人を指す言葉として使われていましたが，公民権運動が高まってからは，差別用語と捉えられるようになり，一般的には使われなくなりました．ですから，現代において colored women という表現を使うと，差別用語と解釈されます．それに対して，women of color というのは，特に社会活動やアカデミアの世界では，非白

人女性たちが自分たちを指して積極的に使う言葉です.

　1970 年代に台頭したフェミニズム運動が, 白人のミドルクラスの女性中心の運動であったという批判が, 特に 70 年代の後半から 80 年代にかけて起こってきました. そうした抗議や反省に基づいて,「女性」と一口にいっても, いろいろな社会的カテゴリー, 特に人種の境界によって, 社会的な位置づけ, 立場, 役割というのは大きく違うのだ, という主張のもとで, 非白人女性が自らのことを指す呼称です.

　次の queer は, 単語自体を知らなければどうにもなりませんが,「性」という文脈の中でこの用語がどのように使われているか, という問題です.

　A さん「性的なマイノリティに対する蔑称……」.

　B さん「性的な逸脱. それが strange というか」.

　最初の答えは, 90% くらい正しいです. 今までに出てきた答のなかでは一番正解に近いです.

　queer という単語の直接的な意味は「奇妙な」とか, へんてこりんな, 風変わりな, 変質的な, というのが一般的で, 性的なことに関すること以外にも使われることもあります. そういった意味の単語を援用して, 同性愛者, バイセクシャル, トランスなど, 規範的な性的アイデンティティに収まらない人について, 蔑称で queer という単語が使われていた時期もありました. 今でもそういった意味で queer という単語を使う人もいないわけではありません.

　ただ, LGBT 運動が高まってからは, LGBT の人たちが, プライドをもって自分たちは queer だと自称する人たちが増えてきました. また, queer というのは, 必ずしも, 同性愛者や両性愛者のことだけを指すわけではありません.「男 vs. 女」とか「同性愛者 vs. 異性愛者」という二項対立的な性の考え方そのものに疑問を投げかけて, そうした二項対立的な世界観自体を拒否してしまおう, という意識が queer という言葉に込められています. だから, 性的マイノリティの人たちが自分たちのことを指して使う場合もありますが, 女性として生まれて, 女性としての意識があって, 男性と付き合う異性愛者でも, 自分のことを queer だと形容する人も

なかにはいます.

　もともと蔑称として使われていた用語が，その蔑称の対象だった人たちによって違った意味あいや目的に使われるようになった，という点で，言葉の歴史としては大変面白い例です.

　では最後の Pussyhat とは？

　Aさん「女性に生じる様々な問題を隠蔽する. 昔 pussy トークという，女性陣が喋るエロ映画がありました. pussy というのは女性器のことで，それを hat で隠す, だからそういうことを隠蔽する，という意味」. なるほど，面白いですね. でも不正解.

　Bさん「これ, 僕, ニュースで見たことがあります. 確か, トランプが当選した後に, マドンナの扇動で, インターネットで広がって, みんなで毛糸の帽子をかぶって, セクハラに対する非難運動をしたことを指すのではないでしょうか」. おめでとうございます. 正解です.

　pussy というのは，女性器を指す口語表現ですが，それと同時に，pussycat というのは，子猫ですね. トランプ氏が選挙キャンペーン中に女性について，Grab them by the pussy,「女性なんていうのはマンコを摑んでやればいいんだ」と発言したことが広く知られたにもかかわらず，大統領に当選してしまった. 女性蔑視の言動や暴行を働いた人が大統領の職に就いてしまうということに抗議をする女性たちが，ウィメンズ・マーチというイベントを組織して，史上最大の抗議集会になりました. そのときに参加者の多くが被った帽子のことです. pussycat をもじって pussyhat と命名されました. 女性的なものを象徴すると考えられているピンクの，猫ちゃんみたいな形にデザインした毛糸の帽子です.

　声を上げる女性たちの象徴として非常に影響力があったのですが，一部の女性たちの間からは，抗議の声も上がっています. ピンクという色は女性らしさと連想されてきたわけですが，pussy は女性性器を指している. でも，特に women of color の場合には，性器は必ずしもピンク色をしていない. だから，ピンクの pussyhat というのは，女性性器はピンクであるという固定観念を強化する. またさらに，トランスの女性を考えてみれ

ば，女性性器をもっている人たちだけが女性なわけではない．そのような点から，一部の女性からは，ピンク色の猫ちゃんの格好をした帽子が女性の象徴である，といった発想はよくない，という批判も上がっています．ただ，そのウィメンズ・マーチを代表する，物理的な「もの」としては，非常にシンボリックな役割を果たしました．

3　インターセクショナリティ

　それでは最後に，「インターセクショナリティ」という重要な概念についてお話しして終わりにします．

　これを説明するために，今お話に出た，ウィメンズ・マーチのことから入りたいと思います．これは，その名前だけ見れば「女性のマーチ」ですが，大統領就任式があった翌日の，2017年1月21日に開催された抗議マーチの参加者たちのかなりの割合は男性でした．そして，女性問題に限らず，性的マイノリティの権利，移民法の改革，医療改革，軍縮，女性の生殖権の問題，環境保護，軍縮に至るまで，実に幅広い問題についての意識改革と連帯を表明しました．

　もとは，トランプ氏の就任に異を唱えた女性たちが，フェイスブックなどのソーシャルメディアを通じて抗議アクションを提案したことに始まって，全米各地で，同様の提案をした人たちが連携して企画されたものです．そして，第二次フェミニズムについての反省から，この行進がミドルクラスの白人中心のものにならないように，積極的に，黒人団体や，様々な団体のリーダーと連携を組んで企画が進められ，先ほど紹介したPlanned Parenthoodが，ロジスティックス面での支援を提供したことによって，非常に大規模な成功したマーチとなりました．企画者の予想を大きく上回る参加者が集まって，ワシントンでの参加者は，だいたい50万人から100万人とも言われ，また，全米各地で同時進行で行進が行われ，全国的には300万人から500万人の人が参加したと言われています．1日にあった抗議行進としては史上最大規模のものとなり，また世界各地でも同じような行進が行われ，多くの著名人がスピーチをしました．

　私は，普段住んでいるホノルルで，ウィメンズ・マーチに参加してきました．ホノルルは小さい街ですが，5千人くらいの人が集まって，この規

模の街にしてはかなり大きいマーチになりました．そこでのエピソードを
ひとつご紹介します．

そのマーチでは，州議事堂の周りを1周し，最後に議事堂前に集まっ
て，そこでいろいろな団体を代表する人たちが，スピーチをしました．そ
のなかで，ネイティブ・ハワイアンの若い女性，主に10代20代の学生
たちのグループの人たちが，非常に雄弁なスピーチをしました．彼女たち
はまず，「ここでみなさんが，トランプ政権に反対，抗議するために集ま
っている州議事堂は，私たちハワイアンにとっては，屈辱の象徴なので
す」と述べました．1893年に，アメリカ合衆国が非合法にハワイ王国を
転覆させて合併したことによって，ハワイはアメリカの一部になり，その
後1959年に一部の住民の反対を押し切って州になったわけですが，ハワ
イアンにとっては，州議事堂というのは，そうした屈辱の歴史のシンボル
である，というわけです．「みなさんは，アメリカ大統領選挙の結果に反
対して抗議をしている．その抗議には私たちも賛成しますが，我々ハワイ
アンは，19世紀以来ずっと，アメリカ合衆国や大統領と闘ってきたので
す．アメリカの女性がトランプ政権と闘っていくためには，単にトランプ
を敵にするだけでなく，アメリカ合衆国の搾取の歴史，占領と征服の歴史
を直視して，脱植民地化，脱軍事化を目指していかなければいけないので
す」と主張して，最後壇上で，「We are not Americans! We are not Ameri-
cans! We are not Americans!」と声高に唱えました．

これをひとつの例として紹介したいのが，インターセクショナリティと
いう考えです．

これは，1980年代にキンバリー・クレンショーという法学者が使って，
少なくともアカデミアのなかでは一般的になった単語です．

インターセクション，といえば，交差点ですね．その単語をもとにした
概念です．

人種，民族，エスニシティ，国籍，ジェンダー，性的指向，社会階層，
そういった社会的カテゴリーというのは，それぞれが別個に存在している
のではなくて，相互に作用しながら形成されている，という考えのもとに，
どういう風にして力の不均衡が形成されているか，そのカテゴリーの「交

差」を考える，というのが「インターセクショナリティ」という概念です．

　例えば，ワーキングクラスの黒人女性の社会的な位置づけを理解するためには，一番手っ取り早いのは，その人のアイデンティティを「黒人」と「女性」と「労働者」という3つのカテゴリーに分けて，「労働者階級への搾取」＋「黒人への人種的差別」＋「女性への性的な抑圧」，という風に，足し算式で考えることが一般的です．でもそうした足し算方式では不十分である，とインターセクショナリティ分析では考えます．

　そもそも，19世紀アメリカの産業化で，資本主義社会が形成されていくなかで，白人の労働者というのは，自分たちは黒人奴隷ではない，また，自分たちは中国人クーリーではない，と，自らと他の人種と区別する形で，労働者としての自分たちの階級意識を形成してきたという歴史があります．そういう意味では，「労働者」という概念自体が，経済的な概念としてだけでなく，同時に，人種的な意味づけをされたカテゴリーとしても理解されてきたわけです．

　また，20世紀になると，例えば，工場などで働くブルーカラーのワーキングクラスの人たちにとっては，肉体を使う力仕事をして家族を養うということが，アイデンティティの重要な核となっていきました．つまり，その「労働者」や「ワーキングクラス」というアイデンティティが，経済的な立場としてだけではなく，体を使って仕事をすることこそが男だ，そして家族を養うことこそが男だ，という形で，ジェンダー的な意味づけがなされてきたのです．そして，家庭に父親不在というレッテルを貼られた黒人と，女性も社会でキャリアをもつ男女共働きの白人のミドルクラス，その両方と区別して，自分たちの「ワーキングクラス」としてのアイデンティティを作っていった，という意味で，人種的な意味づけもされているし，ジェンダー的な意味づけもされている．

　また，「人種」というカテゴリーにも，同じように階層的意味づけや，性的な意味づけがされています．さらに，多くの場合「女性」といえば，アメリカでは白人のミドルクラスのことを女性，少なくとも理想的な女性という規範が流通している，という意味で，「女性」というカテゴリーも，性的なカテゴリーであるだけでなく，人種的な意味づけや，階層的な意味づけがされてきたのです．

　このように，それぞれのカテゴリーが相関的に作用しあって意味づけさ
れていて，そうしたカテゴリーが，どういう風に交差して，人々の個人的
なアイデンティティや位置づけ，社会的カテゴリーがどういう風に出来上
がっているか，ということを考えることが重要だ，という考えが「インタ
ーセクショナリティ」です．

　みなさんご存知かと思いますが，白人女性の投票者の過半数は，女性蔑
視的な言動を取ってきたと知られているトランプに投票しています．それ
についてよくなされる説明というのは，「トランプに投票した女性たちに
とっては，ジェンダーよりも人種や階層の方が大事なカテゴリーだったか
らだ」，というものです．多くの政治学者もそういうような説明をするこ
とが多いです．「性」と「階層」と「人種」をそれぞれ別個のカテゴリー
として，どっちの方が重要かという考え方をするとそういう説明になりま
すが，それだといまひとつ十分な説明になっていない，と私は思います．
「インターセクショナリティ」という概念を使ってもっと精密に分析する
ならば，トランプに投票した白人女性の人たちが，ジェンダー・アイデン
ティティと階層的なアイデンティティと人種的なアイデンティティが交差
した中で，どのように自分たちの意識や利益を捉えているか，を分析する
ことが重要かと思います．

　今日，最初に紹介した5人の女性・男性についても，それぞれが，イ
ンターセクショナルなアイデンティティをもっているわけです．例えば，
ジョージ・タケイにしてみれば，「日系人」であり，「男性」であり，「同
性愛者」であり，「役者」である．それぞれのカテゴリーが，相互にいろ
いろな意味づけをして交差して，「ジョージ・タケイ」になっている．そ
れは，他の4人についても言えることです．インターセクショナリティ
という概念を使うと，彼らの位置，彼らが社会的に象徴するもの，彼らの
意識といったものを，より複層的に理解できるのではないかと思います．

Q&A　講義後の質疑応答

Q　最後のインターセクショナリティという概念について質問です．アメリカでは，特にビッグデータ処理とか，AIの活用で，計量行動学，統計学的な分析が，ものすごく進んでいるんですが，そういうところで，インターセクショナリティという概念は，実際に使われていて，なおかつ，例えば選挙のような，投票行動とか，意思決定の分析のために使われつつあるんでしょうか．

A　されつつあるのではないかと思うのですが，まだまだと思います．

　選挙の直後に，American Studies Association という学会の年次大会があって，矢口祐人先生と一緒に参加したんですが，そこで，まさに大統領選を扱ったパネルがあって，聞きに行ったのです．選挙がトピックなので，主に政治学者が登壇していたのですが，そこで話されていたことに，私はかなり違和感をもったのです．それぞれの報告内容には，学ぶことも多かったのですが，分析がまるでインターセクショナルでないのです．例えば，人種問題とか，南部の地域性の問題とか，クラスの問題とかという風に分けて，それぞれの専門の人を呼んで，パネルが組まれていた．ただ，それぞれの分析はあまりインターセクショナルでないのです．アメリカン・スタディーズという分野全体では，インターセクショナリティという考えが非常に一般的になっているので，そういうコンテクストのなかで，私から見たら，極めてインターセクショナルでないように見えたので，ちょっと質問してみたんですね．なぜそうなんですか，って．そうしたら，彼らの答は，確かに，政治学の分野では，インターセクショナルな分析というのがまだまだ遅れている，とのことでした．なぜかというと，数量分析をするときには，それぞれのカテゴリーを別個のものとして扱わなければ，数量化できないことが多い．一人一人の投票について，この人は白人で，女性で，大学教育を受けた人で，と別個に計算しなければ数量化しにくいので，その交差のありかたは捉えにくい．例えば「女性」というカテゴリーそのものがクラス的な意味を含んでいる，というような分析は，数量分析を中心にした学問ではやりにくいんだ，すごく遅れているんだ，って言っていました．もちろんインターセクショナリティという概念は，だんだん一般的にはなっていますし，もともと法学者が作った概念ですから，だん

だん広まってくるとは思うのですが，やはり，数量分析を中心にする社会科学系だと，質的分析を中心とする人文系の分野に比べると，その概念の使いかたは遅れているようです．

第7講

スポーツ

アメリカ社会を映し出す鏡

清水さゆり

ライス大学歴史学部教授

清水さゆり（しみず　さゆり）

ライス大学歴史学部教授. 専門分野はアメリカ外交史・国際関係史・海洋環境史. 上智大学外国語学部英語学科卒業. 一橋大学院法学研究科在学中にフルブライト奨学生としてコーネル大学に留学, 1991 年に Ph.D 取得（アメリカ史）. 1993 年よりミシガン州立大学歴史学部助教授. 同学部准教授（2000 年）, 教授（2010 年）を経て, 2014 年より現職. 2016 年から 2019 年まで大学院研究科長. 著書に *Creating People of Plenty*（2001）, 日米関係キーワード（2001 共著）, *Transpacific Field of Dreams*（2012）, *The Politics of the Olympics: Asia Rising*（2001, 共編著）など.

はじめに

　近代チーム・スポーツが組織化されたのは 18 世紀のイギリスにおいてです．そしてイギリスの海外植民地経営とともに近代スポーツは世界各地に伝播していきます．1776 年に北米 13 植民地がイギリスから独立しアメリカ合衆国を形成すると，スポーツはアメリカの国民文化を構成する社会制度の一つとして受容されていきます．19 世紀を通じてアメリカ合衆国が国土拡大を続けるなかで近代チーム・スポーツは北米大陸全域に広がり，その過程で大きく変容を遂げていきます．スポーツは多民族国家アメリカが理想として掲げる「自由」，「平等」，「フェアプレー」，「自己鍛錬」などの諸価値を具現するもの，アメリカ国民としての同化過程として表象されるようにもなり，数多くの国民的ヒーローを生み出してきました．野球のホームラン王のベーブ・ルース，バスケットボールのマイケル・ジョーダン，陸上のカール・ルイスなどのスター選手が輩出されてきたことからもわかるように，アメリカの歴史とスポーツは密接なかかわりを持っています．

　しかしその一方で，スポーツが全てのアメリカ国民に対して平等に開かれてきたわけではありません．「する」と「観る」双方の領域において，スポーツへの参加機会は，社会階層，人種，ジェンダーなどの社会範疇によって規定されてきました．本書の第 6 講の吉原真里先生の章で，インターセクショナリティという概念が出てきましたね．様々な社会機会やリソースが誰に開かれているかは，人種や性別に加えて階級，セクシュアリティなど様々な要素が絡み合いながら複合的に規定されているというお話でした．スポーツにおいても全く同じことが言えます．スポーツ観戦を誰が楽しむことができるか，誰がどの競技に参加しているかということを注意深く見ていくと，アメリカの社会のなかで誰が機会に恵まれなかったか，誰がどのスポーツをすることが可能であったか，そしてその事実がどういった形で文化的に表象され，社会的意味づけがなされてきたかということが透けて見えてくるのです．つまり，スポーツを分析装置として使うことによって，アメリカ社会の様々な側面・構造的特徴が可視化されるのです．その意味で，スポーツはアメリカ社会の光と影の両方の部分を映し出す鏡

のようなものと言えるのではないでしょうか.

1 トランプ政権下のアメリカとスポーツ

(1) コーリン・キャパニック

さて, トランプ政権の最初の2年間を象徴する3枚のスポーツ関係の写真をご紹介しながら, この講義を始めさせていただきます. まず (写真1) を見てください. これはアリカンフットボールのプロ・チームである, フォーティーナイナーズのディフェンシブ・プレーヤーであるコーリン・キャパニック選手です. この写真で彼は膝をついていますね. まずこの膝つきシーンの背景を説明させてください. 2016年のシーズンからキャパニック選手は, 当時アメリカ国内で政治問題化しつつあった黒人住民に対する白人警察官による発砲・暴力事件への抗議の意味を込めて, 試合前の国旗掲揚・国歌演奏中に膝をつき始めました. 最初はただ国旗掲揚中に椅子に座り続けていたのですが, その後目立たぬように選手の列の背後で膝をつき始め, そしてシーズンが終わりに近くなる頃から (写真1) のように膝をつくようになりました. 最初はその象徴的行為を行うのはキャパニック選手一人だけだったのですが, 次第に同調する選手が出てきて彼と一緒に膝をつき始め, 他のチームでも国旗掲揚と国歌演奏の最中に膝をつく選手が増えていきました.

2017年シーズン初めの9月にトランプ大統領がツイッターでこの件に言及し, 国旗掲揚中に起立しない選手は星条旗に敬意を表しない不逞の輩だ, 全米フットボールリーグ (National Football League=NFL) のオーナーたちはそんな不埒者はクビにするか選手資格停止にするべきだと息巻いたのです. その後南部アラバマ州で開催されたトランプ大統領の支持者集会で, 国旗掲揚時に起立しない NFL 選手たちを, "son of a bitch" という極めて口汚い表現を使って罵りました. そして "Get that son of a bitch, off the field, right now, out, he's fired", 「お前はクビだ! 」と叫んで, トランプ大統領は会場を埋めた保守的な彼の支持者たちからやんやの喝采を受けます. アメリカ連邦政府の職員, つまり公務員でさえ国旗掲揚と国歌演奏中は起立していないといけないという決まりはないのですが, まさにその要求を, いわば私企業の雇用者であるプロフットボール選手相手に突き

写真1

つけたのです。大統領のツイートとこの公の場での過激発言にNFLのオーナーたちは慌てふためき，試合前の国旗掲揚と国歌演奏中選手たちが起立することを義務づける方策はないものかとオーナー会議で検討するに至ります。

　さて，このキャパニック選手ですが，この抗議行為を巡って凄まじいバッシングを受け，その後自由契約扱いになってしまいます。2017年シーズン終了後，ボルチモア・レーベンスがキャパニック選手と契約することを一時期検討していたようですが，トランプ大統領はキャパニック選手と契約するような「非愛国的」チームを貶めるようなツイート攻撃をしてやると発言し，論争に火を注ぎます。アメフトファンのなかでも保守的な人たちは，国旗や国歌に敬意を払わない選手は許せないという態度をとったためNFLの試合のテレビ視聴率に影響が出始め，オーナーたちは慌てふためきます。プロスポーツはビジネスですから，ファンからバッシングを受けると自分たちの興業収入にも響いてきますから。トランプ大統領によるツイート攻撃の威嚇が理由かどうかはわかりませんが，レーベンスのオーナーは結局キャパニック選手と契約することを見送ります。早い話が，オーナー側がトランプ大統領の意向を「忖度」する形となったわけでして，キャパニック選手は現在も自由契約の身分のままです。つまり干されてしまったということです。トランプ政権下のアメリカの人種問題と政治的分断がどのようにスポーツの世界にも影を落としているかをうかがい知れる

点で，是非日本の皆さんにも知ってい
ただきたい事例です．

写真2

(2) セリーナ・ウィリアムズとジョン・マッケンロー論争

　次にご紹介したいのは，プロテニスにまつわる論争です．この写真2にあるセリーナ・ウィリアムズは，当時女子プロテニスのランキング1位でした．そのウィリアムズが2017年6月，つまりトランプ大統領の就任約半年後にプロスポーツを巡るある論争に巻き込まれます．元男子トップ選手のジョン・マッケンローがラジオのインタビューで，もしウィリアムズが男子プロツアーの選手だったらランキングとしてはせいぜい700位前後じゃないかという趣旨の発言をし，物議を醸します．それと相前後して，人気俳優であるエマ・ストーンとスティーブ・キャレル主演の『バトル・オブ・ザ・セックシーズ』というハリウッド映画が封切りされたこともあって，マッケンロー発言はプロテニスにおける性差別をめぐる論争へと発展していきました．

　この映画は，1973年にビリー・ジーン・キングとボビー・リッグスという2人のプロテニス選手による男女対決試合の実話に基づいています．キング夫人という当時女子プロテニスランキング2位であった選手が，55歳の元男子プロ選手ボビー・リッグスを負かした歴史的な試合です．リッグスは露骨な女性差別的発言して憚らない人物でした．一方キング夫人は女子プロテニスの賞金が男子に比べて格段に少ないことに異議を申し立てる，スポーツ界におけるフェミニズムの急先鋒を担う人物でした．そのリッグスが「男のするテニスの方がより優れているから，女子プロの賞金が低いのは当然だ」「台所と寝室に留まる限り女は好きだけどね」と発言してキング夫人を挑発します．キング夫人がじゃあ受けて立とうじゃないのということでテキサス州ヒューストンにあるアストロドームで開催されたテニス対決を映画化したのが『バトル・オブ・ザ・セクシーズ（2017年公開　日本公開2018年)』です．

　この歴史的試合は，世界中で9000万人がテレビ観戦したと言われるほど大きな注目を集めました．1973年当時，女子プロテニスの賞金額は男子の1/8にしか過ぎませんでした．男女の賞金格差の激しいプロテニス界の現状に異議を訴えて，キング夫人は志を同じくする女子プロテニス選手たちと団結し，男女平等意識が薄い男性執行部が牛耳っていた全米プロテニス協会を脱退し女子プロテニス協会を立ち上げました．そのキング夫人に，元世界チャンピオンでもあったボビー・リッグスが男性優位主義者の代表として挑戦状を叩きつけたというわけです．すでにその時点でリッグスは，わざわざ「母の日」を選んで開催された試合で当時女子ランキング1位だった子持ちの英国人プロ選手であるコート夫人をストレートで破っており，それは「母の日の虐殺」とメディアで囃したてられました．キング夫人にとってリッグスとの試合は，10万ドルという勝者に与えられる賞金以上の重みがあったことは想像に難くありません．この世紀の男女対決試合が行われたのは，キング夫人と彼女の盟友たちが全米プロテニス協会主催のプロのツアーを脱退して女子テニス協会を結成した直後のことで，女子にも男子と同額の賞金を払ってくれるスポンサーを探していたときでした．そのようなことを背景に行われた試合でキング夫人は，男性優勢主義者を称して憚らないリッグスにストレート勝ちしました．

　キング夫人のこの快挙をきっかけとして，当初8対1だったプロテニスにおける男女の賞金格差は徐々に縮小されていきます．男子プロの賞金の方が多いという点で「最後の砦」だったウィンブルドンでさえ，2007年には男女の優勝賞金を同額にし，プロテニス界の男女賃金格差は遂に克服されたかにも見えました．その意味でキング夫人とリッグスの試合はプロテニス史上の歴史的転換点であったと言うことができます．とは言え，今日に至ってもプロテニス界における男女平等が完全に実現されたわけではありません．女子プロテニスの試合がテレビ等で放送される割合は男子の70％です．『フォーブズ』によるプロスポーツ選手の賞金ランキングでも，女子プロテニスの賞金王であるセリーナ・ウィリアムズでさえ全体の51位に位置しているに過ぎません．ちなみにプロスポーツ賞金ランキング1位はサッカーのロナウド，2位はバスケットボールのレブロン・ジェームズ，3位がやはりサッカーのメッシです．しかし，女子プロアスリ

ートで最も賞金獲得額が高いセリーナ・ウィリアムズでさえ上位50位に
も入っていないことからも明らかなように，いまだにプロスポーツにおけ
る男女の「賃金格差」は厳然として存在し続けています．

　キング対リッグスの歴史的対決から40年以上経た現在においても，男
女平等に関するプロテニス界の意識が完全に変わったわけでもありません．
プロテニスの賞金が男女同額になったのはキング夫人など女性プロ選手た
ちの努力の成果ではないと考えるプロテニス関係者も少なからずいます．
フェデラーやナダルなど男子のスター選手の活躍のお陰でプロテニスの興
業収入自体が増えたため可能になっただけの話で，女子プロたちは男子の
トップ選手に感謝すべきだと発言したりして，それがSNS等で拡散して
「炎上」し，発言を撤回するに至った男性のプロテニス関係者による舌禍
事件もありました．プロのアスリートにとって，スポーツでお金を稼ぐと
いうことは，スポーツをすることが「労働」であることを意味します．す
なわち賞金額に男女差を設けるということは「労働条件」に対する性差別
であると女性アスリート側は主張するわけです．それに対峙する考えとし
ては，女子選手のするプレーはスピードにも劣るし試合もエキサイティン
グではないのだから，賞金（賃金）が少なくても仕方がないだろうという
言い分があります．マッケンローの「ウィリアムズは男だったら多分ラン
キングはせいぜい700位くらい」という発言も，この後者の立場に立脚
する男性優位主義的妄言として批判されたわけです．

　さて，セリーナ・ウィリアムズをめぐる論争が，どのようにトランプ大
統領と関係するのかと疑問に思われている方もいらっしゃるかと思います．
実は，マッケンローがウィリアムズを巡る発言で論争を引き起こしている
まさにそのときにトランプ大統領は，それに便乗するような挙に出ます．
セリーナか，もしくはセリーナのお姉さんでやはりプロテニス選手である
ヴィーナスのどちらでもいいからマッケンローと試合をさせて，勝った方
に高額の賞金をオファーしようという「スポーツ興行師」まがいの発言を
したのです．現役女子トップ選手対元男子トップ選手という図式からも，
1973年のキング夫人とリッグスの「世紀の対決」を意識した発言である
ことは，この歴史的試合を知る世代のアメリカ人には明らかでした．もと
もとショービジネスとのかかわりがありプロレス興業にもゆかりの深い人

写真3

物ですので，トランプ大統領としてはそのノリで口走った「商談」だった
のだと想像されます．ただ，現役の大統領がこのような見世物的な「けし
かけ」をすることを不適切だと感じた人が多かったことは確かです．男女
格差是正に向けてのキング夫人たちの活動は，フェミニズム運動の崇高な
一環であったと考える人々にとっては，大統領就任以前から女性蔑視の行
動や放言で知られるトランプが，女子プロテニスの先駆者たちの地を這う
ような努力の歴史を冒瀆したと映ったようです．ウィリアムズ選手が当時
妊娠中であったことも，妊娠・出産・育児という女性が働き続ける上で直
面する様々な障壁に対する配慮に欠ける無神経極まりない発言だと批判さ
れる遠因にもなりました．女性の権利や尊厳をめぐる経歴が決して芳しい
とは言えないトランプ大統領の「本性」が，こんなところでも表れている
と思われた所以です．ジェンダーを巡るアメリカ社会の分断が，この一連
のプロテニス論争に映し出されたとも言えましょう．

(3) ラリー・ナサル

　この人物（写真3）は，アメリカのオリンピック体操ナショナルチーム
の専従チーム・ドクターであったラリー・ナサルです．囚人服を着ている
のは，彼が裁判の公判に出廷したときの写真だからです．一体彼は何をし
て手に縄が回ったかと言いますと，1992年以来，25年の長きにわたって
少なくとも250人の女子体操選手と1人の少年に猥褻行為を行っていた

かどでトランプ政権発足直前の 2016 年 12 月に逮捕されました. ナサル
の被害者のなかには, オリンピック金メダリストのアリー・レイズマンも
含まれています. レイズマンはロンドン, リオ・デ・ジャネイロ・オリン
ピック 2 大会連続してアメリカ代表チームのメンバーで, リオ・オリン
ピックでは個人総合で金メダルを獲得した体操界のスーパースターです.
日本でいうと, 内村航平とか羽生結弦と同じくらい知名度も社会的影響力
も高いアスリートです. そのレイズマンまでがナサルの猥褻行為の被害者
のひとりであったということが明らかになったことは, スポーツ界を超え
てアメリカ社会全体を震撼させるに十分なことでした.

　レイズマン選手はトランプ大統領就任とほぼ同時期に, ナサル裁判が行
われていたミシガン州の法廷で検察側証人として証言しました. 私もラジ
オの報道番組で彼女の法廷証言を聴きましたが, 痛ましくて耳を塞ぎたく
なるような内容でした. 怪我の治療の一環と称してチーム・ドクターにど
んな猥褻行為をされたかを, うら若い女性が公の場でつまびらかに話さな
いといけないというのは, アメリカのような性があっけらかんと扱われる
社会でさえ大変な苦痛を伴うことです. 金メダリストであるレイズマンが
このような勇気ある行動をとったことは, 裁判の行方にも大きなインパク
トを与えました. 最終的にナサルは, 幼児ポルノや未成年への猥褻罪で,
連邦裁判所とミシガンの州裁判所の両方から 40 年から 175 年という, 日
本の司法制度下ではちょっと考えられないような長期間にわたる懲役刑に
処されました.

　ここで注目していただきたいことは, ナサルが長くオリンピックナショ
ナルチームの専従ドクターをつとめていたセレブ・コーチだったことです.
その立場を利用してナサルは多くの体操選手の怪我の治療にも関与し, ま
たその社会的地位ゆえに被害者が声を上げにくい状況が生じるという不幸
な連鎖が生じてしまいました. ナサルのコーチ任期中, 全米体操協会もオ
リンピック委員会もナサルへの疑惑がささやかれていたのにもかかわらず,
何の措置もとりませんでした. 加えてナサルは, カレッジ・スポーツとい
うアメリカに特有な社会制度の恩恵を最大限受け続けた人物でもありま
した. 実を言いますと, ナサルがスポーツ医学の専門家として長年所属し
ていたのは, 私が 4 年前まで勤務していたミシガン州立大学でした. こ

の大学は全米でもかなりよく知られた総合大学で，特に理科系や農学系の分野に強い高等教育機関ですが，それ以上にアメフトやバスケットボール等，いわゆるカレッジ・スポーツで全米に勇名を馳せている大学です．

　ナサルはオリンピックチームドクターであると同時に，ミシガン州立大学のスポーツ・ドクターとしての専任の職にありました．ナサルが「治療行為」の最中に猥褻行為を働いているという疑いは長い間ミシガン州立大学内の関係者間でささやかれていました．しかし大学側がその疑惑を正式に調査することはありませんでしたし，疑惑を追及しようとする学内関係者がむしろ排斥されたりもしたようです．つまり大学という組織ぐるみのスキャンダル隠蔽が行われていたのです．なぜ大学当局がナサルを庇い続けたかというと，オリンピックチームドクターを擁するというのは，大学のブランド力の点で大変魅力的なことであったからです．全米各地から学生を募集する上で，そのようなネームバリューは非常に強力なツールになると大学上層部では考えられており，ナサルを庇うこと，ひいては彼をめぐるスキャンダルが表面化することを防ぐことは大学のブランド力を守ることだと関係者たちが考えていたことが，組織ぐるみの隠蔽行為の背景に存在していたと言えましょう．その結果1992年から25年の長きにわたって，200人を超える若い体操選手がこのスポーツ・ドクターの卑劣な行為の餌食になり続けたのです．加えてその犯罪行為を行った場所が大学の敷地（設備）内であったため，大学側の「管理責任」をも問われることになり，学長は引責辞任に追い込まれ，ミシガン州立大学は総額5億ドルの示談金を被害者たちに支払うことになりました．加えて，将来訴え出ることが予想されるナサルの被害者への対応にそなえ，追加の7500万ドルが準備され，大学の財政状況は深刻に圧迫されていると聞きます．

　もうお気づきの方も多いと思いますが，ナサル問題は，吉原先生の第6講の2　#MeToo運動の文脈の中で理解するとその持つ意味がより鮮明になってきます．職場での権力関係を背景に男性（多くの場合，上司）が女性被雇用者や同僚にセクハラをすること，そしてセクハラしてもお咎めがないことをもう許さないと女性たちが抗議の声を上げるようになったことを，吉原先生はトランプ時代のアメリカにおける性とジェンダーをめぐる潮流のひとつとしてお話しくださいましたね．レイズマンをはじめとし

て被害に遭ったときはまだ未成年者だったナサルの被害者たちは，現在は成人女性となっています．そして，彼女たちは過去に受けた性被害に対して異議を唱え，同じような被害に遭う女性を将来出さないような改革をアメリカ社会に求めているのです．

　ところで私は，＃MeToo運動と同じくらい重要な別の側面が，ナサルをめぐるこのスポーツ・スキャンダルにはあるのではないかと思っています．それは何かというと，アメリカのカレッジ・スポーツが教育の一環としてのスポーツという本来の理念から完全に逸脱し，過度に商業化しビッグ・ビジネス化してきたことの弊害であるということです．アメリカの多くの大学にとって，アメフトやバスケットボールなどの「人気スポーツ」が大学の貴重な収入源と見なされるという現実をここで指摘しておかなくてはなりません．1980年代のレーガン政権以来その傾向が著しいのですが，教育に対する政府からの公的支出が減っていくなかで，各大学は「独立採算」の道を模索することを求められてきています．寄付金募集の強力なツールでもあり，試合の入場料やテレビ放送権，関連グッズ販売等を通じて大きな収益をもたらす人気スポーツを奨励・優遇するというのが大学の経営戦略のひとつとなってきているのです．貴重な収入源である人気スポーツ・チームやスター選手，有名カリスマコーチというのは，大学にとっては一種の「救世主」であるわけです．ナサルをめぐるスキャンダルとそれを生み出した一因でもあるミシガン州立大学の組織的な隠蔽体制を生み出した問題の根底には，教育機関であるはずの大学の広告塔と化したアメリカのカレッジ・スポーツの病理が巣食っていると私は感じています．この点については，日大アメフトの悪質タックル事件をめぐる日本の学生スポーツのガバナンス問題とも関連づけて，この講義の結論部分でさらにお話しさせていただこうと思います．

2　スポーツとアメリカ社会・歴史

(1) 近代スポーツとしてのフットボールの誕生と発展

　アメリカは建国以来一貫して，アメリカ史の「原罪」とも言える人種問題に悩まされてきています．アメリカが国家理念として掲げる「平等」や「民主主義」とは程遠い現実が，人種問題を軸にアメリカ社会には存在し

続けてきています．その蹉跌はスポーツ発展史においても見てとれます．この点については後に詳しく述べますが，その前に近代スポーツの歴史について概観しておきましょう．近代チーム・スポーツの雛形となったものは何かというと，「ボールを蹴ることによって成立する遊戯」という広い意味での「フットボール」です．フットボールはイギリスに起源を持つ民衆遊戯です．中世に「モブ・ボール」と呼ばれる民衆祝祭行事の一環として行われるようになった球状のものを使う遊戯にフットボールの起源を遡って見るという点で，スポーツ史専門家の解釈はほぼ一致しているようです．「モブ・ボール」は，村や町の住民が二手に分かれてひとつの球を奪い合い，相手方のゴールに球を運び入れるゲームと表現できるでしょう．ルールもあるのかないのかもよくわからない状態で，敵方による球の移動を阻止するための殴り合いはあるわ，相手を欺くためのボールの隠し合いも珍しくなく，それを理由に殴り合いも生じるわ，飛び入りもし放題．おまけに決着までに1日を要することもあったようです．ルールによって定式化されている近代スポーツとは，こういった点で決定的に異なる遊戯形態でした．

　イギリス社会が近世を経て18世紀を迎える頃までには，このモブ・ボールが大きな変化を遂げていきます．球の奪い合いという基本的構造は変わらないにせよ，その対決が定期的に特定の場所で，限定された競技空間内で行われるようになります．この変化は，近代化と密接にかかわっています．例えば皆さんもご覧になっている，開催中のサッカー・ワールドカップを思い浮かべてください．4年に一度という定期的間隔をおいて，多くの国の雑多な言葉を喋る人たちがひとつの場所に集まって，選ばれた選手だけが予め決められたルールに従って競い合い勝者を決定するという合意が参加国間に存在しているわけですよね．よく考えてみると，これはかなり驚異的なことだと思いませんか．お互いの言葉を喋れない人たちが共通のルールを理解して，これはやっていい，こういうことをするのは反則だという決まりに従ってプレーしている．反則するとイエロー・カードやレッド・カードが飛ぶ．4年に1度だけ開催されることがわかっていて，全員がそれに合わせて集まり，参加する．これは人類史上，画期的なことだということ，おわかりになりますでしょうか．中世世界ではそんなこと

は起こり得ません．村の人たちが「なんでもあり」の状態で球をめぐって競い合い，仮にルールらしきものがあったとしてもその時々によって変わってしまう．いつ試合が始まるか終わるかについての決まり事もない．競技が行なわれることを周知する手段も限られている．遠隔地の人と試合する手段もない．それが中世のモブ・ボールです．

　そのモブ・ボールが近世を経て大きな変化を見せ始めます．球の奪い合いが定期的に特定の場所で行われるようになります．近代イギリスの文脈で言うと，その「特定の場所」という条件を一番容易に満たせたのは，学校の校庭です．特にここで重要になってくるのは，イギリスのエリート教育の場として重要になってくるパブリック・スクールと呼ばれる一群の私立学校です．フットボールから派生した形で，ラグビーはラグビー校から発展していきます．やはりフットボールから枝分かれしたサッカーは，主にイートン校で発達して組織化されていったゲームです．そしてある競技形態がどこでどう発生して，その後どう組織化されるかという点ですが，自然発生的な要素だけではなくて，物理的条件も重要です．例えばラグビー校には，芝生がはってあります．スクラム組んでタックルされて転がってもあんまり痛くないということです．それと異なり，イートン校の校庭は回廊に囲まれた石畳の校庭です．転がると痛いでしょう．それもあってタックルするのは止めようということになって，球は蹴るだけで手は使ってはいけないというルールに繋がっていくわけです．こういったかなり基本的なインフラ上の違いでフットボールの競技形態の枝分かれがはっきりしていって，ラグビー，サッカーという蹴球技が誕生しました．このようにイギリスの近代化の過程で，フットボールは年季行事としての村の祝祭からも，地域住民全体が無秩序に参加する民衆遊戯からも切り離されて，学校教育の文脈のなかで，定式化されたルールに基づいて営まれるエリート，のちには労働者階級にも共有されるようになった身体文化に変容していったわけです．

（2）近代スポーツはとは何か

　ここで問題になるのが，近代スポーツとは何かということです．近代スポーツという社会営為が成立するにはどのような歴史的条件が必要であっ

たかという問いに置き換えることもできるでしょう．非常にざっくりとした議論をさせていただければ，その条件のひとつは，競技者と観客が分離したということです．モブ・ボールですと，競技空間が全く限定されていません．早い話，村全体がピッチなのです．球はどこに持って行くのも「あり」で，観客もチャンスがあれば勝手に飛び入りする．誰が選手であるのかというのもはっきりしない．そうではなく，空間的に決められた競技場所で，あらかじめ決められた参加者だけが競うというのが近代スポーツのひとつの特質です．

　近代スポーツ成立の第2の条件ですが，競技様式の統一や「ルール」「反則」という概念が整備され，受容されたことです．皆さん多分お考えになったこともなかったかも知れませんが，スポーツにおける「反則」という概念が成立するのは，人類史上結構画期的なことだったのです．それまではいろいろなローカルルールが並存していて，例えばこれからお話しする野球でも，ここの地方ではこういうルールでやって，別の地域ではこういうルールでやってということが当然のこととして行われていたのです．でも競技人口が広域化していくと，ルールが統一されないとスポーツの試合は「公正に」はできないですよね．よく考えると当たり前のことなのですが，その「当たり前」が現実になるためにはいくつもの歴史的過程を経ることが必要でした．

　第3の条件は，時間制限や，数量化が可能な「得点」という概念が整備されたということです．モブ・ボールでは，とにかく「なんでもあり」で，やりたい放題でやって得点をいくらでも積み上げていって，いつ終わるかはその時々で「適当に」決まってしまう．そのタイミングを巡っておそらく殴り合いだって起こったでしょう．そうではなくて，いつ競技が終わるかについての相互了解が予めあって，その時間内に量的に査定・計量が可能な結果の多寡をめぐって競い合う．そういう「お約束事」が出来た．それが近代スポーツの条件の3つ目です．

　このように考えていくと，私たちが今当たり前のように考えている「スポーツ」という社会営為が成立したのは，人間社会を考える上で非常に画期的な出来事だったことがおわかりになると思います．近代スポーツは古代・前近代の身体・運動文化とは決定的に異なるのです．中世のフットボ

ールはまだ事実上無法地帯でしたが，近代の校庭フットボールでは粗暴性や無秩序状態を抑制するためのルールが制定されて，それに違反した場合は罰則も課されるようになります．競技規則や反則という概念も明確化・制度化され，規則を統括する広域団体や全国的組織，20世紀に入ると国際組織も整備されていきます．先ほどお話ししたように，最初はそれぞれの学校によってフットボールのルールも違っていた．でもそんなことをしていると競技運営に支障を生じさせるので，19世紀に入るとルールの定式化，明確化そして統一化が進行していくわけです．学生たちは中世のお祭りイベントと違って1日中プレーすることもできない．そこで時間制限というフォーマットも生まれていく．19世紀中盤頃から，イギリスではこのようにフットボールのルールの定式化が一挙に進んでいき，クリケット，ラグビー，サッカーなどの球技がスポーツとして組織化され，それが近代化と軌を一にして発達し，普及していったのです．

---

(3) アメリカの3大スポーツの発生と起源

　では次に，アメリカに目を移していきましょう．ここではアメリカのスポーツ発展史を考える上で，現代アメリカの「3大スポーツ」と言われる，野球，アメリカン・フットボール，バスケットボールを中心に考えていきたいと思います．

a. 野球

　野球は長い間「ナショナル・パスタイム」，つまり「アメリカの国技」という地位にあるとされていました．現在ではフットボールやバスケットボールに押されてしまって，野球が「アメリカの国技」と考えるアメリカ人の方がむしろ少数派になってしまっていますが，それもここ半世紀くらいに起こった変化です．アメリカで近代スポーツとして成立した野球は，数多くの国民的ヒーローを生み出してきました．ホームラン王・ベーブ・ルースや初の黒人大リーガーとなったジャッキー・ロビンソンなどが思い浮かびますね．

　野球がどのように誕生したかというのには諸説ありまして，いわゆる「神話」と「現実」の乖離が甚だしい歴史事例です．アメリカで国民神話

のような形で長い間語り継がれてきた野球誕生ストーリーでは，野球の創始者はアブナー・ダブルデーという人物だということになっていました．のちに南北戦争で戦功を立てたダブルデーが，1839年にニューヨーク州のクーパースタウンというのどかな田舎町の広場で，地面にダイアモンドの線引きをして少年たちが2つのチームに分かれて行った球技が野球の始まりであるというのが「公式」の起源説でした．ただこれは，実は全くの作り話で，トランプ大統領が好んで使う言葉を借りれば，「フェイクニュース」です．

スポーツ史専門家たちによる実証的研究によれば，ダブルデーは実は野球などおそらく一生のうちしたこともなかったであろうし，彼がベースボールという競技をゼロから生み出したなどというのも根拠もない虚説でした．それでは何故，そんな全く裏づけに乏しい作り話がまことしやかに長い間アメリカでは信じられていたかと問うていくと，アルバート・スポルディングという人物が浮上してきます．皆さんは SPALDING という運動具ブランドをご存知でしょうか．そのスポルディングです．彼はアメリカのプロ野球黎明期のスター選手の1人で，プロ野球引退後，19世紀末に運動具用品を製造販売するスポルディング社を創設した人物です．そのスポルディングが1905年に，野球の起源説に関する「野球起源調査委員会」なるものを立ち上げ，その委員会がダブルデー説にお墨付きを与えました．

国を二分して戦われた悲惨な内戦であった南北戦争の従軍将校が，「いかにもアメリカらしい」牧歌的な田舎の土地で野球を生み出したという誕生神話は，当時海外植民地帝国として急激に国際社会での存在感を増しつつあったアメリカのナショナリズムに訴えるところも多かったのでしょう．そんなこともあって，スポルディング調査委員会が出した怪しげな結論が「正史」として広く受け入れられてしまったのです．さらに1939年には，野球誕生100周年と銘打って「野球生誕地」とされるクーパースタウンに野球殿堂博物館まで創設されてしまいます．そうなると様々な経済利害も生じてきてしまいますから，たとえそれが眉唾ものだとわかっていても「公式の誕生神話」を守ることに加担する人たちも増えていってしまいます．一旦作られた神話はなかなか消滅しないものですが，その典型的な例

だと言えましょう.

　実は野球は，イギリスに起源を持つ民衆球技がアメリカが英植民地であった時代に北米にもたらされ，それが独自の発達を遂げたものであるというのが，スポーツ史研究者の間で広く受け入れられている解釈です. 18世紀から19世紀の中盤までは，アメリカでの普及度の点ではやはりイギリスからもたらされたクリケットと野球は，それほど違いがなかったようです．その野球に19世紀中盤頃から様々なルールの改変・定式化が加えられていきます. 1845年にニューヨーク市でKnickerbocker Clubというアマチュア・チームが定式化した競技様式は，1チーム9人編成，3アウト制，9イニング制，ダイアモンド型の競技空間を採用しました．現在私たちが野球として理解する競技の原型がここに出来上がったわけです.

　時間がかかる上にルールが複雑なクリケットと比べて，ルールも簡素で2〜3時間でできる野球は，次第にクリケットを凌ぎ始めます．ニューヨークで主流派になった野球ルールが，北東部マサチューセッツで普及していた別のルール体系を圧倒し始めるのも，19世紀の後半のことです．そして1861年に勃発した南北戦争は，野球の「全国普及」に大きく貢献しました．応召した男子というのは，そもそも一番野球をやりそうな年齢の人たちであるわけです．当時の戦争様式からいって，実際に戦闘をしてないときは，野戦場でも後方兵站地でも兵士も将校も割と暇なわけです．そんなとき，棒と球みたいなものさえあればできる野球は手軽な娯楽でした．北軍に従軍していた兵士たちがそれまで野球が伝わっていなかった地域出身の兵士仲間に教えるわけです．南軍の兵士も捕虜収容所で野球を覚えた．そんなこともあって，南北戦争後に野球は広大なアメリカ国土にあまねく普及していったわけです.

　学生野球がまず成立してプロ化にはその後半世紀ほどを要した日本と違い，アメリカで野球は早い時期からプロスポーツとなりました. 1869年に初のプロ・チーム，シンシナティ・レッドストッキングスが創設され，全米各地を巡業しながら興業ベースの野球を始めます．当時全米各地で建設されつつあった鉄道網が遠隔地への移動を可能にし，それが巡業というビジネス方式を可能にさせたことも関係しています. 1876年には，複数のチームから構成されるプロ・リーグが結成されます．今日のナショナ

ル・リーグの原型です．ナショナル・リーグの創設メンバーのひとりが，先ほどお話ししたスポルディングです．

1903年になると，ナショナル・リーグのライバルとしてアメリカン・リーグも創設され，その2大リーグ間でペナントレース終了後に勝者を決定するためのワールド・シリーズが始まり，現在私たちが知っているアメリカ大リーグの原型がここに整っていくわけです．スポルディングら大リーグ首脳部によって，ダブルデー発明説という野球起源神話が組織的に流布されたのがこの時期だったことも，大変示唆に富みます．すなわち，野球は「アメリカ独自のスポーツ」であり，「野球をすること＝アメリカ人であること」という神話を創出して，当時大量に移民が入国し多民族社会としての特質が一層顕著になりつつあったアメリカでの野球人気を煽るPR作戦の一環だったと言えます．

このような過程を経て20世紀初頭までに野球は，「アメリカの国技」としての地位を確立していきます．当時はまだアメフトやバスケがプロ・スポーツとして成立していなかったことも追い風になりました．ただ野球が「アメリカの国技」とまで考えられるようになるためには，多くのアメリカ人が野球をやり，観るようになったという事実だけではなく，野球をめぐる様々な文化的装置が生まれることが必要でした．皆さんもご存知かと思いますが，7イニングに観客が一緒に歌う "Take me out to the Ball Game" という歌は，1908年に初めて歌われました．そしてその後野球の試合には欠かせない光景になっていきます．1910年には，現職の大統領だったウィリアム・H・タフトがシーズン開始試合で初めて始球式をし，以後それが慣例として定着します．20世紀前半期に野球がアメリカ国民の娯楽という地位を勝ち得たのは，人気応援歌やそれをめぐる観客同士をつなぐ儀式の誕生，大統領による象徴的なお墨付きなどといった社会文化的な意味づけ，仕掛けが整備して初めて可能になったと言えましょう．

b. アメリカン・フットボール

アメリカン・フットボール（アメフト）は，19世紀後半にイギリスでサッカーから枝分かれしたラグビーからさらに枝分かれする形で，アメリカで独自の発展を遂げていったスポーツでした．最初にフットボールらしき

試合が行われた記録があるのは，1869年，やはり南北戦争終了数年後です．プリンストン大学とラトガース大学の間で行われました．ただその当時はまだ，アメリカで行われている「フットボール」は現在のサッカーに近い形だったようです．1870年代に，ハーバード大学で今日のラグビーにより近い形のフットボールがプレーされていたようなのですが，当時は秋に新学年開始時の新入生歓迎行事の一環でした．その様式も，イギリス中世のモブ・ボールに近いものだったらしいということがわかっています．ですからこの時点では，まだアメフトとしての独自の形式は確立されていませんでした．つまり19世紀後半は，いろいろな近代球技の雛形が欧米世界内に並存していて，ある競技がどういった形でその後発展し定式化されるかという点では，非常に流動的な時期だったわけです．

　当時のアメリカでは，東部のエリート私立大学がスポーツの主役でした．そのなかでも一番有力な大学の一つであったハーバードが採用しているフットボールのルールを，ハーバードの対戦相手の大学が次第に受け入れるようになって，アメリカ版フットボールのルールの統一化が始まります．そしてルール統一化を契機に競技そのものが普及するにつれて，ハーバード式ルールをより整備・改変しようとする人物が出てきます．当時ハーバードのライバルのイェール大学チームに選手として所属していたウォルター・キャンプという人物です．彼の手によって，アメフトはラグビーに似た球技から分化して独自の球技に進化していきます．キャンプが「アメフトの父」と称される所以です．

　キャンプはイェール大学を卒業したのち，地元ニュー・ヘイブンで時計職人として生計を立てる傍ら，OBコーチとしてイェール大学のフットボールチームの育成・運営にかかわり続けます．学生でも教員でもない人間が専従の「コーチ」「監督」として大学チームを統括するという点でも，キャンプは嚆矢となります．そのキャンプの手による競技様式の合理化・ルール整備が進み，アメフトでは前方へのパスが許されるようになり，後方にしかボールを投げられないラグビーと完全に異なる競技に変わっていくわけです．当時はモブ・ボールの残滓がまだあって，重傷につながるようなタックルなど危険プレーが横行していました．そういった過度の肉弾戦を抑止する，そして前方パスによって時間的にも効率よくボールを相手

陣地に進めていく．そのための選手の動きも定式化され，「機械的」正確性をもって複数の選手の動きが相互に調整されたプレーができるチームが勝つことができるようになる．キャンプによるルール整備の結果，19世紀が終わる頃には，東部の名門私立大学，ハーバード，イェール，プリンストン等，今でいうアイビーリーグの大学でアメフトの人気が非常に高まっていきます．今ではちょっと想像もつかないことですが，当時アメフトの強豪校と言えば，ハーバード，イェール，プリンストンだったのです．

　キャンプによる新ルールが確立されつつあったとはいえ，当時アメフトは危険プレーが頻発し，死者も多数出るほどでした．1903年のアメフトの試合中での年間死者は44人にものぼったようです．当時は参加大学チームの数もそれほど多くはありませんから，1年間で44人も死者が出るとは，どれだけラフプレーが蔓延していたかがうかがい知れます．そんな状況になんとかして歯止めをかけねばならないと乗り出したのが，当時大統領だったセオドア・ルーズベルトです．ルーズベルトは，ハーバード大学の学生時代アメフトの選手でもありました．彼の愛してやまないスポーツが，過度の危険肉弾戦で死者を出し続け全面禁止をやむなくされるというような事態をなんとか未然に防ぎたい．そんな個人的な思い入れにも突き動かされていたのでしょう．1905年にルーズベルト大統領は，ハーバード，イェール，プリンストンなどの大学アメフト関係者をホワイト・ハウスに呼びつけて，状況が改善されなければ政府が介入してアメフトを禁止せざるを得なくなるぞと喝を入れます．それに応じる形で自主規制を目的とする組織として生まれたのが，全米大学体育協会（National Collegiate Athletic Association＝NCAA）です．今，日本でもスポーツ庁の主導のもとで創設が検討されている大学スポーツのガバナンス機関ですが，そのモデルである NCAA です．1910年からこの名称で呼ばれていて，創設以来すでに100年以上の歴史を誇る組織です．

C. バスケットボール

　では最後に，バスケットボールについて見てみましょう．イギリスに起源を持つ民衆球技がアメリカに伝わり，そこで近代スポーツとして独自の発展を遂げる形で成立していった野球やアメフトと全く違って，バスケッ

トボールはアメリカで生まれ育った，掛け値無しで Made in USA と呼べるスポーツです．その成立と普及にかかわっていたのは，19 世紀後半にアメリカ各地で活動を展開したキリスト教青年協会（Young Men's Christian Association=YMCA）です．YMCA は，工業化・都市化が進むなかで地方から労働者として都市に移住してくる青少年に，キリスト教精神とそれに基づく健全な生活態度を広め，彼等を産業社会の悪弊から守るという目的で 19 世紀中盤にイギリスで設立されたプロテスタントの無宗派宗教組織です．イギリスとともに国際 YMCA 運動の主要な担い手となったアメリカでは，キリスト教の教義布教を前面に出すというより，各種の健康・教育事業，健全娯楽プログラムの提供等を通じて，移民を含む青少年のキリスト教精神の理解を促進するというアプローチを取りました．アメリカのプロテスタント指導者たちは，YMCA のネットワークを利用して，教育科目として当時確立されつつあった「体育」にも積極的に参入しました．

　バスケットボールを発案したのは，ジェームズ・ネイスミスという人物です．1891 年，当時マサチューセッツ州スプリングフィールドにあった YMCA の体育教師養成学校に在籍していたネイスミスは，雪深く極寒のマサチューセッツの長い冬に室内でできるスポーツを考案することを授業の課題として与えられました．屋内体育館のスペースには限りがありますから，ボールを持って長い距離を走るとか，ボールを遠くに蹴るような競技は不向きです．ということで，比較的狭い空間内でボールを投げ合うことで得点を競うことができる球技を考え出す必要がネイスミスにはあったわけです．限られたスペース内でボールを奪い合うとき選手が絡み合って怪我などしないように，高いところにゴールが設置されました．このようにして生み出されたのが，ジャンプしないと届かない場所に設けられた網にボールを入れることを競うという，現在私たちがバスケットボールとして知る競技様式だったのです．この新しい球技は，YMCA のネットワークを通じてアメリカ国内のみならず，プロテスタントの布教活動の一環として世界各地に伝播していきます．日本にバスケットボールが伝わってきたのも，YMCA のお陰です．ちなみにバレーボールも YMCA で考案されたスポーツです．

　野球やアメフトのように特別な器具も大きな競技場も要らないため，バ

スケットボールは基本的に安上がりの競技であり，それも普及を後押しします．いわゆる都市のスラム街の路地裏や空き地のようなところでもプレーが可能です．アメリカの公共福祉関係の仕事に従事していたソーシャル・ワーカーたちは，当時大量にアメリカにやってくる移民労働者やその子供たちにも，お金のかからない健全娯楽としてバスケットボールを奨励します．その意味で，バスケットボールは野球やアメフトと比べて，早くから都市の下層民，移民としてアメリカにやってきたばかりの労働者階級にも受け容れられ易い条件が整っていました．また，バスケは僅か5人でチームが組めるという点でも，サッカー，野球，アメフトに優っていました．どんなに小さな町の小さな学校でも生徒が5人いればチームが作れて，そして隣町のチームと対戦できる．このような利点があったことも，後発のバスケットボールが比較的迅速に全米各地に普及していくことができた理由の一つであると言われています．

　それに加えてバスケットボールは，比較的早くから女子にも開かれていたスポーツであったことが特徴的です．野球やアメフトは圧倒的に「男がするスポーツ」でした．それは今でも基本的には変わっていませんね．それに比べてバスケは早い時期から下層階級とか女子，つまりいわゆるアメリカ社会の中枢に位置していない人々にも広がったスポーツでした．20世紀の黎明期に女性がすることが許されたスポーツは，乗馬，アーチェリー，テニス等，ごく限られたものでした．バスケットボールは，動きは速いけれど体の接触は少ない競技ですよね（少なくとも今のプロバスケと違って，当時はそうでした）．プレー中にもスライディングとかタックルをする必要もなく，要するにスカートをはいていてもできるスポーツです．それで当時のジェンダー規範に照らして，女性がやるのにふさわしいスポーツと捉えられることが可能でした．加えてバスケットボールが発明された1890年代から20世紀の初頭にかけての時期は，アメリカで女子大学が創設され始めた時代でもありました．そして黎明の女子大学の多くはスプリングフィールドにも近いニューイングランドに位置するキリスト教系の大学でした．そのためYMCAとも協同関係にあり，バスケットボールは女子にも適したスポーツとして，女子大学で普及していきます．階級やジェンダーの視点から言って，3大スポーツのなかでは，バスケットボール

が一番民主的なスポーツであったと言えるでしょう.

3　アメリカにおける人種とスポーツ

　今アメリカ社会では, 白人の警官が, 銃を持っていない黒人住民を射殺するというおぞましい事件がいくつも起こっています. その被害者のなかには少年も含まれています. そのような黒人差別の現実に対する抗議運動として, Black Lives Matter,「黒人の命も大切なのだ！」と訴える運動がアメリカ全国で展開されていることは, 本塾の他の講義でも触れられたかと思います. その Black Lives Matter 運動に呼応する意味を込めて, コーリン・キャパニック選手が試合前の国旗掲揚時に膝をつくという象徴的抗議行動を始めたことは, この講義の冒頭でお話しした通りです. このように, 人種問題を抜きにしてアメリカを語ることは不可能ですので, 次にスポーツと人種についてお話しさせていただきます.

　アメリカという国において, 黒人差別・有色人種隔離が法律の裏づけをもって長く温存され続けたことをご存知の方も, 皆さんのなかに多くいらっしゃると思います. アメリカではいつ頃まで, 人種隔離・差別が連邦政府の政策として存在し続けていたと思われますか. 1954 年までです. 20世紀の中葉, 第二次世界大戦終了から約 10 年後のことです. つまりアメリカは, 人種を理由とする差別的隔離はしても構わない, むしろ南部諸州では黒人の差別的隔離政策や慣行が奴隷解放後でさえ長く公権力によって保証されていた国家であったということです. ですから黒人たちの解放闘争・権利闘争は, このような人種差別的公共秩序をどうやって覆すかという課題を強く意識して繰り広げられたのです.

　1954 年に連邦最高裁判所が人種隔離政策は憲法違反であるという歴史的判決を下します. それによって, 人種隔離政策は一応公式的には否定されました. しかしその後も, アメリカ社会のあらゆる領域において非公式な人種差別構造は厳然として残り続けました. スポーツもその人種差別体制のなかで行われてきた社会営為であるわけですから, 当然のことながらその体制の内部矛盾を露呈します. 加えて, スポーツの領域で大きな業績を上げたアスリートの多くが黒人だったこともあり, アメリカ社会における人種差別問題においてスポーツも具体的な現実, 象徴的な言説の世界の

双方において非常に大きな意味を持つことになったのです．

　スポーツは，ある意味で成果主義が具現化されたものですよね．つまり，一番強い人，一番速い人が勝つということです．特に近代スポーツにおいては，競技条件が統一されてルールや査定基準が明確化されていますから，誰が勝ったかというのは少なくとも原則の上では誰の目にも明らかにされるわけです．ただ現実には，誰がどのスポーツに参加できてどのスポーツで秀でられるということは，経済的状況とか，人種とか性別などによって制限されています．その一方で，勝利を望むのであれば，人種とか社会的出自とかをあれこれ言わず真に優れたアスリートを登用せざるを得ない．そういう「成果主義」の一面もスポーツは確かに併せ持っているのです．それゆえ，白人でもない，エリート階級出身者でもない人間がチャンスを与えられて，自らの実力・秀逸性をスポーツという手段を通じて証明づけるということも可能になるわけです．スポーツはそのような複雑な社会機能を持っているのです．

　そのカッコ付きのスポーツの成果主義が人種問題にもたらしてきた影響を考える上で示唆に富むのが，ボクシングです．近代スポーツとしてのボクシングはやはりイギリスに起源を持ち，大英帝国の海外拡張とともに世界各地に広がりました．またボクシングは，国際試合が比較的早くから行われるようになったスポーツでもありました．それは大英帝国の海外拡張と帝国内のスポーツ交流ネットワークが形成されたことと深く関係しています．

　このように比較的早くから国際化が進んでいたボクシングというスポーツにおいて，アメリカ人の実力を世界に向けて誇示したのが，南部テキサス州出身の黒人ボクサー，ジャック・ジョンソンです．1908年にジョンソンは，オーストラリアで開催された国際試合で白人カナダ人のトミー・バーンズを打ち負かし，世界チャンピオンの座をつかみとります．ジョンソンの快挙はアメリカ国内の黒人たちを狂喜させるに足るものでしたが，白人優越主義者たちは，「劣等人種」であるはずの黒人ボクサーの世界制覇に猛然と反発しました．多くのスポーツ興行師たちがその後も白人ボクサーをジョンソンに挑戦させ続けたのですが，ジョンソンは並みいる挑戦者たちを次々に破り王者の座に君臨し続けました．

このようにスポーツでの人種間対決の持つ象徴的意味を考えると，20世紀になってスポーツの国際試合の場が増えたことが非常に重要な意味をもったことがわかります．それは黒人対白人という図式を持つスポーツ対戦が，国内のみならず国外でも行われ，その勝敗の結果が発達しつつあった報道メディアを通して世界中に発信されたことを意味したからです．ジョンソン以外にもスポーツ史上大きな足跡を残したアメリカ人の黒人ボクサーに，ジョー・ルイスがいます．ルイスは1935年に，世界王者だったイタリア人ボクサーのプリモ・カルネを破ります．1935年というのは，イタリアがエチオピアに軍事侵攻した年でした．そのため両者の対戦は，アフリカ大陸に残された数少ない黒人の独立国を攻撃したファシズム国家イタリアをアフリカ系アメリカ人のルイスが迎え撃つという，一種の代理戦争のような象徴性を帯びました．そしてカルネに対するルイスの勝利は，アメリカの民主主義がムッソリーニのファシズムを打ち破ったという意味づけをされることにもなりました．さらにルイスは1936年と1938年の2度にわたり，白人ドイツ人ボクサーであるマックス・シュメリングと対戦し，一勝一敗の成績を残します．ここでもヒットラーの主導するナチズム対アメリカ民主主義という象徴的表象がなされました．

スポーツと人種の絡み合いをめぐり両戦間期に国際的な注目を集めたアフリカ系アメリカ人アスリートといえば，1936年のベルリン・オリンピックで4つの陸上種目で金メダルを獲得したジェシー・オーエンスを抜きにしては語れません．ナチスドイツの首都で開催されたオリンピックで達成された黒人オーエンスの歴史的快挙は，白人優越主義を標榜するナチス政権の人種イデオロギーに冷水を投げかけるものでした．第二次世界大戦後にスポーツを媒介として歴史的な足跡を残した黒人アスリートの一人として挙げられるのは，ボクシングのモハメド・アリでしょう．1960年のローマ・オリンピックでライトヘビー級の金メダルを獲得したのち，プロボクサーとして華々しい戦績を積み上げたアリですが，アメリカ社会の拭いがたい黒人蔑視の現実を前にしてアメリカ社会そのものに背を向け，イスラム教に改宗します．1965年にアメリカのベトナム戦争への軍事介入が始まると，アリは兵役拒否という形でそれに異議を唱えます．

アメリカのいわゆる愛国者の目からみると，イスラム教に改宗した上に

兵役も忌避するという挙に出たアリは,「反アメリカ」の象徴以外の何者でもなかったのです. それゆえアリは, アスリートとしての業績にもかかわらず保守的な人々やメディアから忌み嫌われ, 攻撃を受けました. その後長い間公の場から姿を消していたアリがスポーツの表舞台に再び登場したのは, 1996年に開催されたアトランタ・オリンピックの開会式においてでした. 聖火リレーの最終走者から聖火トーチを受け取ったアリは, パーキンソン病のため震える体で聖火台に点火し, 万雷の喝采を受けました. この感動的なシーンを, アメリカの白人主流社会はどのように意味づけしたのでしょうか. アメリカ黒人奴隷制の中心地だった南部のアトランタという都市で,「平和の祭典」オリンピックが開かれた. そこで, 元世界チャンピオンである黒人のモハメド・アリがアメリカを代表して聖火を点火した. この言説の世界では, アメリカの人種問題おける「進歩」や「前進」がことさら強調されていました. アリに対して過去に投げつけられた罵詈雑言は, まるで歴史の彼方に霧散したかのように.

　本当にアメリカ社会は, それほど進歩的な態度でスポーツを通して可視化される人種差別に向き合ってきたのでしょうか. プロ野球大リーグは, 長い間人種差別主義に拘泥し黒人選手を排斥する世界でした. 黒人選手が大リーグでプレーすることを許されるのは, 1947年にジャッキー・ロビンソンがドジャーズに抜擢されたときまで待たなければなりませんでした. 1968年のメキシコ・オリンピックでは, メダル表彰式で象徴的抗議行動を行った2人のアメリカ代表黒人アスリートが大変な社会的制裁を受けました. 陸上200メートル走で金メダルを取ったトミー・スミスと, 同じく銅メダルを獲得したジョン・カルロスは, アメリカ国内のみならず, 世界中の黒人差別と黒人の貧困に抗議する意味を込めて黒い靴下で表彰台に上がり, アメリカの国旗掲揚中に黒い手袋をした拳を空に向かって突き上げました.

　当時の国際オリンピック委員会の会長は, アメリカ人のアベリー・ブランデージという非常に保守的な人物でした. スミスとカルロスの抗議行動にブランデージは, 人種問題という「アメリカの恥部」を世界中にさらしだし神聖なスポーツを政治化するものだと激怒し, 2人を選手村から追放したのです. オリンピックという国際メディアの耳目を集める場で, アメ

リカ内外で横行する人種差別に抗議する立場を明らかにする行為が「政治的」であることは確かでしょう．では「政治とスポーツは別」を標榜し，アパルトヘイト制度を採用していた南アフリカとローデシアにもオリンピックへの参加招待状を送る行為は果たして「政治的」ではない行為と言えるのか．スポーツと政治のかかわりとは何かという問いは，このように大変複雑で奥深いものだと言えます．

　冒頭にお話ししたキャパニック選手の膝つき抗議も，このような黒人アスリートによる人種差別への抵抗運動の長い歴史の文脈において理解されるべきです．国旗掲揚中に座ったままでいることは，星条旗のもと海外で戦っている軍隊への敬意を欠くものと誤解されることを避けるべきだという周囲からのアドバイスゆえ，キャパニックは膝をつくことを選択しました．トランプ大統領はその非暴力的抗議行動を口汚い言葉を使って罵り，こんな非愛国者は雇うなと NFL のオーナーたちを威圧したわけです．スポーツの世界におけるジェンダー格差是正を求めてきた女性アスリートたちの闘いの歴史を茶化すような発言をしつつ，妊娠中の女子プロテニス選手をたきつけたのも，就任後間もないトランプ大統領でした．少数派の権利擁護に向けてアメリカ社会が成し遂げた「前進」という点では，トランプ大統領の一連の公の場での発言は，「前進」どころか「後退」と取られても仕方ないと思うのは，私だけでしょうか．

結びにかえて

　最後に，トランプ大統領時代のアメリカにおけるビッグ・ビジネスとしてのカレッジ・スポーツのあり様について，具体的な例を言及しながらもう少しお話しさせていただいて，私の講義を終えることにします．私が以前勤めていたミシガン州立大学ですが，大学のフットボール専用のスタジアムは何と 10 万人もの観客収容能力があります．大学のあるイースト・ランシングという町の人口が 5 万人ですから，地元人口の 2 倍も入るスタジアムを税金で支えられている「公立大学」が持っているわけです．東京ドームの収容能力が 4 万 6000 人程度とのことですから，その巨大さが想像できるかと思います．

　この講義でお話ししましたように，アメフトは元々学生スポーツとして

発達したスポーツでした．1920年代にはアメフトにもプロ・リーグが誕生しましたが，基本的には第二次世界大戦前は学生スポーツとして圧倒的な人気を誇っていました．なぜアメフトがカレッジ・スポーツの文字通り「ドル箱」イベントになったのでしょうか．それはアメリカの高等教育の歴史と密接にかかわっています．南北戦争後から20世紀中盤にかけてアメリカでは，多くの大学が新設されます．出身地も社会経済的出自も異なる学生たちに一体感を抱かせる上で，スポーツイベントは効率的な愛校心醸成ツールでした．卒業生や寄付金を払ってくれる人たちも観に来てくれるので，寄付金集めにも役立ちます．皆さんのなかでアメリカ生活の経験ある方たちは多分ご存知だと思いますが，アメリカの大学フットボールの試合は観戦そのものだけではなく，Tailgate Party とよばれる試合前の野外パーティーが目玉の一つなのです．

　ちょうどサッカーのワールド・カップの夜に渋谷の交差点でサポーターが飲んで騒いで，DJポリスが出動してくるようなノリで，試合前に大学のスタジアムの駐車場に停めた車の周りで観客たちが集まって，バーベキューして飲んで食べて「愛校心」を確認し合うわけです．地元の酒屋やスーパーも儲かるし，遠方から駆けつけてくる観客はホテルに泊まってくれる．ですから大学アメフトのホーム・ゲームが地元にもたらす経済的効果は計り知れないものがあります．地元新聞も広告収入を狙って太鼓持ちのような感じでお祭り気分を盛り上げるし，人気スポーツのアメフトやバスケの試合は大学や大学街全体にとってまさに「金のなる木」なのです．

　私がまだこの大学の教員だったとき一番腹を立てていたのは，試合のある土曜日は観客に駐車スペースを確保するために教員は大学構内駐車禁止になることでした．年間駐車料金をちゃんと払っているのに，アメフトの試合のある日だけは教職員は構内駐車禁止．土曜日といっても研究室で仕事しなくてはならない教員も沢山いるのに，お金を落としてくれるスポーツイベントのお客さんが優先だと大学当局に言われてしまうわけです．これが高等教育・研究機関であるはずの大学のやることかと，私はいつも恨みまくっていました（笑）．

　このように，アメリカの大学街やアメフトやバスケの強い大学には一種独特の文化があって，地元の有力者を巻き込んで大学自体が巨大な経済利

権組織と化すことがあります．そしてそのような組織文化が存在すると，ナサル・スキャンダルのような大不祥事が起こる土壌が醸成されるのです．昨今話題になっている日大アメフト悪質タックル事件を巡って日本でも，全米大学体育協会（NCAA）と似たような，全国的ガバナンス組織を作らないといけないという話が出てきているようですね．統括機関を作ることはもちろん有益であるでしょう．ただアメリカのカレッジ・スポーツやNCAAの現状に照らしてみると，全国的ガバナンス組織を作ればそれで済むというわけではないことがわかります．

　大学上層部が「ブランド力」を発揮してくれる有名コーチや有名選手を庇って，それゆえ弱い立場にある人たち・声なき人たちが様々な被害・弊害に遭ってしまうという構図は，アメリカに限らずどこの国でも起こり得ることではないでしょうか．ガバナンス機関に所属する個々の大学が組織ぐるみで問題隠蔽を図ってしまうとしたら，折角の外部ガバナンス機関も十全には機能し得ないのです．そして同じような「金のなる木を守る」体質はガバナンス機関であるはずのNCAA自体にも顕著に見られる組織病理であることは，日本ではほとんど報じられていないような印象を受けます．大学スポーツのガバナンス機関として創設されたNCAAですが，第二次世界大戦後のアメリカの社会経済変化の波のなかで，完全な経済利権団体化してしまいました．その理由の一つに，戦後テレビがスポーツ放送の主役となったことがあります．

　テレビ放映権というのは大変な収入源となります．ですから，テレビ局側と交渉する上で交渉の窓口を一本化した方が有利です．その窓口になったのがNCAAだったわけで，そこにNCAAの利益団体化のルーツを見る人は多いのです．ビジネス利益団体としてのNCAAは，大変巧妙な市場戦略をとります．テレビ局は日曜の夜はプロの試合を放映していました．ですからそれとうまく棲み分けをする形で，土曜日に大学アメフトの試合を組んだのです．その他にもNCAAのロゴの入ったスポーツ・グッズを販売して，そこから上がる収益を構成メンバーである大学側と共有する．1970年代くらいまでにNCAAは，ガバナンス組織というよりビジネス団体と化していたのです．

　このような現実を勘案すると，NCAAの日本版を作ったら日大アメフ

ト悪質タックル問題に象徴されるようなカレッジ・スポーツの不祥事にも
っと効果的に対応できるというものではないことだけは確かでしょう．大
学の組織ぐるみで問題行為がなされるとき，大学内部に自浄機能がない場
合，どこまで外部のガバナンスの力が入っていけるのか．それは全国統括
機構を創設することとは全く別次元の問題です．そういう意味で，ラリ
ー・ナサルをめぐるスキャンダルも，＃MeToo運動という女性の権利と
尊厳を守るというジェンダーをめぐるアメリカ社会のうねりの文脈だけで
はなくて，スポーツという商行為に依存せざるを得ないアメリカの高等教
育機関のあり方そのものが問われているように思うのです．少子化に対応
するために様々な財政上の「自助努力」を迫られるであろう日本の大学に
おける学生スポーツも，今後避けては通れないことだと思います．そうい
った複雑で重い課題が，今回の日大アメフト事件を通して浮き彫りになっ
たと思いますし，これは日本とアメリカという高度に発達した資本主義社
会に共通する問題だと思います．

Q&A　講義後の質疑応答

Q　トランプ大統領は就任前に，World Wrestling Entertainment（WWE）とい
うプロレス興行にかかわっていましたよね．そのリーグに所属するレスラーた
ちがリーグ関係者の間の内輪争いのやらせ代理戦争みたいな形で，試合に負け
た方が丸刈りにされるとか変なことしましたよね．トランプ自身がその丸刈り
をやったりして．そのプロレスリーグの会長の奥さんを閣僚に指名したみたい
なことも聞いたのですが．

A　その通りです．ほとんど悪い冗談みたいな話ですけれどね．トランプ
は自分が出資していたプロレスリーグ会長の奥さんを，大統領就任後に中
小企業庁の長官に任命しました．リンダ・マクメーホンという人物です．
そのプロレスリーグなんですが，2002年に名前もWWF，World Wres-
tling FederationのFederationをとってEntertainmentに変えて，World
Wrestling Entertainment，WWEにしたんです．エンターテイメントとい

う言葉に変えたことは，もうスポーツだというフリすらしないで，娯楽，見世物でいいんだという，一種の開き直りの態度がそこに見えますね．

　私も日本に住んでいた子供時代に，父がよくテレビでプロレス中継を見ていたことを覚えています．いかにも八百長臭くてアホらしくて，とても嫌だったことも．でも八百長臭いと言ったら，WWEの右に出るものはないでしょう．覆面あり衣装あり，小道具あり．場外乱闘なんて日常茶飯事．スポーツならルールに従ってやるのが普通ですが，そんなフリさえしないという完全な娯楽，というより低俗な見世物のようなものです．今おっしゃったように，大統領になる前のトランプが，その破茶滅茶のプロレスリーグの試合にも頻繁にゲスト出演していました．挙げ句の果てにこのWWEの会長の奥さんを中小企業庁長官に任命しちゃったなんて，ほとんどジョークの世界ですね．でもそんなことがあり得るというのが，悲しいかな，今のアメリカの現実なんだなと思います．日本でも多分報道されていたと思うのですが，トランプ大統領はCNNが大嫌いなんですよね．自分にとって都合の悪いことを報道したり記者が鋭い質問をしてきたりするからです．ですからトランプは，CNNの気に食わない記者の画像をコンピューター処理して，WWEの場外乱闘でトランプがそのCNNの記者をやっつけるというビデオをYouTubeにアップしたりもしたんですよ．一国の大統領が，それも現職中に，ですよ．品位に欠けるも甚だしいです．ですから，WWEの場外乱闘とか，丸刈り「やらせ」ショーとか，トランプの気質に本当にマッチしている，彼のDNAのなかに組み込まれていると言っても言い過ぎではないんじゃないかと私は思っています．

Q　アメリカでスポーツというとゴルフもありますが，ゴルフの位置づけはどうなのですか？　また，アメリカにもプロサッカーができたけど，この位置づけは低いのでしょうか．

A　サッカーの位置づけは，アメリカでは低いですね．プロサッカーのテレビ中継もほとんど見ません．アメリカではサッカー・ワールドカップもあまり注目されません．女子はオリンピックで金メダルも取ったくらいで強いんですけれどね．男子サッカーはダメです．優秀なアスリートは，アメフトやバスケのような人気スポーツに流れて，サッカーにはあまり集ま

ってこないこともあるでしょうね.

　講義のなかでも少々触れましたけれど, アメリカでも女性は, スポーツの世界では伝統的に周縁化された存在でした. ですから, あまり男性がやらないスポーツには女子が入って行く隙間がある. そしてそのスポーツで女子が国際的に強くなるという構造が作られる. アメリカ女子サッカーが強いのも, そのパターンです. 女子サッカーのプロ・リーグは今ではそれなりに興行としてもやっているようですが, これまでいくつかのリーグが作られては消えるということを繰り返していたようです.

　アメリカの女子サッカーが何故強くなったかということでもうひとつ言えることは, アメリカのエリート・アスリートがどこで育成されてきたかということがあると思います.

　競技にもよりますが, アメリカでは高度成長期の日本のような企業スポーツではなく, 大学をはじめとする学校制度のなかでトップ選手の強化がされてきました. これもこの講義で触れたように, 大学スポーツの予算は, revenue sports っていうのですが, 収入が入るスポーツ, つまりアメフトとかバスケとかいう人気スポーツに重点的に振り向けられるという状況がそもそも存在していました. そこに新しいインセンティブが加わったのが1970 年代のことです. 1960 年代の公民権運動を経たアメリカでは, 1972 年に, 連邦政府の教育法改正の一環として, いわゆるタイトル9, 教育改正法第9条というものが制定されます. この連邦法は, 本書第8講にも出てきます。連邦政府から資金提供を受ける教育機関は, 教育における男女格差を是正することを義務づけられました. これは教育にかかわる全領域における男女平等を目指した法改正だったのですが, 結果的にアメリカで女子スポーツが大きく発展する上での原動力になったのです. 教育機関が行うスポーツ活動においても, 男女に同額の予算や設備を振り向けることを連邦政府によって要求されるという結果になったからです.

　そこで一つ面白いのは, 男女スポーツに同額の予算をあげなくてはならない, 同数のスポーツ奨学金を出さなくてはならないとなると, 大学側としてはどうしても, 男子スポーツのなかでは大きな収益をもたらすアメフトとかバスケを重視するわけです. 男子スポーツに充てられる予算の大部分が, そこに吸い取られていってしまうのです. その結果, 男子のマイナ

ースポーツ，例えばクロスカントリーや体操のように「金にならない」競技に回す予算が削られて，どんどん廃れていってしまったのです．男子サッカーもそうです．タイトル9のおかげで1970年代以降女子スポーツは拡大しますが，男子学生のスポーツの中での序列化と不平等が大きくなって，それが固定化されてしまったわけです．

　その裏返しとして，女子スポーツのなかではタイトル9の恩恵を受けて予算も増え，選手育成が進んだスポーツが出てきたのです．その一つが，サッカーでした．アメフトとか野球とか，女子が参入できないスポーツに多くの予算を吸い取られることはない．でもタイトル9のおかげで男女同額の予算が大学から組まれるから，女子に開かれたスポーツ，例えばサッカーが結果として受益者となったわけです．

　ゴルフはお金持ちのスポーツというイメージがアメリカではあります．日本でもそうかもしれませんね．でも日本は高度経済成長期には，私の父親みたいなサラリーマンでも毎週ゴルフができていたから，お金持ちのスポーツとまで言えるのかどうか．アメリカではゴルフのパブリック・コースなども結構ありますから敷居は低いですが，やはり一応カントリークラブに入ってやるお金持ちのスポーツだというイメージはありますね．子供の頃からゴルフをやれるのは，お金持ちの子供でないと無理だという感覚はあります．日本だとプロゴルフ選手はキャディー出身という人も少なくとも以前は多かったようですね．苦労してキャディーしながら生活を支えて，やがてプロになるというルートが結構多かったように思います．アメリカでは圧倒的に大学のスター選手がプロになるというパターンが多いようです．子供の頃からカントリークラブでゴルフを学んで，スポーツ奨学金をもらって大学でゴルフ選手として実績を積んでからプロになるという経路です．タイガー・ウッズだって，スタンフォード大学に行っていますよね．

　ところでタイガー・ウッズの場合，デビューしたての頃は，彼の登場の意義がやはり人種問題の文脈で語られていたように記憶しています．それまでお金持ちのお坊ちゃんのスポーツと見られることが多かったゴルフに黒人であるウッズが，それも名門スタンフォード大学を経て参入できた．参入できただけでなく，そこでトップに登りつめることができた，と．そ

れが「人種問題の面でのアメリカの進歩」みたいな語り方をされていたことを，私はよく覚えています．アメリカには奴隷制の過去があるけど，今ではこんなに改善したんだよ，アメリカって捨てたもんじゃない，という進歩のシンボルみたいにタイガー・ウッズの登場が表象されたりしていましたね．タイガー・ウッズ自身も，自分のことをそういう位置づけをしていたような気がします．

　この講義でも，様々な黒人アスリートがアメリカ社会の人種差別に対して抗議行動を取ってきた歴史についてお話ししました．人種問題についてはっきりとした批判的態度を表明することは，アメリカの黒人アスリートにとって，背負わなくてはならない十字架，一種の踏み絵みたいになっていることについて，最近興味深い本を読みました．ハワード・ブライアントという人の著作です．『The Heritage』というタイトルです．黒人アスリートとして功なり名を遂げたら，黒人社会全体を代表してアメリカの白人優位社会に向けて何か物申さないといけないというプレッシャーが生じてしまう．それをちゃんとしないと，自分の同胞に対する裏切り行為みたいに黒人世界からは思われてしまう，と．そしてその公な異議申し立てをちゃんとやる黒人アスリートと，絶対やらない黒人アスリートに二分されるというのです．絶対やらない黒人アスリートの代表的な例として挙げられていたのが，バスケのマイケル・ジョーダンです．彼の大口スポンサーのナイキが，そんなトラブルメーカー的なことをやらせないからというのです．ゴルフのタイガー・ウッズも，その「絶対やらない派」の黒人アスリートのひとりに挙げられていました．ゴルフという「白人の世界」とうまく折り合いをつけてやっていくには，そのような「黒人社会を代表して物申す」みたいなことはできないと，というのです．

Q　イメージとして，北朝鮮とか中国は，国策としてスポーツを振興して，オリンピックで入賞した選手がいたら賞金をあげるとか，国力を保持するためにスポーツを使っているという印象があります．日本は今，オリンピックに向けていろいろな政策をしているのかなという気はしているのですが，アメリカで，国としてスポーツを振興するというのは，あまり私，イメージがわからないのですが，それはもうスポンサーに任せるというようなことなんでしょうか．

A　そうですね，基本的にはそうだと思います．アメリカはオリンピックやサッカー・ワールドカップのような国際対抗戦や世界選手権が制度化された20世紀初頭までには，すでに産業化を果たして世界で一番豊かな国になっていました．ですから政府が国策としてやらなくても，国民経済の豊かさを背景として，民間のクラブとか，それこそ大学内で選手の育成・強化ができる状態になっていました．民間部門に政府権力が介入してくることに警戒する伝統的な政治イデオロギーもアメリカにはありますから，国がスポーツ強化に国策として関与しなくてはならないという発想自体がほとんど見られなかったのが，アメリカという国ではないかと思います．

　そのようなスポーツ自由放任主義とでも言える態度が微妙に変わってきたのが，第二次世界大戦後の対ソ冷戦期です．アメリカの最大のライバルであったソ連は，1952年のヘルシンキ・オリンピックからオリンピックに参加し始めて，ものすごい数のメダルをごっそり取っていってしまったんです．確かその次のメルボルン・オリンピックでは，獲得メダル総数でアメリカを上回ってしまいます．

　冷戦期というのはソ連とアメリカに率いられる東西両陣営が，資本主義体制・社会主義体制のどちらのシステムがより優れているかということをめぐり争いましたね．政治外交，軍事経済だけでなく，その対抗関係は科学技術，文化社会の領域でも繰り広げられました．その米ソ両陣営のせめぎ合いのなかで，スポーツも国威発揚の場になっていくわけです．そんなわけで，アメリカは本来国策としてエリート・スポーツの強化をするような社会体制ではなかったのですが，冷戦時代には，とにかくオリンピックでソ連選手に勝てるアスリートに出てもらわないといけないという考えに傾いていきます．この戦後の冷戦期の文脈の中で，アメリカの新しいスポーツ政策の恩恵に浴すことができたのが，黒人の陸上選手たちでした．ウィルマ・ルドルフという女子陸上選手が特に有名です．

　ルドルフ選手は，1960年のローマ・オリンピックで3つの金メダルをとってアメリカ人を狂喜乱舞させました．この頃から黒人の女子アスリートたちへの強化費や学校スポーツにおける地位も次第に改善されていきます．それまでは，黒人女子アスリートは筋肉隆々で「女性らしさ」に欠けるというネガティブな見方をされることも多かった．ところが米ソ冷戦期

になって，アメリカの自由で資本主義制度に基づく社会体制のなかで育っ
たけれど，国策として育成されるソ連のトップ・アスリートたちに堂々と
伍して勝てる素晴らしいアメリカン・ヒーローだ，と違った見方をされる
ようにもなります．

　第二次世界大戦後に国際スポーツ試合が飛躍的に増えてくると，アメリ
カでもスポーツを国威発揚の手段として有益だとする見方が出てきますが，
気持ちの上ではそうでも，アメリカにはスポーツ庁みたいなものもないで
すし，政府のアスリート育成プログラムみたいなものも，私が知る限りで
はありません．民間の力でアスリート強化を図るというやり方は，基本的
には変わっていないと思います．でも先ほど申し上げたように，タイトル
9制定後は，女子にも男子と同額のスポーツ予算がつけられるようになり
まして，女子黒人陸上選手も，大学を舞台とする新たな「スポーツ強化体
制」の恩恵に浴せる機会が増えました．その結果は，多くのアメリカ人の
黒人女子陸上選手が国際的に活躍していることに現れていると言って良い
と思います．

トランプのアメリカ
ハワイからトランプを見る

矢口祐人
東京大学大学院情報学環教授

矢口祐人（やぐち ゆうじん）
Goshen College 卒業．College of William and Mary 大学院でアメリカ研究を学ぶ（M.A./Ph.D.）．1998 年東京大学大学院総合文化研究科助教授．その後同教授を経て，現在，東京大学大学院情報学環教授．主にアメリカ文化論，太平洋地域研究，アメリカにおける歴史と記憶を中心に研究と教育を行っている．著者に『ハワイの歴史と文化』（中公新書），『憧れのハワイ』（中央公論新社），『奇妙なアメリカ』（新潮社）など．

はじめに

　私はインディアナ州の北部にあるゴーシエンという小さな町の大学を卒業しました．学生数は千人にも満たないところでした．そのあと，インディアナ州南部にあるコロンバスという同じく小さな町にある小さな日系企業で1年間働きました．バブルの頃で，中西部にずいぶんとたくさんの日本企業が進出し始めた頃でした．サラリーマン生活というものに憧れもあり，アメリカで日本から来た皆さんのようなビジネスマンとお仕事をさせていただく機会を得ました．

　ただ，やはりもう少し勉強したいなという気持ちもあり，アメリカの大学院に進みました．そこは，バージニア州のウィリアムズバーグというところにありました．これもまた小さな町です．アメリカ版明治村のようなところで，1770年代のアメリカの町並みをかなり忠実に再現しています．アメリカでは子どものいる家庭はよくウィリアムズバーグに連れて行って，アメリカの歴史を体感させます．

　ウィリアムズバーグはアメリカ独立革命前，バージニア植民地の首都でした．バージニアというのはアメリカ合衆国を構成することになる13植民地のなかでもマサチューセッツと同じくらい古くて強力な植民地でした．その首都であるウィリアムズバーグにはバージニア議会が設けられ，後に初代大統領となるジョージ・ワシントン，独立宣言の起草者で，第3代大統領となるトマス・ジェファソン，第4代大統領のジェームズ・マディソン，第5代大統領のジェームズ・モンローなど，アメリカ建国期の指導者となる人物が集まり，大陸の未来を熱く論じていました．イギリス国王への抵抗とか，独立の夢について話し合っていたのです．つまり独立革命の中心舞台でした．今は町全体が屋外博物館のようになっていて，私の行った大学も18世紀の街並みの一角にありました．

　私のアメリカ体験はこのようにアメリカの中西部と南部にある小さな町に根ざしたものです．多様な人びとが集まり，さまざまな文化が出会い，衝突し，融合するようなニューヨークやロサンゼルスなどの大都市とはまったく違うところです．政治的にも，文化的にもかなり保守的なところです．とりわけ私が大学時代に住んでいたインディアナ州は共和党が強く，

トランプ政権の副大統領マイク・ペンスが知事をしていたところです．ゴーシェンの近辺は農業とキャンピングカーなどのレクリエーション用車両の生産が主産業で，以前はほとんど白人ばかりの地域でした．私のようなアジア人の姿はキャンパスの外に出ればほとんどありませんでした．若い学生が遊ぶようなところはひとつもない小さな町です．あるのは教会ばかり．唯一あった映画館も私が学生時代に閉館になり，教会となりました．

仕事をしていたインディアナ州のコロンバスは（オハイオ州コロンバスとは違います）これまた圧倒的に白人が多く，自動車産業が中心でした．当時はアメリカの自動車産業は斜陽を迎えた感があり，逆に日本の自動車が飛ぶ鳥を落とす勢いでしたから，コロンバスには相当強い反日感情もありました．

　バージニア州は最近でこそ民主党が強くなっていますが，それはワシントンDC近辺の北バージニアの人口が増えているからです．もともと南北戦争時に南の首都がおかれたくらいですから，政治的にはかなり保守派が強いところです．ウィリアムズバーグの近辺のノーフォーク，ハンプトン，ニューポートニューズには巨大な海軍基地があり，文化的にも保守的なところでした．インディアナ州よりは黒人の存在が目立ちましたが，政治的，経済的な力は圧倒的に白人に集中していました．

　このようなところはトランプが強い地域です．インディアナはトランプが圧勝しましたし，バージニアでも北部以外ではトランプの方が票を集めました．だから，私はトランプに投票する人がわかると言いたいです．私はトランプに投票した人を個人的にも知っていますし，どんな人が投票するのかも想像できます．私はトランプという人物に感心できませんが，彼を支持して投票する人についても同じく感心しないわけではありません．私といろいろな意味で考え方は違うわけですが，別に悪い人でも変な人でもない．それなりに理由があるわけです．そして私はそういう方々の住む町に住み，とても優しくしてもらい，可愛がってもらったという記憶もあります．

　ただ，その人たちが何ゆえトランプを支持し続けるのかというと，やはり共感もできないし，理解も難しいと最近は感じています．私たちのような大学にいる人間からすると，トランプに熱狂する今のアメリカの白人社

会はなかなかわからなくなっているというのが正直なところです．ある程度の説明をすることはできます．しかしトランプを支持できない人間からすると，トランプを好む人との間に埋めることのできない深い溝があると感じています．昔はコミュニティのもとになるのは宗教や人種でした．それが分断のもとにもなりました．今日のアメリカでは支持政党が人びとの結束力や対立のもとになっています．

今日は私がここしばらく研究対象としてきたハワイから現代のアメリカ，とりわけトランプについて考えてみたいと思います．トランプと反トランプは都市対地方，東西沿岸部対中西部・南部，男性対女性，白人対マイノリティなどの二項対立の図式で描かれることがよくあります．その溝の様子を東海岸のワシントンDCから地理的にも文化的にも著しく異なるこのアメリカの一州から，より具体的に見てみます．今のハワイを見ると，残念ながらトランプに象徴される価値との溝を乗り越えられるような楽観的な要素はあまり見いだせません．「パラダイス」と連想されるハワイを通して，今日のアメリカ社会が直面する厳しい状況を紹介します．

1 トランプとハワイ

私自身は，研究対象はアメリカですが，ここ15年くらいはハワイのことを中心にトランスパシフィック研究をしています．ハワイというのは，非常に面白いところです．まず，先住民の存在があります．1893年まで，ハワイ先住民は世界的に認められる立憲君主制の独立国家を有していました．それが今はアメリカの州のひとつになっています．アメリカ合衆国の土地はすべて，アメリカの一部になる前はインディアン（ネイティヴアメリカン）のものであったと言えますし，そうでなくても，イギリス，スペイン，フランスなどが植民地として有していたとも言えます．しかし国際的に認知されたひとつの国家がそのままアメリカに取り込まれたのはハワイだけです．さらに，アメリカは長いあいだ，ハワイを州とせず，「テリトリー」という名のもとの植民地としていました．（今のグアムやプエルトリコと似た状況です）

だから「帝国としてのアメリカ」を考える際に，ハワイはとても重要です．往々にしてハワイは観光客の「パラダイス」と見なされますが，そこ

には巨大な軍事基地がいくつも集中しています。アメリカのアジア太平洋戦略を担う研究所もあります。また、ハワイには長いあいだ、サトウキビを中心とする、大規模農場がありました。そこで働く労働者として多くの移民が集められました。とりわけアジアからの移民がたくさんやって来ました。その流れはアメリカとアジア各国との国際関係の力学のなかで生み出されてきました。その結果、ハワイには極めて興味深い人種関係が存在します。さらに希少種がたくさん存在するハワイは環境問題を考えるのにも非常に重要なところです。もちろん、最近、日本でも盛んになっている観光研究でもハワイは大切です。

　つまり、大きな世界の流れのなかでハワイの歴史と現在を捉えると、アメリカ合衆国のさまざまな問題点が浮き彫りにされます。ハワイからトランプのアメリカを考えるというのは一見すると突飛に映るかもしれませんが、それは今日のアメリカが直面する諸問題をよりわかりやすく示してくれるのではないかと私は考えています。

2　ハワイはアンチトランプ

　ハワイは圧倒的にトランプ支持者の少ない州です。いや、不支持というより、トランプが嫌いな人が多い。それにはいろいろな理由があります。ひとつには、ハワイは伝統的に民主党が強い地域です。先ほども触れたようにハワイにはアジアからの移民とその子孫が多いのですが、アメリカではそのようなマイノリティは民主党を支持する傾向が強く、ハワイもそうなっています。共和党の知事がいたこともありますが、ここ半世紀ほど、民主党が盤石の地盤を築いています。知事、連邦下院議員、連邦上院議員、そして州の上院議員（25名）も全員が民主党です。州の下院には共和党議員がいますが、10％ほどに過ぎません。白人人口が25％ほどにしかならないハワイでは、どんな共和党大統領候補でも、ハワイで勝てる見込みはほとんどないとされます（共和党がオバマのような候補を立てれば別ですが、トランプ的な要素の強い共和党がそうなる可能性は今はありません）。ハワイを見ると、マイノリティの票を集めることのできない共和党の課題が非常に明らかです。

　加えて、ハワイの多くの人はトランプがバラック・オバマにものすごく

攻撃的であることを不愉快に思っています. ハワイで生まれ育ったオバマ前大統領は, ハワイのヒーローです. 自分たちのオバマを批判するトランプが好きになるわけはありません. 最近, トランプはハワイを訪れましたが, その際, ハワイの人びとは州議事堂前で反トランプのデモをしました. そのなかに「Welcome to KENYA!」というプラカードを持っている人がいました. というのも, トランプはオバマの出生地はケニアだということを散々言い続けてきたのです. オバマは実際には1961年にホノルルで生まれ, 出生証明書にもそうあるのに, トランプは絶対に信じようとしない. オバマの在任中, ずっとオバマはアメリカ人じゃない, オバマはケニアで生まれたんだと主張し続けました. それはアメリカ国籍を有していても, 帰化した人は大統領になる資格がないからです. 昔, アーノルド・シュワルツェネッガーという役者がカリフォルニアの知事になりましたが, 彼はもともとオーストリア人でアメリカに帰化しました. だから彼は大統領にはなれない. 同じようにオバマも資格がないのに大統領になったとトランプは言い続けることで, オバマの大統領としての適性を根底から否定しようとしたのです. そういうトランプの姿勢を皮肉って, Welcome to KENYAというプラカードが登場しました. あるいは, NO TRUMP HI (HAWAII) IS OBAMA'S BIRTH PLACE というものもありました.

トランプのオバマの出生地をめぐる言いがかりは, birther movementと呼ばれ, オバマの在任中, ずっと続きました. まったく根拠のない, あまりに愚かな嫌がらせですが, 一番声高に主張し続けたのはトランプです. オバマは「外国人」だと延々と, しつこく言い続けました. 言わなくなったのは, 共和党の大統領候補になってからです. しかしそれでも明確な撤回はしていません. オバマ大統領夫人のミシェル・オバマはその回顧録でこのようなトランプの攻撃を許せないと思ったと述べていますが, ハワイに住む多くの人びともオバマの出自を嘘で否定するトランプを許しがたいと感じているようです.

3 トランプ大統領は人種差別者か

オバマはご存知のように父親がケニア出身の黒人で, 母親はアメリカ本土出身の白人ですから, 日本では「ハーフ」と言われる人です. ホノルル

で生まれ，両親が離婚した後は，母親がインドネシア人と再婚したので，今度はインドネシアで育ちます．中学生になるとホノルルに戻され，白人の祖父母とともに暮らします．黒人の少年と年配の白人夫婦が一緒にいると「家族」には見られなかったかもしれないですが，彼は祖父母をとても大切にしていました．オバマにはインドネシア人の義父と白人の母の血を引く妹がいます．だから彼の家庭は白人，黒人，アジア人，そしてそのミックスで成り立っていました．またオバマはホノルル市内の有名私学プナホウに奨学生として通いますが，ここはハワイのアジア系，とりわけ日系など東アジア系移民の子孫が多くいます．

　ハワイはとても多文化なところです．アジア系が多いですが，日系のみならず，中国系，コリア系，フィリピン系，ベトナム系などアジア各地の移民の子孫たちです．アジア系の比率が一番高く，白人はマイノリティです．当然，ハワイ先住民もいます．ただ，黒人の数は非常に少なく，オバマはその点では疎外感を覚えて育ったようです．いっぽう，住人の多くはいろいろな出自を受け継ぐミックスです．アメリカの国勢調査で人種を問う欄がありますが，「ふたつ以上」と答える人の比率がいちばん高いのがハワイです．黒人の数は非常に少ないのですが，オバマのように複数の人種を受け継ぐミックスの人はたくさんいるところです．その点ではオバマは「ハワイらしい」人ですし，多様な人種やエスニシティの存在をごく普通に受け止めて育ったとも言えます．

　トランプはこのようなオバマがどうしても許せない．そこにはトランプの人種観があります．彼は白人中心主義の人種差別主義者であるという批判がアメリカには根強くあります（オバマは半分白人じゃないか，とも言えますが，アメリカの場合，1滴でも黒人の血が流れていたら黒人と定義されるというのが長い歴史のなかで作られてきた定義です）．大統領にもなる人物が，人種差別主義者であるというのは穏やかではありません．しかしこの批判は根拠がないわけではありません．

　トランプの父親は不動産業をしていましたが，黒人住人をできるだけ排除しようとしていたことが明らかになっています．息子も同じように黒人に冷たかった．1973年には，ふたりは黒人にアパートの賃貸を拒否していたとして司法省に訴えられてもいます．最終的には罪を認めずに調停で

終わりましたが，明らかに黒人が住めないように排除していたと言われています．

1989年には，マンハッタンのセントラルパークでジョギングをしていた女性がレイプされるというひどい事件がありました．犯人は黒人の若者集団とされ，アメリカの新聞でセンセーショナルに取り上げられました．歴史的に見て，黒人男性は白人女性の純潔の脅威になるとされてきました．実際には白人男性が黒人女性をレイプするというケースの方がはるかに多かったのにもかかわらず，黒人男性は性的欲望を抑えきれない獣的な存在であるかのごとき，差別的な語りが繰り返されてきました．白人の女性が黒人に襲われるというのはアメリカ白人社会の潜在的な恐怖とも共鳴することで，この事件は非常に話題になりました．

結局，4人の黒人の男性とラティノの男性ひとりが逮捕されました．まだ10代の若者たちで，最年少は14歳でした．当時，トランプはBRING BACK THE DEATH PENALTY. BRING BACK OUR POLICE! という全面広告をニューヨークの主要新聞4紙に出しました．ニューヨーク州では死刑が存在しません．しかしトランプは自分で広告の金を払ってこの若者たち全員を死刑にしろとしつこく主張したのです．1989年には当時のコッチニューヨーク市長に対して，「コッチは私たちの心から憎しみや恨みを取り除かなければいけないと言うが，私はそんなことはしない．私はこの襲撃犯，殺人犯を憎みたい．こいつらは苦しむべきなんだ．こんな気の狂った，ならず者が市民に野蛮な行為をすることを，私たちの偉大な社会がどうして認めるのか．犯罪者は，CIVIL LIBERTIES，つまり法に基づいた人権というものは，罪を犯した瞬間に停止されると教えられるべきだ」と主張しています．ここでは人種に対する言及はないわけですが，明らかに逮捕された青年たちを念頭においた主張です．犯罪者には人権を認める必要がない，未成年であっても死刑にすれば良い，という極めて強権的で独裁的な側面がここから見て取れます．このトランプの全面広告は犯人たちへの怒りを煽りたてるものでした．

しかし，実際には全員が冤罪であったことが後に明らかになります．真犯人が名乗り出て，本人たちは全員無罪になります．何年も刑務所に入れられたあと，本当の犯人が判明し，無罪だったことがわかり，全員釈放さ

れます．それでもトランプは決して前言を撤回しない．むしろ，もともと悪いことをするグループだったから，そういう疑いの目をむけられたんだということを述べて，頑として自分の非を認めません．むしろ，2016年には「あいつらは自白したじゃないか」と反論しています．青年たちは逮捕時，自白を強要されたと主張しているのですが，「元々の捜査をしていた警察は，有罪と判断したわけだし，証拠もたくさんあったんだ」と言って聞きません．トランプは絶対に自分の過ちを認めようとしません．黒人やラティノは犯罪者であるという不条理な決めつけがあるようにも見えます．

　トランプのこのような個人史をふまえると，大統領になった今の行動もある程度は理解できます．例えばトランプはメキシコから入ってくる不法移民は，即刻なんの捜査もせず強制送還するべきだと主張します．大統領であるにもかかわらず，法的プロセスを認めない．難民申請する人がいる可能性もあるのに，そのまま即刻送還せよということを言ってしまうわけです．メキシコとその以南から来る移民はギャングで，犯罪者で，強姦者だとすら言う．テロリストもいると主張します．おそらく白人の移住者には絶対に言わないようなことを平気で言って，恐怖を煽ります．規則や法律などはその際，どうでもよくなってしまう．彼は1970年代からずっとこのようなことを続けているわけです．

　つまりトランプというのは，ある意味かなり一貫している人だと思います．40年以上前の若いときから言っていること，やっていることと，今はほとんど変わっていない．その中核にあるもののひとつは人種観でしょう．彼は自分が人種差別主義者ではないと主張しますが，その価値は徹底して白人中心主義です．

　先に触れたように，オバマが生まれたハワイではアジア系がいちばん多く，白人はマイノリティです．現代のハワイに差別がないとは決して言えませんが，少なくともトランプに象徴されるような，一方的な白人中心主義は通じませんし，人種的なマイノリティを露骨に差別し，アパートを貸さないとか，十把一絡げで犯罪者扱いするようなことはありません．ハワイから見ると，トランプはやはり白人を中心に据えてきたアメリカ社会の産物であることが良くわかります．いまのアメリカは人種的多様性が急速

に進んでおり，なかにはハワイこそが将来のアメリカのイメージを体現しているという人すらいますが，そのような視点からするとトランプは昔の古い，やがて消えゆくアメリカの価値観を体現しているようにも映ります．だからこそ，旧来のアメリカの社会を大切にする層には人気があります．Make America Great Again の Again という言葉にはそのような層を意識した戦略があります．

4　アメリカの歴史とトランプ

もう少し人種の話をさせてください．

アメリカ独立革命は，生命，自由，幸福の追求を求めて始まりました．しかし当時，それは白人男性に与えられる権利と想定されていました．例えば当時の女性は結婚すると，財産を有する権利を原則失うことになりました．資産がなければ生命も幸福の追求も危うくなります．結果，男性に生活を依存せざるを得ませんでした．また女性には参政権も認められませんでした．政治参加が許されないなか，主体的に基本的な権利を確保することはできませんでした．

黒人にも権利は与えられませんでした．独立宣言で「自由」を高らかに謳ったトマス・ジェファソンも，独立革命の英雄で初代大統領となったジョージ・ワシントンも奴隷の所有者でした．彼らとともに独立を引っ張ったジェームズ・マディソン第4代大統領も奴隷を持っていました．モンロー宣言で名高いジェームズ・モンロー大統領も，今日のアメリカの20ドル紙幣になっているアンドリュー・ジャクソン大統領も奴隷の所有者です．

自由，平等，幸福の追求を理念に独立したアメリカでは初代大統領からして奴隷を有していたのです．いえ，奴隷が無償で労働を提供する環境があったからこそ，白人男性が自由を主張し，平等と幸福の追求をする余裕を持てたとも言えます．アメリカの白人の富や権利はこのような歪んだ人種関係のなかで歴史的に生成されてきたものです．トランプの巨額の富もそのような文脈で捉える必要があります．

トランプが就任してまだ1年も経たないときに，バージニア州シャーロッツヴィルという町で，白人至上主義者の集会がありました．ここは第

3代大統領のトマス・ジェファソンが創設した名門バージニア大学のあるところです．研究者や学生が多く住んでいる町ですから，全体的にはかなりリベラルなところです．そこに白人の極右集団が結集し，ナチの旗と松明を持って行進するという極めて異様な光景が展開されました．当然，このような集会に反対する人も多くいたのですが，そのうちのひとりが極右の活動家に車で轢き殺されるという痛ましい事件が起きました．しかしトランプはこの白人極右集団をすぐには非難しませんでした．右翼もその反対者にもそれぞれに悪い奴も良い奴もいると言うのです．その結果，ものすごい批判をトランプはアメリカ世論から浴びるのですが，彼は自分と同じような白人を批判することはほとんどしません．

　他にも例があります．あるとき，アフリカやハイチのことをトランプはなんと「shitholes」と呼びました．肥溜め，と訳してもいいでしょうが，大統領が他の国をこう呼ぶなんて普通は考えられません．でもトランプはこれら黒人を中心とした社会を完全に見下しています．そんなところからの移民はいらないと言います．逆にアメリカはノルウェーのようなところから移民を呼ぶべきだと言います．当然，彼にとってノルウェーは白人の国です．20世紀初頭まで，アメリカでは多くの科学者が，人種のなかでも最も美しく優れているのは「ノルディック」（Nordic）種で，最も劣っているのは黒人であるという差別的な説を唱えていたのですが，トランプの人種観はこの古ぼけた説をそのまま受け継いでいるわけです．

　トランプは連邦議会にたくさんの敵がいます．そのひとりはカリフォルニア州のマキシン・ウォーターズ下院議員です．1990年以来，下院議員をつとめているベテランの黒人女性政治家です．その政策は非常にリベラルです．歯に衣着せぬ発言でも知られ，トランプを白人至上主義者，女性差別主義者として激しく批判します．それに対してトランプも徹底的に彼女を攻撃します．その際，彼は必ずウォーターズの「IQ（知能指数）が低い」と言います．彼は黒人を批判するときにしばしばIQを持ち出しますが，これも歴史的に白人が黒人を差別する際に用いてきた常套手段です．黒人というのは知性に欠けるという，人種で知性を判断する似非科学をトランプは信じているようで，白人の方が優れていると思い込んでいます．

　もうひとりの敵はエリザベス・ウォーレン上院議員です．ウォーレンは

マサチューセッツ州の選出で，以前はハーバード大学の教授でした．現在
1期目ですが，民主党の大統領候補になるのではないかとも言われていま
した．彼女もあらゆることについてトランプとほぼ逆の立場で，しかも非
常に頭がきれて，弁が立つ人です．トランプが何か言うと，それと同じく
らい激しくトランプを攻撃します．トランプはそういう女性が大嫌いです．
そこで彼はウォーレンを攻撃するのですが，その際，必ず彼女を「ポカホ
ンタス」と呼びます．ポカホンタスはバージニア州に1600年代に生きた，
実在のインディアンの女性ですが，アメリカでは彼女にまつわる話が広く
知られています．それはイギリスから来たある男性が，インディアンに捉
えられて，処刑されそうになった瞬間，彼女がその男性に飛びついて，命
乞いをして助けた，そのあと，ふたりは幸せになったというストーリーで
す．実は全く史実に基づいてないのですが，まことしやかに信じられてき
て，ディズニー映画もあるほどです．これがどうしてアメリカで受け入れ
られてきたかというと，白人を歓迎するインディアン，白人を助けるイン
ディアンのイメージとしてポカホンタスは使われてきたからです．だから，
今日のインディアンの権利を主張するインディアン社会においてポカホン
タスはどちらかという「裏切り者」としてあまり評判が良くありません．

　ウォーレンは自分にはアメリカ先住民の血が流れているということを言
っていました．とはいえ，家族に聞いた話だというだけで，立証できてい
ない（最近，DNA鑑定で確かに自分にはインディアンの血が流れていることを
証明できると主張して話題になりましたが）．実はそういうアメリカ人はたく
さんいるのです．自分の何代前はインディアンだったとかいう人はたくさ
んいて，なんとなくちょっとロマンティックな感じもして，ひとつの話題
になるんです．ただ，ウォーレンの場合は，ハーバード大学にいたときに
自分はインディアンであると言って，アファーマティブアクションの恩恵
を受けたという批判があります．それに対して，トランプは，あいつはポ
カホンタスで，インディアンだから特別扱いされた，ロクでもない女性だ
というのです．つまりウォーレンを批判するときにやはり，その政策など
を批判するのではなく，人種的な要素を持ち出して攻撃します．あいつは
インディアン，しかも裏切り者のインディアンであると言い続けているの
です．インディアンの人たちはトランプがウォーレンを批判するにあたり，

インディアンの女性の名前を持ちだして愚弄するのを決してよく思っていません。そこにはアメリカの先住民の歴史と文化に対する経緯や配慮がまったく感じられないからです。

　こうするとトランプの不法移民嫌いもわかります。彼はラテンアメリカから来る肌の色の黒いヒスパニックの人たちがどうしても許せない。「強姦者」「殺人犯」「犯罪者」「テロリスト」という表現を平気で使います。不法移民を語るときによく infest という動詞を使いますが、これには「ばい菌が蔓延する」というニュアンスがあります。つまり中南米からの不法移民を批判する際に、行為を問題にするのではなく、その人格を否定することで排除しようとします。彼が他者を攻撃する際は、非白人に対しては動物や犯罪者のイメージを連想させる言葉を次々と発します。たとえ人間扱いしても、「低能」などという、とんでもない表現を平然と使います。これほどまでに非白人を徹底的に、露骨に差別する大統領は20世紀では珍しい。ただし、アメリカにおける長い白人中心主義の歴史からみると、トランプのような思考は珍しくないというのも事実です。

5　ハワイからトランプを見る

　ハワイ社会から見ると、トランプは単に嫌われるべき人物であるのみならず、危険な存在ですらあります。

　トランプは大統領就任後、旅行者の出自によって入国を禁止しようとしました。例えば、ソマリアのパスポート保持者はダメだとか、イラン人も拒否など、いくつかの国のリストを作りました。それに対して、ハワイ州のダグラス・チン司法長官（当時）はその違法性を訴えて裁判を起こしました。結局、最高裁の判決では、トランプ政策を支持するという判決が出たので、ハワイは負けました。ただ、トランプの旅行禁止政策は、3つのバージョンがあり、裁判で認められたのは3つ目のものでした。ハワイは最初のバージョンを違法だと訴えており、政権はハワイなどの反対をもとに規則をその後作りなおしたわけなので、実はハワイの論理が勝ったとも言えます。

　具体的にはハワイ州は、政権が特定の宗教、つまりイスラム教徒を排除しようとしていて、これは違憲であると主張しました。自らも中国系アメ

リカ人であるチンは「何十年もかけて築き上げてきたハワイの進歩的な価値観があらゆる方法で攻撃にさらされている」と述べました．なぜハワイに「進歩的な価値観」があるかというと，それはおそらくハワイの人口構成と関係しています．すでに触れたように，ハワイにはオバマのような黒人，彼の母や祖父母のような白人，ハワイ先住民のみならず，中国系，フィリピン系，日系，コリア系などのアジア系も多く住んでいます．さらにアジア系で複数の出自を持つ Mixed Asian も多くいます．また複数の人種を出自に持つ Mixed Race の人もたくさん住んでいます．ちなみにカリフォルニアの人口では現在，約4割が白人で，4割がヒスパニックになっていて，白人社会の終焉が騒がれているのですが，ハワイはアジア系が圧倒的に多く，白人が多数になったことは歴史的に一度もありません．こういう社会からすると，白人性というものを徹底的に主張するトランプというのは時代遅れでもあり，脅威でもあります．とりわけ太平洋戦争中に強制収容を体験した日系アメリカ人は，特定の人種や民族を標的にした政策の恐ろしさを強く覚えています．トランプはマイノリティの人権を平気で奪いかねない，非常に危険な白人中心主義者だと見られます．

6　これからのアメリカ社会

　アメリカでは白人の人口というのは確実に減っていくとされています．『ニューヨークタイムズ』の「白人が絶滅する不安」という記事によると「国勢調査が始まって以来，歴史上初めて，ヒスパニックではない白人の人口が減少している．特に子どもに関しては，0歳から9歳まで全て，白人よりもマイノリティの方が多くなっている．その結果，何が起きているのかというと，最初のマイノリティの白人世代というのが生まれつつある」とあります．さらに，「2016年には，26州において，ヒスパニック系ではない白人だけを見てみると，白人の死者の方が出生者より多くなっている」と報じられています（Charles Blow, "White Extinction Anxiety," June 24, 2018）．

　将来のアメリカでは白人はマイノリティになる，と言われて久しいのですが，そのプロセスは思ったより早く進んでいるわけです．それが一番よく見て取れるのが，ハワイだったり，カリフォルニアだったりするわけで

すが，そうすると，将来，トランプのようなレトリックでキャンペーンを
しても当選できません．ハワイのようなところで白人中心主義的な差別的
意識を見せつけて票が集まることはあり得ません．

　しかし，ハワイのようなところでない地域では，今であれば，だからこ
そ白人の力が結集するというのはあります．マイノリティの数が少なく，
白人が中心のコミュニティでは，トランプの言葉が大変に受けます．自分
たちの数が少なくなり，その力も弱まっていることを感じている白人は，
トランプのもとに結集します．そこをトランプの選挙参謀は非常によく見
ていて，オハイオ州でもペンシルベニア州でもネバダ州でも，白人の多い
地域に出かけていって，その不安に訴えかけるようなスピーチをずっと続
けています．トランプ自身もそういう人たちへのアピールの方が，はるか
に重要だと思っています．自分を支持しない人のところには行きたがらな
いのが彼の特徴です．そうなると，当然ながら，トランプの視野にハワイ
などは絶対に入ってこない．ハワイから見ても，トランプはあり得ないの
です．もちろん共和党員はいますが，その多くもトランプを良いとは思っ
ていません．

　トランプを熱狂的に支持する白人層は将来的に必ずその数は減少してい
きます．アメリカ全体がハワイのようになっていけば，トランプのような
人種のレトリックに訴える政治家は成功しなくなると言えます．とはいえ，
それは彼のような政治家は将来的にいなくなるというわけではありません．
人びとの不安に巧みに訴える政治家は人種でなければ，他のことを持ち出
します．事実，トランプは人種のみならず，ジェンダーに関することでも
次々と挑発的な発言を続けています．

7　ジェンダーとアメリカとハワイ

　ハワイ州の共和党の前委員長，ベス・フクモト（写真1）は，まだ30代
の州議会議員で一時期，アメリカでかなり有名になりました．というのも
彼女はトランプに反対して，共和党をやめて，民主党に鞍替えしたのです．
ハワイは共和党がものすごく弱いのですが，彼女だけは別で，共和党の期
待の星とされていました．若くして委員長にまでなりました．しかしトラ
ンプの女性に対する攻撃，差別的な発言に耐えられなくなり，「女性の行

進」に彼女も参加してトランプを批判したところ，共和党内で逆に批判を受けて，そのまま民主党に移りました．それに対して批判はありますが，本人によれば，自分の選挙区の人たちにアンケートをとったところ，7割くらいは，党を変えても支持してくれるという回答だったので，議員はやめず，民主党に移ったそうです．そういうかたちでトランプの女性観も，ハワイをはじめ，全米各地で反感を呼んでいるわけです．

写真1

しかしこういうことをすると，今度どういうことが起きるかというと，彼女宛てに次のような手紙が送られてくるのです．これは彼女が公開しているのですが，宛名等は消されています．送り先はロサンゼルスの人で，出だしが「Dear Bitch」，から始まります．「Bitch」というのは女性に対するひどい蔑称です．そしてこんな感じで続きます．それらしく日本語に訳してみましょう．「お前のしょうもないじいちゃん，ばあちゃんは，アメリカで収容所に入れられただろ，ざまあみろ．おまえらジャップは，パールハーバーで何千人もの軍人を殺したのだ，そういうことを忘れたのか」と書いてあるのです．

フクモトはおそらく日系の3世か4世でしょうか．共和党の委員長ですから当然アメリカ人です．彼女は，トランプに反対して，民主党に移っただけなのに，その行動と政策の矛盾を批判するのではなくて，お前はジャップだとして攻撃されています．ジャップは，戦争中，日系人たちに使われた蔑称ですが，いまではもう使いません．トランプが公の場でこのような表現をすることはないと思いますが，この手紙の口ぶりはトランプの移民批判とそっくりです．手紙はまず彼女を人種的な他者にします．そして，「日本が何人難民を受け入れたか知っているか，去年は27人しか受け入れてないのだ」と続きます．彼女はアメリカ人ですから日本の難民政策には関係ありません．そしてさらに「アメリカはお前のような寄生虫を受け入れている」と続きます．つまり彼女は「アメリカ人」ではなく，「日本人」という外国人とされ，その他者性は「寄生虫」のようなアメリ

カに有害なものとされます．これはすでに述べたトランプのマイノリティ攻撃とほぼ同じ構造です．オバマを「外国人」とすることで，彼の存在を否定する論理と同じです．このような排除をすることで，トランプのような白人男性の価値観が守られていきます．この脅迫文は匿名なので書き手の人種やジェンダーはわかりませんが，アメリカ社会のコンテクストを考えると，トランプと同じ白人男性だと想定しても不思議ではありません．

　ベス・フクモトの政治的転換はトランプ政権期における「女性の行進」を契機にしているわけですが，トランプにとっては男性であること，自分のマスキュリニティも重要です．とりわけ男性であることが危機にあると意識される社会において，男性性というものを非常に強く出そうとしている．彼に代表されるような主張に反発する動きとして，Me Too ムーブメントが起きました．トランプのような人間が，自分のマスキュリニティを主張すればするほど，女性からの反発も出てくるわけです．

　ミカ・ブレゼジンスキーという人がいます．父親は，ズビグネフ・ブレジンスキーで，カーター政権の国家安全保障問題担当大統領補佐官でした．彼女は，アメリカのMSNBCの朝の番組「モーニング・ジョー」のパーソナリティをしており，非常にトランプに批判的です，その彼女に向かって，トランプ氏は執拗に攻撃を続けています．「視聴率が全然ないモーニング・ジョー」だとか，「IQ の低い，気が狂ったミカ」などとツイートします．ミカと夫のジョーは，昔はトランプと関係が悪くなかったので，別荘に遊びにいったことがあるそうです．そのときのことをトランプは「俺の別荘に3日も滞在したとき，ミカは，整形手術を終えたばかりで，顔中血だらけだった．だからお前なんか来なくていいと言った」と書いています．先ほどの人種のときと同様に，トランプは女性をその能力で批判するのではなく，あくまで自分とは本質的に異なる他者として批判します．とくに女性を批判するときには好んで血のイメージを用います．周知の通り，女性の血は不浄と連想されることが，世界各地の人類学的調査などでも明らかにされていますが，彼はそういう言説をそのまま使うわけです．ミカ・ブレゼジンスキーのキャスターとしての姿勢を批判するのに，整形で血を流したなどという全く脈絡のないことを言うわけです．非常に幼稚な語りですが，そういうことをずっと続けています．

トランプの不思議なところは，こういうことを繰り返しても，一定数の白人女性の支持を得られていることです．とりわけ地方に住むブルーカラーの白人女性はトランプを好む人も少なくありません．私には正直よくわからないのですが，コアなトランプの女性支持層というのは，こういうことをいくら聞いても，あまり離れていかない．ブレゼジンスキーのような派手な，芸能界とかテレビに出ている女性や都市に住む教育歴の高い，恵まれた（ヒラリー・クリントンに象徴されるような）女性に反発を抱いている女性の心を逆にうまく摑んでいるのかもしれません．

最後に，今ハワイ州選出の上院議員で，メイジー・ケイコ・ヒロノを紹介します．上院議会というのは，非常に，排他的な議会です．上院は各州ふたりなので，アメリカには100人の上院議員しかいません．しかも圧倒的に白人です．例外的に黒人議員もいますが（オバマも上院議員でした），女性で有色人種はほとんどいません．今まで過去に黒人女性がひとりいて，その次がこの人です．ヒロノは初めてアジア系の女性として上院議員になった人です．今はカリフォルニア州選出の上院議員でカマラ・ハリスという非白人の女性がいますが，それでもふたりだけです．

ヒロノ・ケイコは実は福島県生まれで，9歳のときに母親がハワイに引っ越してきました．母はもともと移民の2世で，ハワイで生まれて，幼いときに日本に戻り，戦争をそのまま日本で体験して，結婚して子どもが3人できましたが，夫とうまくいかず，アメリカ国籍があったので，子どもを連れてハワイに帰ってきたのです．ケイコはハワイで育ち，ハワイ大学のロー・スクールに行って，政治家になり，副知事をして下院議員を経て，今上院議員をしています．彼女も反トランプの急先鋒です．彼女からみると，有色人種で，女性で，ハワイからというと，トランプと共感できることは文字通り何ひとつありません．

今のアメリカはトランプのイメージが強烈過ぎて，彼に反対する人びとの姿がなかなか見えなくなることもあります．しかしトランプの体現する価値観に真っ向から戦う人たちも少なからずいます．ヒロノはそのひとりですが，そういうトランプと対照的な人物がハワイ選出だというのは興味深いことではないかと思います．

おわりに

　ハワイはもともと独立王国でした．それが1893年にアメリカの介入で倒され，1898年にはアメリカに併合されます．その後，テリトリーとしてアメリカの植民地だったハワイは1941年12月に日本軍の攻撃を受けます．戦争中は戒厳令が出され，市民はきわめて不自由な生活を強いられました．「自由」「生命」「幸福の追求」とはほど遠い時間でした．

　1959年にハワイは州となります．アメリカ合衆国50番目の州です．日本語では「昇格」という表現もされることがあり，これはおめでたいことだったというイメージがあります．事実，その直後にオバマがホノルルで誕生し，アメリカの州で生まれたこの「アメリカ人」は大統領になるわけですから，すばらしいこととも言えます（もちろんテリトリーで生まれても，アメリカ国籍を持っていれば大統領候補になれます）．

　一方，今日，ハワイにはかなり活発な独立運動があります．ハワイ先住民の人びとがアメリカに対して「国を返せ」と主張しています．島全体がアメリカから脱してハワイになる可能性はきわめて低いとしても，一部で自治を認めるべきだという意見もあり，今後，ハワイの地位についての議論が続いていくでしょう．

　つまり，地理的にも，人種・民族的にも，歴史的にも，文化的にもハワイの現状はアメリカの他の州とはかなり異なっています．おそらく他のどの州よりも多文化の出会いと融合が見られます．私が住んでいたインディアナ州やバージニア州の小さな町は当時，基本的に白人と黒人しかいないようなところでした．そんなところと同じ国であるということが信じられないくらい違います．

　そういうところからトランプを見ると，ほとんど別の国の大統領にすら見えてきます．白人至上主義のトランプは，多人種・多民族のハワイの人の心に訴えるようなものは何もありません．政策にしても，例えば海に囲まれたハワイの人は環境問題に非常に関心がありますから，トランプのように地球温暖化を信じることを拒否し，あらゆる環境規制を撤廃しようとする政治家を支持する気にはなれないわけです．長いあいだ，比較的充実した健康保険制度を有してきた社会に住む人にとって，トランプのオバマ

ケアへの反対姿勢も共感できません．また，ハワイはアメリカではもっとも銃規制が厳しい州のひとつですから，何が何でも，そしてあらゆる銃を持つ権利を擁護するトランプは多くの住人に異様に見えます．

差異からトランプを理解するという意味ではハワイ社会の視点は有益だとも言えます．同時により考えるべきことは，ハワイと未来のアメリカ社会の姿の関係です．アメリカ全体で自分を「白人」と見なす人の数は確実に減っていきます．アメリカは移民国家であり，移民を受け入れることで成長してきましたし，これからも移民が途絶えることはないでしょう．たくさん受け入れるからこそ，常に移民に対する反感も強くあります．トランプとその支持者が移民を犯罪者や動物になぞらえるのも，歴史的にずっと存在してきた感情です．それでも移民は続きます．1990年のアメリカの人口は約2億5千万人でした．2018年は3億2千万．この7千万の増加は当然ながら出生や平均寿命だけによるものではありません．移民の大半は非白人国家から来ています（ちなみに日本はそのあいだ，400万人ほどしか増えておらず，ご存知のようにここ数年は減少に転じています）．

人口800万強のニューヨーク市で，外国生まれの人は300万人を超えると言われています．他の都市でも同様の現象が見られます．州全体がハワイのようなところはアメリカにはありませんが，アメリカの都市はどこもハワイのように多人種，多民族，多文化になっています．いろいろな出自の，さまざまな言語を話す人びとが住んでいます．今後もそういう都市は増えます．そういうところではハワイと同様に，トランプのような政治家はまったく人気がでないことでしょう．

むろん，アメリカ全体がハワイのようになるかと言えば，そうではない．私が学生時代を過ごしたような，白人男性の価値観を中心とした文化が圧倒的に強い地域は今後も残るでしょう．中西部や南部の人口が減っている，白人の多い地域ではトランプ的な価値観は根強く続くことが予想されます．しかし全体的には，敢えて将来を予測することをお許しいただければ，アメリカは「ハワイ化」していくのではないでしょうか．その場合，そういう地域ではトランプ的な政治姿勢の魅力は失墜すると予想されます．そしてそれらの地域と逆の地域の溝はいっそう深まるでしょう．今日で言えば，例えばハワイとインディアナの間にある溝です．私は両方に住みましたか

ら，その差異は肌で感じます．両方ともアメリカですし，それぞれに良い
ところもあると思います．しかしこれを乗り越えていくのはなかなか難し
い．その意味でアメリカ社会，政治の未来は厳しいなぁと考えてしまいま
す．

Q&A 　講義後の質疑応答

**Q　アメリカは人種が大きい意味を持つということがわかりましたが，これから
このような状況でアメリカと世界はどのようになっていくのでしょうか？**

A　トランプを理解するにはグローバルな流れのなかで見なければいけな
い．それはフランスでもドイツでもイタリアでもトルコでもそうでしょう．
グローバル化とともに，ボーダーレスとかいろいろ言われていますが，グ
ローバル化が進めば進むほど，境界線は激しく意識される社会が出来上が
ります．ボーダーが触れ合うからこそ，国という意識が強くなり，民族と
いう意識も強くなり，人種という意識も強くなる．アメリカもその兆候の
なかで捉えるべきでしょう．

　人種のことは本当に重要だと思います．これは日本にいるとなかなかわ
からないかなという面もあります．アメリカは自由と民主主義の国だと言
われますが，創立のときから，人種的な矛盾を抱えたまま，そしてそれを
解決できないまま，発展してきた国です．先ほども述べたように，大統領
が奴隷を持っていました．また南部の方が北部より白人人口が少ないため，
下院の座席数をどうするかにあたり，奴隷を人間として数えるのかどうか
が問題になりました．南部の社会では奴隷は人間扱いされていない．奴隷
を殺しても殺人にならないわけです．つまり奴隷には人間に与えられるべ
き人権がない．でも人間じゃないとすると人口にカウントされませんから，
代議員数の計算で不利になります．結局，奴隷ひとりを3/5人として数え
ました．半分ちょっと人間という意味です．その3/5という計算式をもと
に南部はある程度の議席を連邦議会で維持し，奴隷を人間扱いしない制度
を死守しようとしてきたわけです．結局，南北戦争が起きて，アメリカ全

体で60万人を超える死者を出します．当時の人口は3300万人くらいで
すから，恐ろしい比率で死者が出た戦争です．アメリカ人がいちばん命を
落としたのは独立戦争でもなければ，第一次世界大戦でも第二次世界大戦
でもなくて，奴隷制を巡る南北戦争です．だからこそ，南北戦争の記憶は
いまだに激しく論争の的になっているというのもあります．

　じゃあ，南北戦争で奴隷制度を撤廃したら，もういいのかといったら，
全くそうではない．黒人を明確に差別する政策もずっと1960年代まで露
骨に続いていました．今日，それが解決したかというと，そんなことはあ
りません．黒人の貧困率は圧倒的に高い．警察との関係も難しいものがあ
ります．黒人の男性であれば，警察に止められなかった経験はないと言っ
て構いません．私の友達の大学教授ですら，白人の多い地域で歩いていた
ら警察に止められてしまいます．人種の感覚は非常に根深いものがありま
す．人種をめぐるポリティクスはアメリカを理解する基本ですが，日本か
らはなかなかわからない．オバマ大統領が誕生したときに，我々研究者の
なかで，それを予想できた人はおそらくいなかったと思います．彼の当選
にあまりに驚いて，あまりにも喜んで，もはやアメリカ社会は人種を乗り
越えたという意味でpost-racialという言葉を使った人がいます．でもそ
れは完全に間違っていました．黒人の大統領が出たからこそ，なおさら，
人種の問題が激しく意識されるようになったのかなという感じはします．

Q　トランプがしていることは，戦略があるわけじゃなくて，ハッタリで高圧的
に言ってみて，おりた所でもって妥協すると，なんか感謝されて，向こうも手
を打ってくれる，そういうほとんど駆け引きでやっているので，彼の戦略とか
分析しても，多分無駄なんだろうなって．ただ，オバマの駆け引きの所でやっ
ているところと，オバマを選んだアメリカの問題，というか分断してアメリカ
ンドリームというか，ノーマライゼーションの歪みみたいな所が，トランプを
生んだということなので，トランプじゃなくても，問題になるものと，トラン
プの駆け引きのところでもって，騒いでいるものと分けて考えたほうがいいの
かなというのを最近思います．

A　それ，非常に重要な指摘だと思います．実は，ここでは紹介しなかっ
たのですが，トランプが当選する前に，カリフォルニア大学の社会学部の

アーリー・ホックシールドという有名な社会学者がある本を書きました．彼女はルイジアナ州ニューオーリンズの北にある，石油精製工場がたくさんある町を調査しました．そこに住む人たちは公害で苦しんでいるにもかかわらず，連邦政府の環境庁が大嫌いなんです．環境庁に反対する共和党を圧倒的に支持しています．バークレーで教える著者からすると，そんなに公害に苦しむ貧しい人たちが，なぜ政府の援助を拒否するのかとても不思議なわけです．住人たちは社会保険，つまりオバマケアも大嫌いです．オバマケアの恩恵をいちばん受けられるはずの人たちがなぜか反対する．このことを理解しようとしてトランプの出馬前から何度もその地域に足を運んで，フィールドワークをし，本にまとめました．タイトルは『壁の向こうの住人たち──アメリカの右派を覆う怒りと嘆き』(岩波書店，2018年）です．ホックシールドはそこに住む白人住人と会い，ともに食事をして，教会に行き，いろいろなことを話しました．それをもとにした結論はある意味とてもシンプルです．その人たちはなぜ政府を信用しないかというと，政府が信用できないからです．住人たちは自分たちが真面目に一生懸命，成功に向かっての梯子を登っていると考えます．誰の力も頼らずに，ひたすら真面目に登っていると．そうすると，遠くにゴールが見えます．そこにたどり着くのは個人差があって良い．トランプのような人間が早くゴールに着いても仕方がない．彼は足が速いんだから．それが実力主義のアメリカなわけです．けれども，今のアメリカ政府は黒人，アジア系，ヒスパニックなどのマイノリティを特別扱いして横入りさせている．そう住人たちは主張します．非常にシンプルなたとえですが，この「横入り論」が何度も繰り返されます．住人たちは自分が黒人差別主義者ではないし，ヒスパニックを差別しているわけでもないと言います．自分たちは誰の差別もしない．しかし黒人やヒスパニックが政府の力を借りて横入りすることは許せないと言います．オバマだって横入りしたと決めつけます．どうしてオバマがコロンビア大学に行けたか．あるいはオバマの妻のミシェルがどうしてハーバード大学に行けたのか．自分たち白人にはそのようなチャンスはないが，黒人だから行けたんだろう，特別扱いされたからだろうと言います．オバマが上院議員になれたのも，大統領になれたのも黒人だからだと主張します．要はとてもベーシックなアファーマティブアクショ

ン反対論です．このような意識は地方に住む白人には強いようです．

　連邦政府はマイノリティの横入りに手を貸している．みんな一歩一歩進んでいるのに，梯子の途中からいきなり乗せちゃう．だからそんな政府は信用できない．それなら環境庁も信用しない．政府の考える保険なんて機能するわけがない．今まで一生懸命に梯子を登ってきたけれど，自分たちは政府に助けてもらったことは一度もない．得をするのはマイノリティだけだということが盛んに繰り返されます．

　実際にはこれは事実ではありません．このような地域にはかなりの連邦予算が投じられていて，住人たちはその受益者です．だからその主張は事実ではなく，感覚的です．しかしホックシールドはこのような感情に注視すべきだと指摘します．白人住人たちはバカではないし，極端な差別主義者でもない．勤勉に働く，良き市民になろうとしているわけです．真面目に生きている隣人にはとても親切な人たちです．その人たちの目線や感覚を理解しなければならないとホックシールドは強調します．結構単純な説のようにも思えますが，考えてみるととても重要なことです．トランプの政治集会に行く人たちがどうしてあそこまで熱狂するのか．ようやく，自分たちが自分たちであることを認めてくれる人間がここにいるんだ，自分たちは散々横入りされてきたんだということを，トランプのようにはっきり言ってくれる人が登場するとすごく気分が高揚するわけです．

Q　ハワイと沖縄の関係について教えてください．

A　ハワイと沖縄の関係は非常に深いものがあります．沖縄からハワイに移民が渡ったのは1900年です．日本からハワイに移民が渡ったのは1868年，今年150周年で，新聞で話題になっていました．実際に数が増えたのは1885年以降ですが，沖縄からの移民が許されたのはずっと後なのです．それは日本政府の方針でした．ただ，その後，沖縄からの移民は非常に増えました．ハワイ沖縄連合会という非常に大きな団体もあります．今のハワイの知事はデヴィッド・イゲという名前で，日本では「日系」と言われていますが，実は沖縄系の人です．

　沖縄とハワイは移民で強いつながりを持っています．それも過去だけではありません．今でも例えば基地を通して交流が非常に強い．ハワイから

沖縄に行き，あるいは沖縄からハワイに行くという流れがあります．歴史を通して，ハワイと沖縄の関係というのは深いわけですが，とりわけ戦後はそうでした．1945 年から沖縄返還の 72 年までは，ハワイは沖縄にとって特別なところでした．戦後沖縄に琉球大学が創設されます．琉球大学自体はミシガン州立大学をモデルにしているわけですが，琉球大学で学んだエリートの多くはハワイ大学に留学しました．アメリカ政府もハワイを沖縄のモデルにしたいという思いがあったわけです．このように，移民もありますし，基地もありますし，大学交流もある．また沖縄の市民運動はハワイのアクティビズムと共鳴しています．沖縄の反基地闘争はハワイの反基地闘争や独立運動ともつながっています．沖縄のアイデンティティの構築と言ったときに，ハワイはひとつのモデルになっています．沖縄とハワイというのは非常に面白いつながりになっています．

　ついでに言えば，ほかの島々との関係も考えると興味深いです．例えばグアム．グアムにも大学はありますが，グアム大学を出て，もっと勉強がしたいならハワイ大学に行くというのが結構見られます．マーシャル諸島のマリアナなんかにも短大はあるのですが，そこからもっと勉強したい人はハワイに行くことが多い．ハワイって実は太平洋の島々の中心になっているのです．ハワイは太平洋のヘソです．だからアメリカはハワイにこだわり，併合し，金をつぎ込んできたわけです．冷戦時代はアメリカの反共政策の最前線でしたし，今は中国をはじめとするアジアを考えるためにも，非常に重要な場所になっています．

編者紹介

矢口祐人（やぐち　ゆうじん）

Goshen College 卒業．College of William and Mary 大学院でアメリカ研究を学ぶ（M.A./Ph.D.）．1998 年東京大学大学院総合文化研究科助教授．その後同教授を経て，現在，東京大学大学院情報学環教授．主にアメリカ文化論，太平洋地域研究，アメリカにおける歴史と記憶を中心に研究と教育を行っている．著者に『ハワイの歴史と文化』（中公新書），『憧れのハワイ』（中央公論新社），『奇妙なアメリカ』（新潮社）など．

東大塾　現代アメリカ講義
トランプのアメリカを読む

2020年8月20日　初　版

［検印廃止］

編　者　矢口祐人

発行所　一般財団法人　東京大学出版会

代表者　吉見俊哉
153-0041 東京都目黒区駒場 4-5-29
http://www.utp.or.jp/
電話　03-6407-1069　Fax 03-6407-1991
振替　00160-6-59964

印刷所　株式会社理想社
製本所　牧製本印刷株式会社

現代国際関係史　1945 年から 21 世紀初頭まで

有賀　貞　　　　　　　　　　　　　　　　　　　　A5 判・344 頁・3500 円

近代国際関係史の通史として定評を得ている『国際関係史──16 世紀から 1945 年ま
で』（2010 年刊行）の続編．第二次世界大戦終結前後から 21 世紀初頭までを対象に，
日本に重点を置きながら，現代国際関係の流れを世界的広がりにおいてバランスよく平
易かつ丁寧に概説する．

アメリカ政治入門

西山隆行　　　　　　　　　　　　　　　　　　　　A5 判・256 頁・2800 円

いまも常に変化するアメリカの政治を理解するとは，どういうことだろう．日本からみ
た類推や漠然としたイメージを脱し，アメリカ政治そのものの文脈を構成している，歴
史・思想や文化・さまざまな制度を分かりやすく解説した，「アメリカ政治の読み解き
かた」入門書．

アメリカ大統領と政策革新　連邦制と三権分立制の間で

梅川葉菜　　　　　　　　　　　　　　　　　　　　A5 判・288 頁・6200 円

三権分立制と連邦制の下で，アメリカの大統領はいかにして政策を実現しているのか．
大統領が「特区認可権」の活用により，州政府の協力を得ながら連邦議会の立法を迂回
して政策革新を行ってきたことを明らかにし，アメリカ現代政治への新しい視座を提示
する．